中外教育交流与变革书系

国家出版基金项目
NATIONAL PUBLICATION FOUNDATION

ZHONGWAI JIAOYU
JIAOLIU YU BIANGE
SHUXI

余子侠　主编

中外合作办学的历史变迁

◎／粟高燕　著

中原出版传媒集团
中原传媒股份公司

大象出版社
·郑州·

图书在版编目(CIP)数据

中外合作办学的历史变迁 / 粟高燕著. — 郑州 :
大象出版社, 2020. 12
(中外教育交流与变革书系)
ISBN 978-7-5711-0746-8

Ⅰ. ①中… Ⅱ. ①粟… Ⅲ. ①国际合作-联合办学-
研究-中国-近代 Ⅳ. ①G522. 7

中国版本图书馆 CIP 数据核字(2020)第 166843 号

(本书为浙江省哲学社会科学规划课题研究成果)

中外合作办学的历史变迁

ZHONGWAI HEZUO BANXUE DE LISHI BIANQIAN

粟高燕 著

出 版 人 汪林中
责任编辑 赵晓静 邓 杨
责任校对 李婧慧 牛志远
版式设计 付锬锬
封面设计 王晶晶

出版发行 大象出版社(郑州市郑东新区祥盛街 27 号 邮政编码 450016)
发行科 0371-63863551 总编室 0371-65597936
网 址 www. daxiang. cn
印 刷 郑州新海岸电脑彩色制印有限公司
经 销 各地新华书店经销
开 本 720 mm×1020 mm 1/16
印 张 18. 75
字 数 323 千字
版 次 2020 年 12 月第 1 版 2020 年 12 月第 1 次印刷
定 价 90. 00 元

印厂地址 郑州市鼎尚街 15 号
邮政编码 450002 电话 0371-67358093

总序

人类社会已进入这样的历史时期——任何国家要想跻身于世界强国之列，必须高度重视教育。人才是国家强盛的战略资源，而人才的培养依赖教育的发展。教育交流与互鉴，对教育的发展有重要的促进作用。缘此，今日在认定教育为立国之本的同时，积极推进和发展与世界各国之间的教育交流，既是历史之必然，也是时代之应然。

一

早在十多年前，笔者在组织撰研中外教育交流丛书时，就阐明自学校教育在中国社会产生以来，中华民族的教育交流在不断地推进和发展。站在中国自身的角度或立场，这种教育交流大致可分为顺向交流、逆向交流和互向交流几种类型。笔者还根据学校教育与中华文化变迁和传衍之间的关系，大致分析了每种教育交流类型在中国历史进程中的主要特征或表现。

所谓顺向交流，是指在教育领域以中国为定点，通过相应的途径，将自身处于先进地位的文明因子和文化成分传输给其他的国家或民族的交流活动。以这种方式发生教育交流活动之时，中华文明往往处于一种上势地位或先进态势，通过相应的教育交流渠道，传播或输出到与己交流的国家或民族。例如中国近代以前的教育交流就是顺向交流，正是这种顺向教育交流，促进了今日人们所言的“东方儒学文化圈”的形成。

所谓逆向交流，则是中国作为一个文化的接受者，通过种种教育交流的渠道，将他国或他民族的先进文明因子和文化养分吸纳或引进国内，再结合国情所需融收化解于自身文明之中。其时自身的教育基本处于一种后进态势。这种逆向交流初现于明清之际，尤其突显于近代。这种类型的教育交流，推动了中国学校教育的变革和更新。

所谓互向交流是指在中外教育交流过程中，既有中华文化通过相应的教育交流途径传输给其他国家或民族，同时又有他国文化或他种文明输入中国的教育领域。其时教育交流的双方各有对方可资借鉴和吸纳的文明因子与文化养分。这种教育交流的情形，近二三十年来比较明显。它促进了中外文化的交流与互鉴，推动着人类文明的发展。

回望历史，上述三种教育交流类型只是以一种静态的眼光相对而言，其实无论在哪一个历史时期，中外教育交流的活动方式及文化内容，都不是单一的类型在发生或进行，而是顺向交流时也有逆向交流发生，逆向交流时也有顺向交流活动，或者互向交流发生时一时顺向交流占据优势，一时逆向交流成为主流。这不仅因为人类社会各个民族或国家，其文化各有优势，任何时候交流的双方互相都有可取之处，还因为双方的政治、经济、文化以及国际地位都处于一种恒动状态，故而在借鉴和吸收对方先进文化养分和积极文明因子时，也将自身的优良因素传输给对方，反之也是。如若求其区别，只是态度方面的积极与消极，作为方面的主动与被动，流量方面的充沛与弱小，以及交流时选择层面与领域的不同而已。要言之，教育，使人类社会走向文明且日益进步；交流，使教育事业得以创新而不断发展。

二

根据哲学的变易观点，任何事物只有不断地输入活性因子或吸纳新鲜养分，才能真正做到“日新，日日新”，具有“生生不息”的生命力。学校教育，无论其教育制度、教学内容，还是教育的思想理论、教学的方式方法，都只有不断地吸纳新的养分，才能够适应人类社会的发展和时代的需求，才能求其“系统”的活力常新，以利其更好地发挥自身的社会功能。

进入近代社会，中国发生“数千年来未有之变局”，国际政治地位由传统的“天朝上邦”沦落为贫弱挨打的后进之国，主体经济形态表现为自给自足的农耕经济被迫纳入世界工商经济的运行轨道。与之相应的传统教育系统，同样处于必须革新的历史关头。于是，通过教育交流我国的学校及其知识人才的培养获得了“自救”：学校教育系统吸纳新的养分，在艰难的“蜕变”过程中走向“涅槃”。

这一过程，在后人看来不过是万变宇宙间的一瞬，但在我国学校教育的发展历程中是一个极其重要的阶段，基本完成了中国学校教育的历史转型。这一转型，由何而起、因何而生、如何实现以及有何成效和经验教训，都值得学界去分析、总结，并借以探究其历史发展的规律性。因此，我们有必要也应该对这一历史时期的“中外教育交流”与中国教育的应变、革新与发展进行系统性研究和总结。

三

本书系定名为“中外教育交流与变革”，其中“交流”指中外之间在教育领域的交流，“变革”则指中国自身学校教育的变革。这两者自近代中国新式教育产生之后，一直处于一种相互联系又互相促进的状态。但学校教育无论是在理论层面、制度层面，或是教育教学实践层面，若进行线性梳理和分析，涉及的方方面面实在太多，不是一个小小的书系即能完事，因此在着手选题时，既要考虑研究者自身的学研能力和知识基础，又要考虑研究内容具有一定代表性。其结果就是产生了“码堆”的10部著作或10个方面的研究，虽说有些杂乱，但并非完全无“章”。

就学校教育的层次看，有学前教育方面和研究生教育层级的交流和变革作代表；就学校教育的类型看，有专门美术教育和电化教育这两种不同形态的教育交流与演变作代表。就教育交流的主体而言，既有来华者，也有华人出国者；既有受教者——学生群体，也有授教者——教师群体；就教育交流的成效而言，既有促进自身教育发展的教育翻译，又有促进中国社会变化的人才培养……当然，就教育交流的主要渠道或重要途径而言，留学教育及留学生群体着墨最多；就教育交流的流向及成效而言，则选题大多立足于中国自身教育的变革和发展。所有这些选题，从时间上来看，大多立足于“近代”。但如前面所言，中外教育交流与中国学校教育的发展，进入了一个新的历史阶段，即在过去近一个半世纪主要呈现为逆向交流的基础上，已开始转入以互向交流为主要特征的时代。缘此，本书系在外人来华留学和中外合作办学两项研究上，将其时间下限延至“当代”——以利于人们借以窥见新的“时代变局”中教育交流流向、形态变化之一斑。

纵观中华民族自古以来的教育交流，既有将自身已有的最先进文化推向世界的活动，亦有从其他先进的国家或民族摄取自身所需的文明因子的行为。在这种传输与求取、播衍与认同人类新知的过程中，中华民族通过种种途径一直未停歇教育交流活动，直到今天，仍在深化拓展与世界各国的教育交流与互鉴，为构建人类命运共同体贡献力量。

蕲阳 余子侠

于己亥年大寒

前言

中外合作办学一直是中国高等教育国际化过程的有机组成部分。中外合作办学的产生与发展，与中国实施对外开放、高等教育走向国际化处在共时态的空间中。中外合作办学的发展历程就是中国对外开放、追求高等教育国际化的历程。在中国融入国际化体系的历史进程中，中外合作办学起着极其特殊而重要的作用，其发展变化不仅反映了中国高等教育的发展，也折射出中国文化思想和社会的变迁。

中外合作办学也是中外关系的重要组成部分。本书分析与探讨了全球化背景下中外关系嬗变中的中外合作办学的发展历史。中外关系始终是垫衬中外合作办学发展历史的浓重底色。中外合作办学的高潮与低潮，恰好与多变的中外政治关系的高点、低点相吻合。中外合作办学是中外关系的晴雨表，是中外关系的推进器和维稳器，它在打开中外关系大门、推动和深化中外互信合作中作用显著。

本书采用了纵横交叉的写法，以中外合作办学的时间顺序为经，以中外合作办学各个侧面为纬，试图分析近代以来不同历史时期中外合作办学发展与变革的社会背景、直接动因、指导思想、政策法规、课程设置、师资建设、个案研究及其总体特点。第一章介绍了滥觞时期中外合作办学的发展情况（1876—1948）。第二章介绍了中华人民共和国成立到改革开放之前的中外合作办学发展情况（1949—1977），此时期是中外合作办学遭遇顿挫、转型发展时期。第三章介绍了开始实行改革开放至2016年期间中外合作办学的发展情况（1978—2016），此阶段是中外合作办学逐渐规模化、规范化发展时期。第四章以不同类型的中外合作办学发展史为个案研究，分析中外合作办学发展的普遍性及特殊性规律。第五章对近一个半世纪的中外合作办学史进行了总体性评价，概括出中外合作办学发展的内外动因、基本特征，分析中外合作办学的历史贡献与历史局限，提出中外合作办学发展的当下对策及对中外合作办学应然状态的未来展望。笔者以现代交往理论、人类命运共同体思想为指导，站在全球化时代人的自由全面发展与人类命运共同体构建的高度，展望未来的中外合作办学应立足于教育的本体价值，培养全面和谐发展的国际化人才，为构建人类命运共同体作出积极的贡献。

本书基于浙江省哲学社会科学规划课题“中外合作办学发展史研究（1876—2010）——兼浙江省高校中外合作办学发展史的个案研究”的研究成果（立项编号：16NDJC125YB）完成。

目录

导论

一、研究价值

（一）学术价值

1. 丰富全球化问题研究

马克思曾说，问题就是时代的声音。在一个需要普遍文化交流且产生了以普遍文化交流为主要特征的世界一体化时代，以全球化视野研究中外合作办学，是时代赋予我们的一个极其重要的课题。我国对哲学、社会学、文化学和经济学等众多领域都进行了较为广泛的研究与讨论，取得了不少有价值的成果。相比较而言，教育史学对全球化问题的反应要稍慢一点。作为一种跨文化交流实践活动，国际教育合作在发展过程中一直适应并促进着全球化历程，同时也不可避免地受到全球化形势的影响。国际教育合作如何应对全球化，在合作中改革教育制度、培养高素质的跨文化人才、探索跨文化课程、促进跨文化交流，以及按全球化的时空观重构教育理论，是全球化问题研究者、教育工作者必须予以关注和思考的课题。中外合作办学史研究正是对全球化问题的一个实践研究。对中外合作办学史的研究，有助于我们更清晰地揭示人们在全球化时代跨文化交流的理想和目的。

2. 丰富高等教育史研究

中外合作办学史属于教育交流史特别是高等教育交流史范畴。中外合作办学史研究一直是高等教育史研究领域的一个薄弱环节。对中外合作办学发展史的研究，有助于丰富教育史特别是高等教育史领域的问题研究，有助于深化高等教育史的理论与实证研究，从而发展高等教育史科学。在我国高等教育发展史上，中外合作办学有着极其重要而且特殊的地位，积累了丰富的高等教育国际化理论与实践经验。尤为值得注意的是，相对于其他教育问题来说，中外合作办学更有其特殊性：因为它不仅仅是一个教育问题，还关涉到一国对外政治、经济、文化的关系问题，因此更有加强研究的必要。对中外合作办学历史的理性反思，将为高等教育这一专门史的研究提供理论支持，将这门学问往深度延伸、向广度拓展。

3. 丰富中外文化关系史与中国现代化史研究

作为新文明强有力的杠杆，教育变革总是社会变革的重要内容。教育既是社会变革的自变量，也是社会变革的因变量。20 世纪，中国由传统走向现代，中外文化交流也日趋频繁与深入。在这个百年间，中外合作办学发挥了十分重要的作用。中外合作办学既是中外文化交融的产物，也是中国现代化特别是高等教育现代化的重要形式。中外合作办学的产生与发展是在中外文化关系、中国现代化进程的格局变动中，诸多因素互动和合力的结果。因此，伴随中外文化交流及中国现代化的发展历程而引发的各种理论和实践问题，都需要我们以严肃认真的态度对中外合作办学作更为系统、深入的研究，以便更好地理解 20 世纪中外文化关系及中国现代化的历史进程。

迄今为止，国内还没有一本专门研究长达近一个半世纪的中外合作办学发展历史的专著出版。因此，本书的完成有助于填补这一学研方面的不足。

（二）现实价值

1. 有助于为当前蓬勃发展的中外合作办学提供有价值的现实指导

本书通过对中外合作办学发展史的研究，力图为我国的中外合作办学实践提供历史经验。在对中外合作办学一百多年的历史进行系统梳理与全面分析的同时，还对历史上较为成功的中外合作办学个案进行分析。这有利于帮助中外合作办学管理者和参与者全面认识和把握中外合作办学的本质与规律，明确中外合作办学的目标与发展机制，从而促进中外合作办学的健康发展，切实提高中外合作办学的水平与质量。

2. 有助于为对外开放更为广深的实践提供经验借鉴和理性思考

中外合作办学是我国整个教育事业对外开放的重要组成部分。中外合作办学的发展历程就是中国对外开放、追求现代化的历程。中外合作办学发展史这一个领域的研究，可以为我们今后在教育领域如何科学地推进对外开放提供一些经验借鉴和理性思考。

二、基本思路与主要内容

（一）基本思路

1. 关键概念：中外合作办学

按照2003年颁布的《中华人民共和国中外合作办学条例》（以下简称《中外合作办学条例》）以及2004年颁布的《中华人民共和国中外合作办学条例实施办法》（以下简称《中外合作办学条例实施办法》）规定，中外合作办学通常是指中国教育机构与外国教育机构依法在中国境内合作举办的以中国公民为主要招生对象的教育教学活动。目前所称的中外合作办学，一般是指国家鼓励的在高等教育、职业教育领域开展的中外合作办学。中外合作办学主要有合作设立机构和合作举办项目两种形式。

根据这一界定，中外合作办学具有以下几个基本特点：①中外合作办学的主体，是具有法人资格的中国教育机构和外国教育机构。②中外合作办学的方式，必须是有外国教育机构参与的合作办学，中国学生接受的教育服务或其中的某个方面（课程、教学、评价等）由两个或两个以上的国家提供。③中外合作办学主要招收中国公民。④教育教学的地点主要是在中国境内。⑤中外合作办学的核心特点，是引进国外优质教育资源。⑥中外合作办学机构和项目应依法取得行政许可。

此外，“考虑到我国中外合作办学的实际，国家规定，中外合作办学项目也包含中国教育机构采取与相应层次和类别的外国教育机构共同制订教育教学计划，颁发中国学历、学位证书或者外国学历、学位证书，在中国境外实施部分教育教学活动的方式依法举办的‘双校园’模式合作办学项目。但中国教育机构没有实质性引进外国教育资源，仅以互认学分的方式与外国教育机构开展的学生交流活动，不纳入中外合作办学项目加以管理”[①]。

2. 理论预设

（1）全球化的研究视角。全球化是一个较为模糊的概念，它涉及极为广泛的现象，很难指望一个单一的界定就能使我们捕捉到该术语的全部内涵。为了研究方便起见，笔者给出一个初步的理解性定义：全球化指自环球地理大发现和资本主义兴起就已开始出现的世界走向一体的趋势和过程，也就是马克思所说的人类史变为“世界历史”的过程。这是一个多维度的发展过程，各维度在表现上既有共性也有个性；这是一个不平衡的发展过程，对于不同的国家来说，世界化的意义并不一样；这更是一个矛盾性的发展过程，单一性与多样性、特殊性与普遍性等矛盾，都同时存在于世界化的结构当中，随着全球化进程的加剧，这一矛盾更加明显。

（2）世界性与民族性的辩证统一（文化的融合性）。世界性与民族性是中外合作办学的双重属性。世界性指中外合作办学在顺应与促进世界化过程中体现出来的与世界化需求相通的东西，主要指在中外合作办学的内部诸要素中注入具有普遍的跨文化交流意义的因素，如国外优质的文化教育资源，包括国外的办学理念与办学模式等。通过这种因素来培养受教育者的世界意识与跨文化交流能力，引领他们面向世界、走向世界、融入世界，使他们成为具有世界眼光的中国人。民族性的内涵主要体现有三：其一，维护民族的主权利益，坚决抵制文化殖民性质的、有损教育主权的、危害文化安全的中外合作办学。尤其是要加强对中国青少年民族精神的培育，帮助他们树立正确的世界观、人生观，使他们永远都是具有中国灵魂的世界人。其二，维护民族的文化利益，弘扬民族文化的主体性。教育内容既要体现外国的优质文化也要体现中国的优质文化，既要重视教育输入也要加强教育输出，使中国

---

① 林金辉、刘志平：《高等教育中外合作办学研究》，广东高等教育出版社，2010，第10页。

文化能真正走向世界，更广泛地推进中外文化教育的交流与合作。其三，维护民族的利益及学习者自身的利益。中外合作办学的规模与速度、数量与质量一定要符合本国国情需要，适应并促进本民族经济与社会的发展以及学习者自身的全面发展。总之，坚持中外合作办学的民族性，就是坚持发展适合中国国情、维护民族利益、繁荣民族文化、增强受教育者民族文化素质的中外合作办学。

中外合作办学的世界性与民族性是相互依存的。顾明远教授认为，不同民族有着不同的文化传统，也应有着不同特征的教育。[①] 教育的世界性不排除各国教育的民族性。中外合作办学的世界性与民族性构成一个统一体，双方互为存在的前提，相互贯通，相互支持，相互转化，因为两者的目的、目标、利益都是一致的，都是为了培养世界一流的、有用的、中外贯通的国际人才，都是为人类、为本民族的利益和社会发展服务的。中外合作办学的世界性与民族性，必须在和谐互动、互补中体现出高等教育的完整性，不能简单地将世界性理解为对西方文化或外来文化的照搬与拿来，也不能盲目地将民族性理解为狭隘的“民族特色”而固守或排外。

显而易见，以全球化、世界性、民族性为研究中外合作办学的概念构架有其合理性。中外合作办学是在一种全球化的过程中生发的，发展中外合作办学自始至终贯穿着如何顺应全球化、怎样增强世界性的课题，这是时代变局的要求，也是历史发展的要求，更是中外合作办学实践的内在要求。

（二）主要内容

1. 时空范畴

本书研究的具体对象是中外合作办学百余年的发展历史。本书的时间范畴取向为 1876 年至 2016 年的 140 年时间。从办学层次和内容来看，中外合作办学包括学历教育与非学历教育。在学历教育中又涵盖了学前教育、中学教育与高等教育各个阶段的中外合作办学活动。本书主要研究高等教育领域开展的中外合作办学学历教育。由于资料有限，空间范畴不包括我国的港澳

① 顾明远：《论教育的传统与变革》，《中国社会科学》1987 年第 4 期。

台地区。虽然《中外合作办学条例实施办法》强调教育教学地点是在中国境内，即“以我为主的教育输入”，但本书也兼顾梳理我国境外合作办学的“教育输出”。这是时代发展对中外合作办学的必然要求。该研究期望通过对中外合作办学发展历程中的各种问题的观照，能从更为广泛的、基础的层面反映国人在全球化潮流面前所表现出的开放意识水平，以及产生这种意识的动因、内涵与特点，更好地反映中国对外开放的心路历程。

2. 具体内容

（1）厘清近一个半世纪以来我国中外合作办学产生、发展和演变的历史脉络。要科学发展中外合作办学，需要了解以下几方面：首先，对其发展历史有比较深入的认识；其次，从纵向上厘清中外合作办学的发展历史，把握中外合作办学的发展规律；最后，从横向上了解中外合作办学的发展历史所包括的动因、政策、实践等方面。鉴于此，了解中外合作办学的发展历史，必须从整体上予以全面把握，同时明确它们之间的相互关系。本书将具有百余年历史的中外合作办学划分为三个大的历史时期。第一时期是滥觞阶段（1876—1948），第二时期是缓慢发展阶段（1949—1977），第三时期是规模化、规范化发展阶段（1978—2016）。每个时期的中外合作办学都因遵循着固有的时代需求及内在的发展逻辑而呈现出不同的时代发展特点。

（2）探明各时期制约我国中外合作办学发展的各种社会文化因素。与人类历史上其他形式的教育活动一样，中外合作办学的产生与发展也受到多种因素的影响。但是，由于中外教育交流与合作是人类历史发展到某一阶段的一种特殊形式的教育活动，因此它的制约因素也有其特殊性。了解制约中外合作办学的特殊因素，有助于从更为广阔的历史文化背景上，把握中外合作办学的规律与特点，以及中外合作办学和社会发展的互动关系。

（3）了解中外合作办学对我国社会和整个高等教育的影响。作为一种特殊的教育形式或一种新形态的教育活动，中外合作办学的产生与发展，必将对我国社会与整个高等教育产生影响。考察中外合作办学在不同历史时期对我国社会与整个高等教育的影响，有助于了解中外合作办学在我国社会以及高等教育中的历史地位、现实作用以及未来的发展趋势。

（4）分析中外合作办学的历史规律与基本特点。历史研究的目的主要是为了鉴往知来。因此，本书研究的主要内容之一就是分析中外合作办学的历史规律与基本特点，获得中外合作办学的典型历史经验与启示，为高等学校更好地培养高素质国际化人才提供借鉴。任何面向历史的研究，都脱离不了对现实的观照。正是在这个意义上，著名历史学家克罗齐才说“一切真历史都是当代史”。研究中外合作办学的产生、发展与演变的历史，目的也是为中国高等教育改革的实践服务，所以，对中外合作办学的综合研究，主要是为反思我国现阶段高等教育国际交流与合作的理论与实践提供一个参照系统，在历史经验的基础上，为我国高等教育国际交流与合作的改革实践及理论的构建提出某些合理化建议，最终目的是为高等教育更好地培养高素质国际化人才服务。

第一章

新学初兴：滥觞时期的中外合作办学（1876—1948）

近代以降，随着西方列强对华侵略的不断加深，社会危机日益加深，中国经历着一场旷古未有的社会激变。中国被强行卷入世界资本主义市场，昔日的天下“中心”沦为西方世界之半边缘。在这一极其重要的历史大转折时期，世界化趋势触动了朝野有为之士学习西学的心弦。“中学为体，西学为用”是中国近代史上影响很大的文化思潮。中国近代高等教育起始即以“中学为体，西学为用”为指导思想。中西文化教育的交流、碰撞与融合，成为我国高等教育不断改革、创新的外在动力，推动了高等教育中外合作办学的开展，进而加快我国高等教育现代化乃至整个中国社会的现代化进程。

第一节　中外合作办学产生的历史文化背景

近代中外合作办学的兴起，是中国新教育思想的生发、中西文化势差形成、近代中国由世界中心沦为边缘的伴生物，是对强国主导下的国际化潮流的必然回应。

一、由中心到边缘：中外文化势差的形成

季羡林先生在《东方文化集成》总序中说"文化一旦产生，立即向外扩散"。人类文化的多元原发性和文化间封闭的相对性，使得交流与合作成为文化的基本生存形式。

文化势差是文化交流的一种动力机制。有学者指出，两种文化之间的势差，是导致两种文化之间"给予与接受"的主要动因。所谓文化势差，就是指不同文化因其自身的性质和状态的不同，而形成的差异性，亦即由于文化内在品质和内蕴力量的差别，而在文化流动中则表现在影响力、辐射力、渗透力及文化标识功能等方面的差异性。历史证明，无论对文化做出"吐"与"纳"还是"取"与"舍"的选择，无不反映出人类对势差的客观认同和对"高势""强势""优势"的强烈追求。文化流动的方向往往呈正向流动，即高势向低势流，强势向弱势流，有势向无势流。至于文化的强与弱，决定了文化流向的关键，是文化之间本质上的势差，而非其他。中外合作办学的滥觞源于近代中西文化势差的形成。

1840 年鸦片战争的炮火打开了中国紧闭的大门。鸦片战争改变了中国历史发展的进程，中国丧失了完整独立的主权，开始从封建社会变为半殖民地半封建社会。西方列强的经济侵略，瓦解了中国自给自足的封建经济，摧毁了中国自身孕育的资本主义萌芽，中国被强行卷入世界资本主义市场，昔日

的天下"中心"沦为西方世界之半边缘。[①] 面对内忧外患的困境，一些进步的爱国者开始"睁眼看世界"，以期"师夷长技以制夷"。在这一过程中，便出现了新生代，这种新生代即是通过学习西方文化而成长起来的文化边缘人。[②] 中国社会的巨变呼唤文化边缘人的涌现。作为培养文化边缘人的最基本途径的中外合作办学，也由此应运而生。

二、由"鄙夷"到"师夷"：世界一体意识的萌芽

近代以降，中国人的"中国中心"观念体系在现代的地理知识和先进的西方文明面前瓦解。中外的连属使中国的传统社会从观念到实践层面发生了前所未有的剧变。中国被动地卷入新的世界体系中。

一部分中国人开始从"天朝"的迷梦中觉醒，睁大眼睛打量着这个陌生的世界。"睁眼看世界"的士大夫们了解到天下体系之外尚有"夷情"，开始产生与传统观念截然不同的新思想，他们用新的眼光探索性地观察世界，发现在所谓"天朝上国"之外还有一个新天地，一直被认为"蛮夷"的国家之中却有"天朝"所不能相比的东西。于是中国人开始了从"鄙夷"到"悉夷"而"师夷"、从"夷务"到"洋务"而"外务"的漫漫认识历程，"绝对的天下观"开始渐渐退隐，"相对的世界观"开始萌芽。"悉夷""师夷"思想，给传统士人观念中注入了代表时代发展要求的"活化素"，标志着世界意识的萌芽。

这一转变既是对"天朝上国"传统观念的动摇和破灭，又是对世界形势的认识和承认；既有被迫接受的恼恨，又有向前挪动的足迹。同时也表明：中国已经开始走出"天朝上国"自我欣赏的圈子，走向世界大家庭中去，这就为中外合作办学的产生提供了认识论依据。

---

① 罗荣渠：《现代化新论》，北京大学出版社，1993，第 255 页。

② 人类学家、社会学家将"文化边缘人"定义为"边缘人知识分子"（marginal intellectual），乃是指同时生活于存在某些彼此冲突的价值标准或行为规范的两个文化之间的某一社群。也称"文化边际人"，心理学家称"文化过渡人"（叶南客：《边际人》，上海人民出版社，1996，第 67 页）。

三、由务虚到务实：经世致用思潮的再兴

鸦片战争期间，中国经历着一场旷古未有的社会激变。在这一极其重要的历史大转折时期，世界化趋势触动了朝野有为之士的心弦。他们认识到，只有进行变革才有生路可走。他们力图突破传统教育的藩篱，寻求新的求才之径。在他们的推动下，掺进时代新质因素的经世致用思想再度弥漫，涤荡着传统教育空疏腐朽的弊端，“为中国教育实现由旧而新的历史转型开启了道路”[①]。

经世致用原是儒学内部的一种思潮，它在遵守儒学根本信条的前提下，致力于解决当时社会存在的现实问题。但是在儒学的发展过程中，却出现了学问与社会严重脱节的倾向……至南宋以后，经世致用思想进入了它的蛰伏期。近代再兴的经世致用思想大致有以下几个方面的内容：其一，正视现实生活中的尖锐矛盾，揭露时弊，盛倡改革。其二，学用一致，知行结合。其三，人才类型多样化，不拘一格降人才。其四，了解情形，睁眼看世界，积极向西方学习。其中魏源“师夷长技以制夷”的思想最具有石破天惊的划时代意义。

晚清经世致用思潮的再兴，是中国传统文化面临危机和世界挑战而自我更新的结果。这种更新，为迎接新时代的到来奠定了基础；同时它作为“师夷长技”的中介，导致近代中国向西方学习思潮的兴起，从而也直接推动了中外合作办学的发展。

四、由守旧到维新：新式高等教育的生发

（一）中国近代高等教育的发轫

鸦片战争后，国人开始逐渐认识到先进的高等教育是西方国家走向强大的重要前提和原因。于是以一个被迫接受者的身份，在一种后进态势的位置上，引进或吸纳西方文明的先进因子用作自我更新的文化养分，在学校教育领域开始缓慢地走上移植西方发达国家高等教育模式的曲折发展道路。“我国近

① 余子侠：《晚清经世致用教育思潮论析》，《学习与探索》1997 年第 6 期。

代高等教育，就是伴随着洋务运动的开展，以及洋务学堂的兴办而发轫的”[①]。

总体而论，在我国近代高等教育的发轫时期，高等教育经过了准高等教育到正规高等教育的发展历程。在这期间的准高等教育机构或京师大学堂，都是模仿西方学制而创办，都通过多种方式引进了西方先进的教育资源，诸如聘请洋人为师任教，取洋书作为教材，兼习中外学术与文字等。因而自其创办伊始就被烙上西方学校教育的印记，初步具有了一些中外合作办学的基本因子。

（二）中国近代高等教育的发展

1. 发展概况

1904 年，清政府颁布了《奏定学堂章程》，即《癸卯学制》，这是中国近代教育史上第一个以教育法令公布并在全国实行的学制。这个学制将整个教育系统（纵的方面）分为 3 段。高等教育段分为 3 级，只是将大学院改称通儒院，年限定为 5 年。中国近代高等教育系统自此才算是正式确立。《癸卯学制》提出了大学堂设置的基本标准，即 8 学科在京师大学堂务须全设，若将来外省有设立大学堂者可不必限定全设，但至少须置 3 科以符学制。这样一来，各省自 1904 年后，将省城大书院改成大学堂，都得遵照章程的规定，没能设置 3 科以上的大学堂，都改为高等学堂。新型高校的创立，是中国高等教育走向国际化迈出的实质性的一步。

1922 年“新学制”的颁布标志着我国现代大学的形成和发展，使我国近代高等教育进入新的发展阶段。这个学制颁布后，出现了一阵“升格风”，全国各地的专科学校、高等师范学校纷纷升格为大学。

1927—1937 年间我国高等教育开始进入发展的“黄金时代”。1927 年南京国民政府成立。清末公立大学只有 3 所，到 1927 年，全国有公立大学 34 所，经政府认可的私立大学（包括教会大学）共计 18 所。[②]

特别需要指出的是，中国共产党在革命根据地的高等教育，借鉴与采用来自苏联的共产主义理论与高等教育实践，着眼于民族前途、国家未来，进行了积极的、卓有成效的高等教育教学探索。可以说，中国共产党在革命过

---

① 郝维谦、龙正中主编：《高等教育史》，海南出版社，2000，第 4 页。
② 郝维谦、龙正中主编：《高等教育史》，海南出版社，2000，第 11—12 页。

程中的各个阶段，都十分注重创建自己的学校，并且形成了共产党独立领导的高等院校体系，培养了大批服务于革命的各类骨干，为中国革命的胜利发挥了重要的作用。革命根据地的高等教育在中国高等教育发展史上占有重要地位，为新中国高等教育建设提供了宝贵经验。

2. 发展特点

近代中国高等教育的发展与近代中国文化的变迁处在共时态的空间中。近代中国高等教育的发展历程就是近代中国对外开放、追求现代化的历程。近代中国的高等教育在近代中国融入世界体系的历史进程中，起着极其特殊而重要的作用。

“自强”与“法西”是中国近代文化的主要价值追求。以此为推动力，近代中国的高等教育历史也相应地编织了一幅跌宕起伏的变迁画面。从 1902 年的《钦定学堂章程》、1912 年的《大学令》，到 1922 年的《学校系统改革方案》、1929 年的《大学组织法》和《大学规程》，中国高等教育制度走过了从创建、发展到逐步完善的历程，也是从效仿、移植日本和德国高等教育体制转向效仿美国高等教育体制的过程。正如梅贻琦在《大学一解》中写道：“今日中国之大学教育，溯其源流，实自西洋移植而来，顾制度为一事，而精神又为一事。就制度言，中国教育史中固不见有形式相似之组织，就精神言，则文明人类之经验大致相同，而事有可通者。”①

总之，时值新旧时代的交替，中国社会经受着西方文化的冲击，政治、经济、文化诸方面发生了剧烈变革。中国社会所呈现的时势，向现时的教育提出了新的时代要求。为了寻求自救，在欧风美雨的渐浸之下，上承明末清初实学教育思潮，旁采西来学术因子，近代中国高等教育成为在思想文化层面实现传统与近现代化相结合、中西合璧的前沿阵地，成为学习和引进西方高等教育思想和制度的重要场所，具有很明显的世界性及民族性特性。这些特性进一步彰显了中外合作办学的基本因子。

① 梅贻琦：《大学一解》，《清华学报》1941 年第 1 期。

第二节 中外合作办学的产生与发展

中外合作办学的产生与发展，是在西学东渐背景下官方支持、民间参与，以学习西方科学知识、增强了解世界力度、提高与世界接轨能力为主要目的的教育活动。它的发展经历了一个由被动到主动、由零星到系统、由保守到开放的过程。这也是一个国家门户开放的过程，一个民族思想开放、心理开放的过程，一个勇于直面世界、接纳异己、表达自我的过程。近代中外合作办学在中国对外交流过程中扮演了重要的角色，其发展史实是近代中国走向和融入世界的历史。

一、“中体西用”：中外合作办学的启动

（一）创办过程及管理方式

“中学为体，西学为用”是中国近代史上影响很大的文化思潮，也是近代中国高等教育发展的一个主要指导思想。中国近代高等教育起始即以“中学为体，西学为用”为指导思想。相对于拒绝排斥西学的时代，“中体西用”为中西学提供了一个汇接点，为接受西学提供了合理化的依据，使西学的输入成为可能，促进了中西文化的沟通与交流。其积极的历史作用，正如有学者所评：“我们今天有一千种理由来论证‘中体西用’的浅薄、机械和似是而非，但是却设想不出一种可能的方式，来取代它在沟通中西文化方面冲破坚冰，开启航道的客观历史作用。”[①]

在“中体西用”思想的推动下，中西文化教育交流、碰撞与融合，成为近代中国高等教育不断改革、创新的外在动力，加快了近代中国高等教育现

① 冯天瑜、何晓明、周秋明：《中华文化史》，上海人民出版社，1990，第979页。

代化进程，并推动了中外合作办学的产生与发展。

最早也最具有中外合作办学性质的高等学校，应该是由中外人士于1876年共同捐资创办的上海格致书院。[①]

该新式教育机构由英国驻沪领事麦华陀（Medhurst）于1873年倡议，经沪上中外士绅共同努力，在1876年6月正式完工并对外开放，是一所以向中国人宣传介绍西方科技知识为主旨并兼具西方博物院和中国书院特征的新式社会教育机构。书院由外国人士倡设，并得到外国人士和洋行的经济资助，由中外人士共同管理。历任华人董事有唐廷枢、徐寿、华蘅芳、王荣和、徐建寅、李凤苞、徐华封、张焕纶、王韬、赵元益、李平书等，历任外国董事有麦华陀、傅兰雅（Fryer）、福弼士（Forbes）等。中外董事担负为书院筹款的任务。据统计，书院创办初期筹集到6929两白银、1521洋元。其中中国官商士绅捐助5586两白银、1250洋元，分别约占总数的80.6%与82.2%；外国人士与洋行捐助1343两白银、271洋元，分别约占总数的19.4%与17.8%。书院从1877年开始举办科学讲座，1879年开始招收学生。书院课业与传统书院的教学内容大不一样，主要包括两部分内容：一是西国语言文字；二是讲求格致实学，包括算学、化学、矿学等。自1873年倡议到1910年停办，书院前后存在近40年，在上海乃至全国产生了很大的影响。[②]

（二）办学宗旨及教学模式

上海格致书院刚建成后，徐寿亲自制定章程，其中就明确阐明了上海格致书院“专考格致，毫不涉及传教”的办学宗旨和方针。外方董事麦华陀也倡明办学主旨是“讲求格致之学”“意欲华人得悉泰西各学之门”。由此可见，上海格致书院创立时的主旨，既不是为了培养科举人才，也不是为了培养基督教徒，而是为了培养通晓西学的实用性人才。上海格致书院的成立不仅对上海社会各方面进步作出了重大贡献，而且对当时的中国也具有很大的社会

① 这是近代最早独立设置的、中外人士共同创办与经营的中外合作办学机构，这也是本书将中外合作办学史的起点定位于1876年的依据所在。虽然下文讲述到作为近代中外合作办学特殊组织形式的教会大学，其中某些学校的前身创办时间比格致书院还早，但因早期的这些教会学校并没有体现“中外人士共同创办与经营”这一特点，而只是到了非基督教运动后才逐渐体现出这一特点，所以，尽管有教会大学的创立时间早于格致书院，但不能作为正式的中外合作办学史的最早起源。

② 田正平主编：《中外教育交流史》，广东教育出版社，2004，第151—152页。

意义。且上海格致书院的大胆创新思想，也给当时死气沉沉的中国教育界带来一丝希望。

上海格致书院的出现，彻底颠覆了当时中国的教育界和文化界的观念，从原来传统的私塾教育和儒家文化教育转变为现代化教育，无论是从教学的内容，还是从教学的方式，都有着现代化学校的身影。在当时的中国，可以说是非常先进的教育实践，对当时社会产生了巨大的影响。

首先，改变了传统学校的教学理念与管理模式。这主要包括如下两个方面的内容：一是书院教学教育目的的改变。传统学校的主要目的是为了培养科举人才，向官场输送官僚队伍后备军；而西方教会在华创办的学校则更倾向于宗教的传播，目的是培养神职人员。相比之下，上海格致书院既不为传教也不为培养封建官僚，其教学目的非常实用，主要偏向工科学科，目的就是培养社会急需的实用人才。二是创造了全新的教学管理模式。当时，中国的学校的主管一般都是由当地主管教育的最高政府官员直接任命，校长具有官职职位，工资由政府发放，考核也由政府进行，校园内等级制度和官场一样森严。而格致书院的管理则有着很大的创新，由于其办学资金主要来自官、商和洋人，三者之间互相牵制，共同组成了学校董事会。董事会既不属于官场机构，也不属于商人团体，更不属于洋人传教士组织。因此，校园最高管理机构不会因个人的喜好而产生偏差，学校重大举措必定是由校董事会共同决定。除此以外，由于格致书院的教学管理不属于官府，因此也少了官府的束缚。在资金使用、课程设置、教学内容上，都拥有传统学校无法比拟的自由性和灵活性。

其次，改变了传统学校的教学内容与方法。这主要反映在三个方面：一是开设了西学课程。当时中国的传统教学内容都是“四书”“五经”，基本局限在中国传统儒家文化的范畴，没有数学、经济、社会、文化、政治、科学等课程的教学。格致书院建立后，第一批教学计划中就有专门的西学，其内容主要涵盖了矿务、电务、工程、测绘、汽机、制造六个工科专业。当然，由于受教育者自身的知识基础有限，格致书院并未要求学生对六个专业同时学习，而是安排他们逐步逐科接受教学。其中矿科和电科的专业课程各有 17 门，测绘科专业课程有 10 门，还有数学、代数学、几何学、三角学、热力学、机械制图学、锅炉学等现代化教学基础课程，单西学课程就计有 88 门，在当时可以说基本涵盖了所有西方先进的教学内容。格致书院成为在国内学习西方科技知识的中心，在教育界、文化界受到了好评。矿务学专科课程按煤、开金类矿、矿务机器三个专业设置，电务学专科课程按电气机器、电业两个专业设置，工程学专科课程按铁路工程和造桥工程两个专业设置。从已列的各类专业课程看，其内容已相当“现代”。二是创造了崭新的教学方式。传统学校的教学方式一般先是学生自学，然后是教师讲解，最后教师给予学生一部分答疑时间，属于讲授式教学。而书院的教学，除保留了传统学校的教学模式外，还引入了非常新潮的公共讲座、小班化教学、实验教学等，这对当时的教育界产生了很大的影响。在建立书院的短短数年间，许多传统学校纷纷派出人员前往上海格致书院学习。书院的教学已不再仅局限于课堂而是鼓励学生自主学习，侧重教会学生学习的方法。三是在学业管理上引进了西方化的“学分制”。书院的考试方式不再是传统的八股文式的考试，而是完全西方化的“学分制”考试，即学一科目就进行一次考试，以 60 分为合格，然后记学分。除此以外，上海格致书院仍然保留了一些传统书院的考试模式，在每一学期结束时进行大考，但是考试内容更改为对政治、时局的评论及看法，没有标准答案。这不仅在当时，即使在今日教学中都可说是相当先进或前卫的。

（三）办学成效及历史局限

上海格致书院是中国最早传播科技知识的书院，是代表当时时代进步的标志性事物。作为一个学习西方科技知识的窗口，对当时的读书人产生了深远的影响，培养了一批新式的知识分子，他们注重学习近代科学技术知识，关注社会现实，心系民族危机。这些新式知识分子推动了中国社会的变革和发展。他们中有曾经获得过该院特课与季课优等奖的叶瀚，他在甲午中日战争后与谭嗣同、汪康年等人讨论变法的事情，主张仿照英国实行君主立宪制。他们中还有参与创办《新学报》的赵元益、《经世报》的编辑瞿昂来等，为传播近代科学文化知识作出了杰出贡献。所以，可以说上海格致书院是当时造就新式人才的摇篮。因为它是中国较早传授西学的学校，上海格致书院还为近代中国建立新型学校起到了示范作用，其独特的管理方法、教育方法成为其他学校模仿的对象。比如，1882 年泰西士商在厦门仿效格致书院的规模和章程，创建了博文书院；薛福成任宁绍台道期间，于 1887 年也仿效它创办了宁波格致书院。可见，上海格致书院已经被当时的先进人士看成是新型学校的模板。它不仅传播了近代科技教育思想，还成为当时专门为中国社会发展培养急需栋梁之材的教育机构之型范。

总之，上海格致书院一方面是近代中国社会新思想、新观念的产物，另一方面又推进了近代中国社会观念的更新和教育的发展。

但在那特定的历史环境里，此类型教育机构不可避免地存在一定的历史局限性。上海格致书院自一开始就体现出合作双方的不平等性、侵略与被侵略性。书院中西方董事募捐资金不等比的投入，却没有在书院董事会的组成和董事名额比例和配置上体现出来。西方董事虽然募捐数只占基金总数的十分之一，却占有董事份额半数，即董事会内主席、秘书、司库三个要职全部由西方董事独占，这种明显的不公平无疑是中方的一个管理失误。中方科学家、绅士对于西方人的不了解，对西方殖民者和传教士过于信赖是导致失误的一个重要原因。如果在书院购地建房之际，在募集大额资金之时，中方董事要求设立董事会章程，就董事会主席、秘书、司库的产生、职能、任期、名额及换届等先作出规定，那么书院的发展会顺利和宏大得多。另外，英国政府驻沪领事已精于殖民之道，他们刻意把上海格致书院建造在英租界内，不是有利书院经营与发展，而是便于对书院的控制或掌握。很多事情，“华董尽管有理，则置于华董无可奈何之地。可见彼等用心之深”[①]。1884 年 9 月，华董徐寿因劳累过度，逝世于上海格致书院。此时傅兰雅目睹机会来到，立即向上海格致书院华董会夺权。傅兰雅在书院任董事会秘书长达 23 年，他久居书院领导职务，却置书院章程、宗旨于不顾，不仅增加了传教内容，还特别导演了极大损害书院利益的“书院租借”事件，即把书院整体租借给英租界工部公局，租期为 60 年，年租金仅 1 元，一切权利都交给承租户。书院租借合同表明，西董会除贪图书院的地基、房屋、器具等，还企图把书院长久作为西董会的据点、领地和金库。这份荒唐、离奇的租借合同，是西董会欲侵吞书院的自我写照。由此可以看到，书院租借合同，实是西董会操控创办、经营上海格致书院的升级版本，带有明显的侵权性和侵略性。

---

① 徐泓：《清末民初上海格致书院》，《江南文史》2009 年第 12 期。

滥觞时期的中外合作办学，是在要不要移植“西学”的问题上与守旧派的抗争中演变的。为了维护清朝的统治，洋务派只得采取了“中体西用”的折中方案，达成了引进“西学”的目的，助推了中外合作办学。

二、内外兼为：中外合作办学的发展

由于特殊的历史原因，近代中外合作办学呈现出世俗教育与宗教教育两种性质类型的合作办学形式。在合作空间上，既有境内的合作办学，也有境外的合作办学。总的来看，此时期境内外世俗性的中外合作办学有了一定的发展，但是数量不是很多（详见表 1–1），主要以机构设置为办学组织形式，几乎没有什么项目合作形式。此时期的中外合作办学的一个典型意义在于，这些实施中外合作办学的学校都是当地新型的高等学校，培养了许多社会急需的国际化人才，成为当地高等教育发展的学习典范。

表 1–1　近代世俗性中外合作办学主要机构一览表

序号	合作办学机构 / 项目	开始时间	外方合作方	合作模式类型①
1	德华大学	1909 年	德国海军署	政府合作
2	同济德文医学堂	1907 年	德国在华文化合作委员会	学校与社会力量合作
3	北京中法大学	1920 年	法国里昂大学	校校合作
4	里昂中法大学	1921 年	法国里昂大学	校校合作
5	广东中法大学	1921 年	法国里昂大学	校校合作
6	河南焦作工学院	1909 年	英国在华企业福公司	学校与社会力量合作
7	中比大学	1924 年	比利时政府及晓露槐工术大学	校校合作
8	巴黎大学中国学院	1920 年	法国政府	政府合作
9	雷士德工学院	1934 年	英国人雷士德	学校与社会力量合作
10	莫斯科中山大学	1925 年	苏联政府	政府合作
11	上海中法工学院	1921 年	法国政府	政府合作

① 从中外办学的合作者来看，参与高等教育中外合作办学的主要有中外政府、高校、企业、公司和其他社会力量。不同合作主体间形成了多种合作模式，归纳起来主要有校校合作、政府合作、学校与社会力量合作几种形式，有的合作兼而有之。有些近代的合作办学，还没有完全具备当代意义上的合作办学特性，但基于有双方的合作性，也在本章有所梳理归纳。

（一）境内中外合作办学的发展

1904 年新学制确立后，出现了中国近代史上兴办新学的热潮，此后至中华人民共和国成立，是中外合作办学的形成与发展阶段。

1. 德文医学堂

（1）创建经过。现今享誉海内外的上海同济大学因其鲜明的特征而独秀于中国高等教育界。追溯其渊源，自然要从德中两国合办的德文医学堂说起。

德文医学堂创建于 1907 年，是在德、中各界人士大力支持下，主要由德国的宝隆（Paulun）牵头联合上海绅商创办的一所医学专科学校。

在长期的治病救人过程中，德国人宝隆深深懂得，要解决中国缺医少药的问题，必须办一所培养中国医生的医学堂，传播西方医学，以至在政治上和思想意识上影响中国未来的一代。他的这一见地，立即得到德国驻上海总领事克纳佩（Knappe）的支持。在他的引荐下，宝隆回国会见了德国高等教育司司长阿尔托夫（Althoff），并递交了一份《中国的德国医学校草案》。1905 年，清政府宣布废除传统的科举制度。柏林的“德国 - 亚洲协会”成立了一个“在中国促进德国文化工作委员会”，由领事馆参赞费舍尔（Fischer）负责，并决定尽快在上海建立一所中国的德国医学专科学校。在费舍尔的主持下，设立了支持医学堂开办的基金会，筹集到了价值 8 万马克的一批医科书刊及新式的外科手术电动器械等物品。为继续募捐并进一步扩大影响，这批物资在柏林医院公开展出，德皇威廉二世（Wilhelm Ⅱ）及清廷驻德公使均前往展场参观，而后由宝隆将这些物品督运回上海筹建医学堂。宝隆联合德中人士共同集资募捐，成立了校董事会。因其时的中国贫困落后，急需向西方学习，救亡图存，办医学堂符合两国的利益，顺应了时代潮流，因此中国商人和官方也予以资助。

1907 年 10 月，德文医学堂开学，33 名学生入学（其中初识德文者 8 人入医预科）。人数虽不多，宝隆称他们为“未来的特殊文化载体”而寄予希望。第二年学生就增至 82 人，接下来不久，学校在金神父路（今瑞金二路）购地 12 亩，后增至 47 亩，一栋栋教学楼不断耸起。1912 年，在同济德文医学堂内，又建立起另一所学校。这所学校由德方提供经费、中方提供房舍，由德国实业家经营，建校的目的在于使中国有志于实业的青年，不必远涉重洋而在本国就能接受高深的工业知识教育。这也是现今同济大学工科创设的源头。不久两所学校合并为同济医工学堂。同济医工学堂在日后的办学中成绩卓著，赢得了很高的社会声誉。时人评论该校："开创以来，卓著成效，校外附有病院，校内置有工厂，设备之精良，远非他校所能企及，业已造就医士技士甚众，以是各省闻风负笈者日多一日，嘉惠吾国学子实非浅鲜""上海学界对于同济感情及企望甚厚"[①]。

第一次世界大战期间，法国出兵没收原属德国资产的法华路校区。学校开始主要由华人接管，改名同济医工学校，1917 年开始在上海吴淞地区购地 150 亩建设新校区，1924 年春建成，之后学校也由私立转为国立。

1927—1937 年间，学校发展成拥有三个学院的大学，校区面积达 198 亩，是华人接办以来的辉煌时期。1927 年 8 月，学校正式改名为国立同济大学。日本侵华战争中，吴淞校区被日军炮火所毁，学校辗转迁徙于中国南部地区，路线为吴淞校舍—上海市区—浙江金华—江西赣州和吉安—广西贺县（今贺州市）的八步镇—云南昆明—四川宜宾李庄，以期找到适合躲避战争使大学继续生存下去的处所。学校有在海口置地建校的打算，终因资金匮乏而放弃。昆明和宜宾李庄时期，学校都是以一个乡镇作为驻地，和普通村民混合杂居，是一所没有围墙的大学，有点类似中世纪的牛津和剑桥。1945 年抗战胜利，第二年学校复员返回上海。

（2）行政管理与经费筹措。德文医学堂的首届校董事会由 18 人组成，包括德国的医生、商人、领事馆人员及中国的绅商。[②]当时的校董会有 4 名中国绅商，他们是朱葆三、贝润生、唐元湛及虞洽卿。校董事会一致推举宝隆为董事会总监（董事长）兼学堂首任总理（校长）。学堂名初为"德文医学堂"，1908 年更名为"同济德文医学堂"。"同济"从中国成语"同舟共济"里撷取，更名旨在取意德中双方同舟共济、同心同德办好学校，救济天下苍生，用现代医学造福人类。

1917 年年初，同济医工学堂校董会中方成员的构成开始出现变化。在朱

① 翁智远主编：《同济大学史》（第 1 卷），同济大学出版社，1987，第 12 页。
② 翁智远主编：《同济大学史》（第 1 卷），同济大学出版社，1987，第 2—3 页。

葆三、虞洽卿、贝润生等商界人士继续担任校董的同时，唐绍仪、沈恩孚、李维格、黄炎培等人成为中方新校董。作为热心学校事业的教育界和科技界人士，他们发挥着越来越重要的作用。这一转变对中国人从文化教育的角度认识德国学校体制、接受德国医科和工科教育，产生了重要影响。自 1917 年 3 月始，同济医工学堂完全由中国人接办并保持德国学校特征是这一影响的最重要成果。同济“三一七”[①]事件后，学校的存亡成为德中双方面临的艰难问题。在此时，校董会中方代表发挥了积极重要的作用。中方校董会成员推举留德工程硕士阮尚介任同济医工学堂专门学校校长，正式接管学校全部工作。1919 年 1 月，阮尚介到北京教育部与袁希涛协商学堂的相关事宜，双方讨论了留聘德国教师的问题，并决定在吴淞购地建校。[②]当时德国远东协会有识之士指出，学校能够克服危机并在吴淞继续发展，要归功于德国教师在教学上的支持、中国方面在资金上的帮助以及阮尚介个人的努力。德国远东协会进一步指出：

> 在中国与德国还处于战争状态期间中国人甘愿为学校付出代价，证明了学校继续存在与他们有着特殊的利益关系。一个更有说服力的证明是，中国政府为吴淞的新校舍建设提供了 25 万银元的资金。[③]

德文医学堂的办学经费由校董会负责筹集，初期多由外国人提供，中国绅商与官方也提供了一些资助。筹建之初，上海县（今上海闵行区）署特为学堂筹建之事邀请虞洽卿、叶澄衷等上海商界重要人物商议筹款，并致函上海丝业、茶业、汇业、钱业、米业等要求捐款资助。[④]上海地方各界首先以筹款的方式参与办学，筹集的建校资金合 1.7 万马克。[⑤]德方也没有放弃对学校生存发展的努力。1920 年 9 月，德国远东协会理事会做出决定，向德

---

① 1917 年 3 月 14 日，北京政府宣布与德国断绝外交关系。3 月 17 日，上海法租界当局强行占领租界内的同济医工学堂，全校师生被迫撤离。

② 《袁希涛（观澜）先生手编年谱（1866—1930）》，原载《新中华》（复刊）第 4 卷第 4 期，经袁希涛后人抄录整理后打印成单行本，2004 年其长孙袁哲俊复校补注重印。此处引自袁哲俊校补本第 9 页。

③ “远东协会致外交部函（1920 年 10 月 14 日）”，外交部政治档案馆档案，卷宗号 R63145，转引自李乐曾《德国对华政策中的同济大学（1907—1941）》，同济大学出版社，2007，第 114 页。

④ 汤志钧主编：《近代上海大事记》，上海辞书出版社，1989，第 544 页。

⑤ ［德］罗斯维塔·赖因勃特：《文化输出与经济势力：第一次世界大战前在中国的德国学校》，跨文化交际出版社，1992，第 145 页，转引自李乐曾《德国对华政策中的同济大学（1907—1941）》，同济大学出版社，2007，第 39 页。

国工业界呼吁为新建中的同济工科捐赠工厂设备和实验仪器。参与发出呼吁者还有德国工程师协会、德国电气工程师联合会、德国冶炼同业人员协会、德国工业联合会、德国机械企业协会、德国钢铁工业联合会、德国电器工业中央联合会、德国机床制造厂联合会。此时，德国远东协会做出了一个重要决定，以价值400万马克的机器、设备和模型支持工科学校的建设和发展。这一用实物进行资助的模式与1911年至1912年同济医工学堂筹建时类似，机器设备中的小部分用筹集到的资金购买，它需要100万至150万马克；其余大部分则争取德国工业界的捐助，价值在250万至300万马克。[①] 在一战前的同济医工学堂校长贝伦子（Berrens）的努力呼吁下，当时参与捐赠的德国公司和企业超过300家。至此，学校办学大致呈现为中方解决维持学校的全部资金、德方则通过提供教师和捐赠实物给予支持的基本模式。

1921年3月，德国远东协会主席科尔纳（koerner）与同济医工学校校董会主席阮尚介，正式签订有关赠送机器、设备及有关双方关系的协议[②]——《德国远东协会与同济校董会协议》。该协议规定，德国远东协会向学校工科捐赠总价值为400万马克的机器、设备、仪器以及其他教学器具，自1921年7月至1933年6月的12年内，上述设备的财产权仍属德国远东协会，如果在此期间双方仍维持原有协议，则自1933年7月起财产所有权归同济大学校董会或其权利继承人所有。校董会有义务在学校的规章中确定：学校应该在任何时候都具有保持德中关系的特征；教学语言应该只包括中文和德文；除中国教师和教辅人员外，只允许聘用德国教师。[③] 该协议对同济校董会有明确的针对性约束，如其中第6条规定："如果工科学校意外解散了，或者对它的德国-中国（合作）特性予以改变，或者同济校董会及其权利继承人停止在学校方面的继续合作，同济校董会就应将全部设备运至一个德国港口，并交给远东

① "远东协会致外交部函（1920年10月14日）"，外交部政治档案馆档案，卷宗号R63145，转引自李乐曾《德国对华政策中的同济大学（1907—1941）》，同济大学出版社，2007，第115页。

② 此协议没有具体名称，为区别于1924年5月宝隆医院与同济校董会签订的协议，此协议称为《德国远东协会与同济校董会协议》。

③ 《德国远东协会与同济校董会协议》（柏林，1921年3月29日），外交部政治档案馆档案，卷宗号R63154，转引自李乐曾《德国对华政策中的同济大学（1907—1941）》，同济大学出版社，2007，第116页。

协会……”[①]。德方通过这一条款，确定了它将对同济保持长期的影响。在当时的条件下，同济校董会不可能违背上述规定，否则学校不仅将失去德国特征，就连办学的基本物质条件也无法保障。这也表明，德方也是要不改初衷地坚持该校的德中长期合作模式。对此，贝伦子是这样评价的：“协议签订后德国对学校的影响又得到了保障，德国工业界对德－中工科学校作为德中利益之间的纽带这一巨大的经济及政治意义有充分的理解。”[②]协议的意义还在于，它为日后中方学校与德方签订协议提供了一种可以仿效的模式。更值得注意的是，协议的签订是在中德正式恢复外交关系之前，这表明在恢复战前双边关系方面，中德的教育界、工业界、经济界比政府更主动、更积极，德中政府正是在民间的推动下积极介入而参与其中的。

（3）师资情况。德文医学堂的教师，绝大多数由外国人担任。创办时，有 3 名德国专职教师，还有德医公会的医生来校兼课。1916 年，学校共有 20 多名德国教师任课。[③]但初期教师明显不足，后经福沙伯（Von Schab）多方联系，并得到德国政府支持，从德国聘来多位有学识的教授，医院临床各科技术力量和医正科教学力量得到充实和提高。他们中有汉堡大学医学博士、著名外科专家柏德（Birt）教授，起初负责妇产科临床工作，后来接替福沙伯任院长；德国海军舰队的医师总管舒尔茨（Schultze）博士，来院主持外科工作；慕尼黑大学医学博士江哥斯（Gerngross），受聘来院讲授急救学、卫生学、皮肤病与性病学及负责相应临床工作；先后在德国多所大学任教的费舍尔（Fischer）博士讲授病理学；蒂宾根大学道尔德（Dold）博士主讲细菌学……一批德国医学精英的会聚，给医学堂增添了生机与活力。1930 年，同济大学医科正式改为同济大学医学院，外科的柏德（Birt）、内科的博罗门斯多克（Blumenstock）、儿科的克斯坦（Kastein）、眼科的许华村（Schwarzenburg）、口腔科的鲍克莱（Beauclair）、妇产科的兰尔（Rall）、耳鼻喉科的麦尔登（Mertens）等德

---

① 《德国远东协会与同济校董会协议》（柏林，1921 年 3 月 29 日），外交部政治档案馆档案，卷宗号 R63154，转引自李乐曾《德国对华政策中的同济大学（1907—1941）》，同济大学出版社，2007，第 271 页。

② “贝伦子致（普鲁士）教育、艺术及科学部函（上海—吴淞，1921 年 11 月 12 日）”，外交部政治档案馆档案，卷宗号 R63154，转引自李乐曾《德国对华政策中的同济大学（1907—1941）》，同济大学出版社，2007，第 117 页。

③ 翁智远主编：《同济大学史》（第 1 卷），同济大学出版社，1987，第 6 页。

国医界的知名专家，都在此校授课。他们开设的课程有病理学、法医学、外科、内科、神经病学及精神病学、X 光线学、儿科、妇科、产科、皮肤科、花柳科、眼科、耳鼻喉科、药物学、卫生学、细菌学等。随着中方管理学校的实力不断增强，中方也加强了对聘用教师的严格管理。

1935 年 5 月 10 日，国民政府教育部对同济大学有关聘请德国教师的呈文下达指令，提出聘请外籍教员应注意下列三点：

第一，续聘或新聘，均应于进行前报部候核。

第二，聘期至多以三年为限，并须于聘约内载明解聘之条件。

第三，以后新聘，应注意物色国内学者。[①]

国民政府教育部的指令意在对同济大学聘用外籍教师进行严格监督，并在人数上进行控制。原因之一，外籍教师的薪酬明显高于中国教师；原因之二，20 世纪 30 年代中期已有一些专业水平较高的中国留德博士毕业生可供同济大学作为师资挑选。根据国民政府教育部指令的精神，同济大学在同年 6 月制定了《国立同济大学聘任外籍教授规则》（以下简称《规则》），对聘请条件、合同要求、薪酬及有关待遇等都做出了具体规定。[②] 此后，同济大学在保持一定灵活性的同时，较为严格地执行了国民政府教育部提出的原则，在聘用德国教师方面进一步实施以质量取替数量的方针。例如，《规则》第一条规定：“本校聘任外籍教授须具有下列资格者方为合格：一、曾在外国大学任课者（医学院适用）；二、对于某种学术确有研究并曾实际服务有年，具有实地之经验并在德国亦有被聘为教授之资格者。”[③] 此后，同济大学聘用的德国教师基本上都达到了上述要求，特别是工学院的德国教师，几乎都具有教授选备资格。依此，20 世纪 30 年代中期陆续聘用了一批专业及学术水平相当高的德国教师。而与此同时，一些基础课如化学、物理

① “教育部指令，第五九八八号（1935 年 5 月 10 日）”，同济大学档案馆历史档案，卷宗号 1-LSll-527，转引自李乐曾《德国对华政策中的同济大学（1907—1941）》，同济大学出版社，2007，第 238 页。

② 《国立同济大学聘任外籍教授规则》（1935 年 6 月），同济大学档案馆历史档案，卷宗号 1-LSll-742，转引自李乐曾《德国对华政策中的同济大学（1907—1941）》，同济大学出版社，2007，第 238 页。

③ 《国立同济大学聘任外籍教授规则》（1935 年 6 月），同济大学档案馆历史档案，卷宗号 1-LSll-742，转引自李乐曾《德国对华政策中的同济大学（1907—1941）》，同济大学出版社，2007，第 239 页。

课程的德国教师以及德国教辅人员则被精减。一些优秀的中国博士、知名学者被陆续聘为该校教师，借以逐渐改变了学校既往以德国教师为主的模式。对此，校长翁之龙明确表示："中国自己已有多数极有学问之科学家，特别是属于理科方面之化学、物理、生物、数学等，故不需聘请外籍教授。"[①]

1938 年，由于德国承认伪满洲国，中德关系明显恶化，也给处于困难时期的同济大学与德国的合作蒙上了阴影。鉴于中德关系的负面影响和德国师资的不稳定状态，1938 年春，王葆仁、薛祉镐等中国教授向同济大学校方提议，聘请犹太教授以替代德国教授。翁之龙校长力主谨慎行事，并托人向朱家骅和国民政府教育部请示。6 月 25 日，朱家骅在致王葆仁、薛祉镐的信中指出，关于同济大学德国教授，目前不能继续聘用。由于担心德国教师迟早会离开同济大学，薛祉镐和王葆仁未雨绸缪，提出聘请犹太教师以保证德语教学和德国科技的传播，这应该是一个比较明智的建议。早在 1936 年，同济大学聘请飞机制造专业德国教师时，已被剥夺公职的柏林工业大学犹太血统德国教授赖斯纳（Reissner）就曾表示愿意应聘来上海。推荐者认为，聘用德国犹太人到中国来工作对中方是有利的，因为犹太人"既为德国弃用，今后只求安身与尽职而已，与普通德人受德政府指使而到中国者，大有不同"[②]。校长翁之龙曾请中国驻德使馆调查赖斯纳情况，以便决定是否聘用。同济大学西迁后，许多德国教师回国，更多的优秀中国教师补充进来。

仅就聘师而言，同济大学一直保持着具有世界先进水平的师资力量。

（4）教学特色。在教学上，同济德文医学堂敢于探索，敢于挑战传统的束缚。其教学模式，基本上沿用德国的教学模式，重视实践操作。当时中国教育的领导者依然不允许开设对医科大学生极其重要的人体解剖学课程。在巨大压力下，医学堂不得不改变教学方法——通过德国解剖学研究所赠送的人体腊制模型和病理解剖标本展示来完成。为获得实际解剖技能，医学生一

---

① "关于化学教授事翁校长致德代总领事函（六月二十一日）"，同济大学档案馆历史档案，卷宗号 1-LSll-13，转引自李乐曾《德国对华政策中的同济大学（1907—1941）》，同济大学出版社，2007，第 239 页。

② "航空委员会第四处致同济大学翁校长函（1936 年 2 月 14 日）"，同济大学档案馆历史档案，卷宗号 1-LSll-527，转引自李乐曾《德国对华政策中的同济大学（1907—1941）》，同济大学出版社，2007，第 217 页。

方面用猴子进行解剖实习，另一方面通过宝隆医院借助大量手术为外科学生提供了实践训练的机会，并调侃式地称之为“活体解剖学习”。

同济德文医学堂教学上的另一个特点是尊重学生的需求，并在反思中不断改进教育教学方法。在当时，大部分教师都是敬业负责、热心教书育人的人士。但也有个别教师在学生面前骄横跋扈，引起学生不满。1910 年，学堂发生一起驱逐德籍德文科监督辛德勒（又译作“沈德来”，Schindler）的事件，由于校董事会处置得当，既支持了正义，又对改善德籍教师与中国学生的关系起了积极作用。因与学生有冲突，校董事会果断决定：为了维护校纪，让辛德勒回国养病，借此将他解聘。同时对同样因骄傲自大、作风恶劣引起学生和校方不满的另一位德籍教师，也予以解聘和提前终止合同。其实，因政治倾向引起学生与教师对立只是个案，而因文化差异和德籍教师中较普遍存在的民族优越感引发学生不满的事件则时有发生。对辛德勒事件的解决，一定程度上遏制了一些教师的恶劣作风，对推动教学方法改革起到了积极作用和正面影响。德籍教师不再不顾及中国学生特点而一味地照搬德国教学方式，他们开始改变教学方法，调整教学内容和教材，激发学生学习兴趣，帮助学生克服因语言造成的困难，使得教师与学生关系大为改善，教学效果更富成效。

1912 年 6 月至 7 月，学堂举行了首届医科生毕业考试暨医生开业许可证考试，江逢治等 3 人通过毕业考试，这不仅是医学堂建立以来的重大事件，也被德国政府视为在中国的一项成果，德国驻上海总领馆将中德文公章加盖在毕业生的开业许可证上。1913 年，江逢治赴德留学，两年后在柏林大学获得医学博士学位，从而成为第一个在德国获此学位的中国留学生。由于医学堂的教学质量不低于德国本土大学，德国规定允许德文医学堂毕业生也能在上海获得博士学位，条件是先在宝隆医院继续实习一年，然后接受口试，及格者即被授予博士学位。医科 1915 年毕业生李梅龄于 1917 年 6 月提交其博士论文，经医科教师审阅后，再经福沙伯等 3 人主持口试答辩通过，成为同济大学历史上的第一个博士。这也是德国首次在本土以外授予本国博士学位。

从 1907 年创建德文医学堂始到 1949 年，为我国培养了数百名医生。[①] 在

① 宋秋蓉：《近代中国私立大学研究》，天津人民出版社，2003，第 25 页。

至今百余年办学历程中，这所从中国成语“同舟共济”撷取校名的大学，始终注重人才培养、科学研究、社会服务、文化传承和国际交流均衡发展，综合实力一直保持在国内高校前列，以其独特的历史传承和办学特色，如今已成为学子心仪的圣殿、科技创新的摇篮、国际交流的窗口及社会文明的家园。

2. 德华大学

（1）创办背景。1897 年 11 月，德国以武力一举侵占我国胶州湾。1898 年 3 月，德国以武力威胁并迫使清政府与其签订了不平等的中德《胶澳租界条约》。1898 年 9 月，德国辟青岛为自由港，实行自由港税制等新关税政策，向世界各国开放贸易，并着手兴建胶济铁路。胶济铁路的通车，使青岛港很快成为远东大港。经济的扩张必然伴随着文化和政治的扩张。伴随着青岛的城市化进程，近代西方科学技术和西方文化纷纷涌入青岛，并与中国文化碰撞交融。与其他列强相比，当时的德国在华经商和财富方面并不薄弱，然而在对华文化影响方面却大大落后。美、英等国在文化教育方面在中国大力扩张，而德国人甚至做生意都用英语，这给在华的德国人很大的刺激。德国政治家看到其中蕴藏着巨大的危机：如果文化影响不足，长此以往，经济和商业活动必然遇到不可逆转的重大阻碍。1905 年后，青岛作为德国在远东的军事基地和贸易中心也已初具规模，因此德国当局开始积极实施其“独立的文化政策”。由是胶澳租借地发展的真正目标，越来越多地被定位为在中国建立一个“德国的文化中心”，而非一个商业中心。而清政府则是贯彻“中学为体，西学为用”的战略，希望能把德国的科学知识和技术通过德国教育直接输入进来。因此，德华大学是德意志帝国的扩张和中国的积弱求变相结合的产物。

最早提出中德合办高等学堂的德国人是卫礼贤（Wilhelm）。在他的努力下，德方出台了德国“华人学校计划”，以“中西兼备”作为办学思想。促成德华学校创办的另一个重要人物，是德国驻北京公使馆的雷克斯（Rex）。1907 年 7 月，雷克斯正式向德国海军部建议在青岛建立一所高等学校，培养倾向于德国的中国青年精英，并输出德国文化。他还特别建议德国在中国办的学校，不能像其他外国人在中国办学那样办成教会学校。因为教会学校充满宗教气息，使中国人感到这些学校是和自己的传统文化格格不入的“洋衙门”，不好接近，更不感到亲近。德国要在中国开办学校，就必须迎合中国的实际需要，为了更便于使中国人接受德国文化，必须办世俗化的高等学校。这种学校应该是“一种（体现）地位平等、权利平等，同时又承认中国主权的明智政策的早期范例之一”[①]。他的想法，正合德国海军部国务秘书梯尔匹茨（Tirpitiz）的意愿。梯尔匹茨也是设立“青岛文化中心”的积极推动者，而青岛正是归属德国海军部管辖。梯尔匹茨认为，在青岛最适合设立文化中心，不必担心列强的反对。他期望在这里形成一个人才培养基地，借助所培养的人才为德国利益服务。在梯尔匹茨的授意下，胶州湾保护领地中心管理处顾问也加入了“德中联合会”。他们一致认同青岛租借地是德意志文化出口最合适的运转中心。有此基础，1908年4月，中德双方在青岛就创办高等学校的办学方针、办学性质和学校筹备细节等事宜，开始进行谈判。中方谈判代表是张之洞。经过多轮会谈，中德双方最终达成合办大学的共识：学堂由中德两国政府合办，学堂名称定为“青岛特别高等专门学堂”（又称德华大学），校址定在青岛。这既符合清朝学例，又在学堂名称前加以“特别”和“专门”字样，以示有别于各地众多的高等学堂。于是，在1909年10月，经过多方筹议和努力，正式开学。应该说，德国方面将学校办成世俗化的考虑，于学堂的产生无疑是一个正确的决定，这从中国方面提供的有关说法可以得证：

> 凡外国人在中国设立学堂者，一概不予立案。……惟此次德国在青岛设立学堂，系其政府之意，与私立者不同，而筹定巨资，遴派专员来华商定章程，亦非私立学堂家自为学者可比……果其宗旨不悖，课程皆符，自应准其立案。[②]

（2）办学宗旨。就中方而言，办学的目的就是培养新式人才，学习德国的先进科学技术，实现救亡图存，“中体西用”是办学的基本宗旨。就德方而言，办学宗旨固然是要服从于德国在华的民族利益和整体战略。在主观上，它是德国在东方的“文化传播中心”，服务于德国政治、经济、文化的根本利益，要向中国输入德国的文化精神和科学知识，扩大德国在中国的影响，尤其是在青年一代中树立形象，争取好感，笼络人心；在实用层面上，在青

① 刘善章、周荃主编：《中德关系史文丛》，青岛出版社，1992，第42页。
② 刘增人、王焕良主编：《青岛高等教育史》（现代卷），人民出版社，2008，第25页。

岛以大学作为一个综合平台，培养有利于德国势力在中国扩张的人才。但是，他们也知道，这种办学不能过于独断专制，必须以中国人能基本接受的方式进行，所以必须考虑中西兼顾的策略。正如德华大学监督凯贝尔（Keiper）所说："用良好的、适合新时代要求的学校教育来培养中国青年，特别要求努力把民族主义的中国教育和现代化的西方教育有机地结合起来，这是学校工作发展目标的既定原则。"[①]是故在办学目标上，双方各自都有一些退让，也都有各自的坚持，德华大学最终体现的办学宗旨为：注重中西学理的结合，形成"融道义为一治，萃中西为一家"。

（3）学校运行与管理。根据章程，学校采取中德合办的管理体制。1909年7月，中德双方商定了《青岛特别高等专门学堂章程》。该章程共计18项条款，对学校性质、名称、办学地点、学校设备、行政管理、经费来源、学制、课程设置、考试制度、学生来源、年龄限制、入学后居住及服装、毕业生去向等做出具体规定，并作为德华大学办学的重要依据，其中涉及的重要条款如下：

> 第二条，本堂定名特别高等专门学堂，设在青岛，分为两班：一、初级，习普通学；二、高等班，习专门学。各班皆设中学各科功课，与西学各科功课相辅而行。
>
> 第十二条，学生如有违背规则，按其情节轻重遵照奏定学堂禁令章程办理。
>
> 第十四条，本堂设监督一员，由德国验派，总理全堂事务，自监督以下所有管理员及华洋教员悉由本学堂支给薪水。……
>
> 第十五条，中国经学、文学、人伦道德、历史、舆地等科教员，应由山东管理学务衙门选择荐举，德国官府确知有中学优长之教员，亦可荐由山东管理学务衙门考核合格后一律聘用。
>
> 第十七条，本学堂学生毕业后如愿升入中学大学堂肄业，将来在大学堂毕业后，准其与大学堂学生一律给奖，其毕业生不愿升入及不

---

① 程良龙：《中外合作办学历史·政策·现状》，北京交通大学出版社，2014，第54页。

能升大学堂者，不给奖励，惟中国官府得以酌量任使。[①]

由于在建校倡议、投资、办学经验方面以德国为主，所以在管理方面也是以德国为主。办学经费方面："开办经费，学部筹四万马克，德国政府筹六十万马克，常年经费中国政府筹四万马克。……"[②]

德华大学采取班级管理制，按学生的水平层次分有预科班、初级班、高级班及特别班。开设的系科有工程自然科学系、法律和政治科学系、农学系及医学系。

1914年7月，第一次世界大战爆发，同年8月，日本正式向德国宣战。日德之战迫使德华大学解散。解散后的德华大学大部分学生转入同济医工学堂。

（4）课程与教学。预科班课程，主要设有德文、世界历史、世界地理、数学，这些为基本课程，还有植物、动物、物理、化学等课程。为了体现"中西结合"的办学宗旨，同时开设包括经学、文学、人伦道德、历史、舆地等课程，还有少量哲学进阶、名学浅说课程。

正科班课程设置上因科而不同。法政科设有民律、债权总论、行政法、财政学、著作权法、保护营业法、遗产法、刑律分则、民事诉讼法、刑事诉讼法、国际法等。医科课程包括解剖学及生理学、物理、化学、植物学、动物学、病理学、外科、内科、妇科等；先用三学期学习医学预科，熟悉人的身体结构、生活方式等，学完之后遵循西方通例考试一次；从第四学期开始学习病理解剖入门、各项试验药料之法，第五、六学期到各医院学习实验。农林科的课程，主要有农学入门、土壤学、改良土壤法、专门植物学、动物学、畜牧学、化学实验、物理实验、森林学、护林学、执政管理法、果树栽培法、地质学、测量学、气象学、农业机械学、农林实验场实习等。工艺科分建设学、机械电气和采矿冶金三个分学科，除设高等数理、物理、化学、地质学、金石学、力学、工厂实习、考察旅行等公共课程外，还设置了不同的专业课程。

中西文化结合、注重理论联系实际、学生管理宽松、注重因材施教，是

① ［德］谋乐辑：《青岛全书》，青岛出版社，2014，第210—214页。
② ［德］谋乐辑：《青岛全书》，青岛出版社，2014，第208页。

该校显著的办学特点。在所有的课程设置和讲授中，都贯穿着务实的原则，注重把西方的先进科学和中国的具体国情联系起来，并且考虑到学生毕业之后的发展。如《青岛特别高等专门学堂入学章程及学科简略课程》中于农林科一门规定："农林科的宗旨，中国青年子弟程度能合格者，教养成农林学之知识，授以德国新法、农林学以及相附各科，尤宜注意中国特别情形。"①

在教学方面，实行"科技＋孔子"，即教学内容上的"德国化"与教学形式上的"中国化"，形成了中西合璧的教学体系。中国教员教授中国经学、文学、人伦道德、历史、舆地等中文课程，德国教员教授德文、世界历史和地理、数理化及法政、工程技术、农林和医学等西学课程。在教学方法上，德式教育重视理论联系实际，着重培养学生自由探究的能力，崇尚务实、严谨、勤思的学风。教师多采用演讲式上课，讲课时尽量利用教具，包括实物、标本、挂图等。政法科学生可以到法院当陪审员实习；农林科学生在李村实验农场实践；工科除校内有实验工厂外，学生还可去四方机厂、船厂实习；医科学生则在福柏医院实习，后来许多毕业生还到德国深造。这种注重理论与实际相结合的教学方式，深受学生欢迎，也颇有成效。

（5）师资情况。德华大学拥有雄厚的师资力量。按照最初的协议，在教师配备上，有德国教师 12 人、中国教师 6 人。到 1913 年，德国教师增为 26 人。德国教师中博士、硕士占大多数，其中有不少人士还是国际知名学者。如享有盛名的植物学家瓦格纳（Wagner）、量子物理学家胡普卡（Hupka）、物理学家普朗克（Planck）、数学家克诺普（Knopp）等，都来此校任过教。可以看出，德华大学的自然科学与社会科学研究水平，可与当时德国本土大学相提并论。由于拥有雄厚的办学资源，德华大学有很好的声誉，成为全国闻名的高等学府。1913 年秋，德华大学已有在校学生 400 多名，其中包括张之洞的儿子和后来成为美学家、哲学家、诗人的宗白华。当时很多地方的优秀学生争相前来此校就读。

（6）办学成效。德华大学是德国与中国合作在中国设立的并得到清政府承认的第一所中外合办大学，它和中国其他高等学校受到一视同仁的待遇。

① ［德］谋乐辑：《青岛全书》，青岛出版社，2014，第 219 页。

自其创办伊始，德华大学就以其富有吸引力的学科设置和两国政府合办名义等优势，成为当时最有影响力的大学之一。

在办学5年中，德华大学招收了上千名学生，毕业了200多人。由于德国的战败和撤出，这些人多没有为德国所用，而是成了中国近代有用的人才。在中国的教育史上，年轻的德华大学丰富了中国的教育风格，开创了中外合作的办学途径，实践了中西结合教育的经验，为那些无力出国留学的学生提供了机会，促进了中德文化交流，成为青岛近代高等教育的开端。

德华大学虽然办学只有5年，但作为20世纪初叶中德政府合作在华建立的第一所高等学校，其国际先进教育理念在中国实现了富有成效的碰撞、交融与互补，极大地推进了我国高等教育的发展。其一，推动了近代中国高等教育走向国际化、开放型的进程。其二，中西兼容、相辅而行，融合西方近代文化和中国儒学传统，实现了中西融合教育。其三，开我国高等教育官方中外合作办学之先河。由中德政府合办的德华大学，是我国第一所真正意义上的中外合作大学机构，它第一次在中国高等教育体制内系统地实施了德国的现代大学制度。这种新颖、独特的办学模式，是我国高等教育界的一次全新尝试。该校学风纯正笃实，教风公正严明，管理规范有序，一整套有效的运作模式使得学校成为当时国内一流的高等学府，声名远播。因此孙中山先生应邀来此演讲时也说，要将此校的办学模式作为范例推广到全国，努力培养优秀人才，使自己的国家完美起来。德华大学不仅顺应了当时的社会需求，办出了自己的特色，而且提供了全新的办学实践，丰富了中国教育的内容，促进了中国高等教育的近代化。该校尽管是德国人在远东执行文化侵略、扩大德国影响力的产物，为实现德国人的文化目标发挥了重要作用，但它引进西方高等教育，采用先进的管理体制与运行模式，积极开展中外合作办学，为中国高等教育事业的发展提供了重要的历史经验，在中国高等教育史上占有重要地位。

3. 河南焦作工学院

（1）创办历程。河南焦作工学院的前身是焦作路矿学堂，是一所近代中外合办的私立高等教育机构，是河南最早建立的高等学府，我国历史上第一所矿业高等学府，当时“国内惟一的中外合资经营的私立高等工科学校和矿业高等学校”[①]。其创办“既是同外国资本主义侵略势力对中国进行掠夺相伴随的产物，也是中国近代民族工业特别是采矿业迅速发展的结果”[②]。

1897年英国福公司成立。英国福公司是英商依据不平等条约在河南焦作开办的大型外资企业，也是英国在华的两大公司之一，是“‘侵略中国的英美财阀’之一”[③]，主要经营的项目之一是在中国开采矿产。1898年6月，在总理各国事务大臣、庆亲王奕劻的主持下，《豫丰公司与福公司议定河南开矿制铁以及转运各色矿产章程》即河南矿务章程在北京总理衙门签订。在英国福公司与河南地方政府所签订的章程中规定：“福公司于各矿开办之始，即于矿山就近开设矿物铁路学堂，由地方官绅选取青年颖悟学生二三十名，延请洋师教授，培养专门人才以备路矿因材选用，此项经费由福公司筹备。”[④]相关章程规定：“除饭食由学生自备外，所有学堂中宿栖舍宇，游戏场所以及教习员司夫役薪工，书籍文具，仪器标本，灯火煤水，统归福公司筹给。”[⑤]1909年，在河南地方政府的交涉和督促之下，福公司终于出资开办焦作路矿学堂。该学堂由英国在华企业福公司提供教师与资金，中外双方共同组建而成。其主旨是培养采矿、铁路和冶金方面所需人才。“招收学生二十人，由河南交涉局派提调田程总理其事，延英国李恒利等四人及中国陈筱波共五人为教习”[⑥]。学堂校舍为福公司所捐，建筑皆西式。民国初年，中国民族企业中原公司与福公司合并为福中公司，后改名为中福公司，提供办学经费。1915年，英国福公司和华商中原公司合组成立中外合资的福中总公司，焦作路矿学堂更名为河南福中矿务学校，归外交部河南交涉署直辖，校址暂设河南省会开封。1915年6月，河南福中矿务学校在开封举行开学典礼，该年招生60名。[⑦]1919年，根据教育部颁布的《专门学校令》，学校易名福中矿务专门学校，在预科毕业后即续办矿务专科，以培养矿务专门人才，学校成为一所既有预科又有本科的专门学校。1921年，学校更名福中矿务大学，设置采矿冶金科，修

① 宋秋蓉：《近代中国私立大学研究》，天津人民出版社，2003，第45页。
② 邹放鸣主编：《中国矿大九十年》，中国矿业大学出版社，1999，第7页。
③ 同②。
④ 钟叔河、朱纯编：《过去的学校》，湖南教育出版社，1982，第356页。
⑤ 同④。
⑥ 同④。
⑦ 邹放鸣主编：《中国矿大九十年》，中国矿业大学出版社，1999，第12页。

业年限定为预科一年，本科四年。1926年，英国福公司停产，福中矿务大学经费全部依赖华商中原公司独自担负，学校办学经费紧张，但全校教职工同舟共济，艰苦奋斗，学校得以维持和发展。直至1930年，河南省政府拨款资助，华商中原公司也增拨经费，学校发展开始出现新的转机。1931年正式改名私立焦作工学院，成立校董会，河南省主席刘峙任主席。此后，留美学者张仲鲁、张清涟相继出任校长，著名教育家蔡元培、地质学家翁文灏、工矿泰斗孙越崎先后担任学校名誉校董、常务校董、董事长，会聚了张伯声、丁观海等一大批留学欧美，在其他国家有工程经验，在海内有教书成绩的硕学鸿儒，学校事业蒸蒸日上，国内名声日震，被誉为"可与海内工程学府相颉颃""海内办理成绩较良的工校之一"，逐渐发展成为我国矿冶人才培养的重要基地和学术重镇。1937年10月，抗日战争全面爆发，学院西迁陕西。1938年，与北平大学工学院、北洋工学院、东北大学工学院合并组成"国立西北工学院"。1938年11月，学校师生及眷属146人在张清涟院长的率领下，运载约160吨图书、资料及仪器设备，从甘肃天水乘汽车前往陕南城固古路坝复课。在国难深重的艰苦年代，学校以海纳百川的博大胸怀，倾其所有，以雄厚的师资、完善的设备、丰富的办学经验和优良的办学传统，全力支撑起西北唯一的高等工程学府，开我国西北高等工程教育的先河，成为抗日战争时期以至后来国家培养高等工程技术人才的重要基地，巩固和发展了抗战后方的高等教育。这一时期，学院8个班的学生共97人，分别于1939年至1942年毕业于西北工学院，为抗战后方新兴的工矿、交通业输送了一批高级专业人才，成为甘肃玉门油矿的开拓者和各大煤矿的中坚力量。1945年，抗战胜利后，学校校董和毕业同学立即成立复校委员会，于8月向国民政府教育部呈送焦作工学院复校报告，原院长张清涟和学校师生纷纷为复校积极奔走。经国民政府教育部和河南省政府批准与拨款，私立焦作工学院于1946年8月在河南洛阳关林复校，张清涟复任院长，并分期收回合并于西北工学院的部分图书、仪器。时设采矿工程学系、冶金工程学系、机械工程学系及先修班，当年招生137人。1947年，机械工程学系合并于西北工学院，随后学校迁至郑州，租临时校址。在办学条件极端艰难的条件下，采矿、冶金两系继续招生，全校有3个班，学生近200人。人民解放军挺进中原后，南京国民政府强令学校迁至江苏苏州，到苏州后，采矿、冶金两系又招2个班学生共140余人，另招预科生30余人。1949年4月，苏州解放后，华东人民政府正式接收学校，并确定校名为国立焦作工学院。学校历史从此翻开崭新的一页。1949年9月，学校全体师生员工告别苏州，返回阔别12年的焦作故地，当月正式复课。此时，学校有采矿、冶金2个系4个年级8个班次，学生205人。

从1909年到1949年，从路矿学堂、矿务学校、矿务专门学校到矿务大学、私立焦作工学院、国立焦作工学院，四十年时间，学校走过一条曲折的道路，有屈辱，有抗争，更有始终不渝的追求。学校的命运始终同国家、民族的命运紧紧联系在一起。

（2）培养过程。其一，办学条件比较优越，经费有保障。学院以“教授工程学术，养成建设人才，而应社会之需要”为办学宗旨，以“教育英才，备物质建设之先锋；从事研究，求吾国学术之独立”为办学使命。1933年，学院根据国民政府教育部规定，改科为系，设置采矿冶金系和土木工程系。1936年，学校改采矿冶金、土木工程两系为采矿、冶金、路工、水利四系，“四科并立，设备可以互相利用，教员可以专授所长，学生可以发展个性，蔚为国器，远仿欧美之成规，近应社会之需要”。学校人才培养从矿冶专门人才拓展到交通、水利领域。河南焦作工学院，是一所培养矿业专门人才，立志于提高中国矿采技术水平的矿务专门实业学堂。

其二，中西结合的课程教学。在教育制度上以英国矿务大学为蓝本进行改革，在课程设置上结合中国实际参考英国工程学院课程设置，强调学以致用。学校同时兼顾《奏定高等学堂章程》《奏定大学堂章程》等办学要求，根据路矿需要和英国近代工程教育之模式，设矿务学门，学制为四年。教师主要聘请英国人担任。据统计，1931年，焦作工学院教职员45人，其中8名英国教师。教师都抱着同舟共济、同心维持、努力进取的决心和奋斗精神，教学认真，关爱学生。当时教授有李善棠、马载之、任殿元、朱端、唐仰虞、张景淮、沈正功、张正平、袁慧灼、顾德麟等，副教授有王光华、王善格、武羡庭、晁松亭等。[①] 在课程设置上，主要开设“西文”和“西艺”。“西文”

① 邹放鸣主编：《中国矿大九十年》，中国矿业大学出版社，1999，第46页。

是指外国语文，即英语；“西艺”，主要包括矿务等内容的科学及工程技术知识。在教学方法上注重理论与实际结合，重视学生的实践操作能力的培养。1934年10月，张清涟在《私立焦作工学院同学录》序中回顾办学经验时深有体会地说：“顾本院成立将近二十年，在此期间，私立专科以上学校以工学院命名者，实惟本院，历史既属悠久，内容逐渐充实，遂为社会人士所重视；盖本院与中福矿厂，关系密切，故能随时参观实习，使学理与应用互相证明……”

其三，文化建设。制定校旗、校徽，谱写校歌。1934年秋，学院以煤矿和铁路为象征，制定校旗、校徽。校旗，为长方形，以红色为底，中间有铁锤矿斧和铁道图案。校徽为圆形，外圈为蓝底白字，上书“私立焦作工学院”，底部中间有一白色五角星；内圈以红色为底，中间有铁锤矿斧和铁道图案，象征着它是一所为煤矿和铁路培养工程技术人才的高等学府。1935年春，谱写校歌。校歌由我国著名教育家李敏修作词，作曲家张洪岛谱曲，其歌词是：“太行之阳河水东，莘莘学子救国重劳工。源深流自远，物阜民用丰。山葱葱，水溶溶，努力，努力，行健天同功。”这首近50个字的校歌，情景交融，振奋人心，促人向上，激发学子为“救国重劳工”而学习。同时还重视军事体育，进行抗日救国教育。1931年九一八事变后，学校更加重视学生体育活动和军事训练，聘请军事教官，将军事训练列入教学计划，讲授军事知识。焦作工学院还组织了篮球队、排球队、足球队和网球队，各项颇具特色。1932年9月，共青团河南省委在焦作矿区恢复和发展团组织，建立焦作工学院第一个共青团支部，由土木系学生陈荻罗担任团支部书记。1935年爆发了“一二·九”爱国学生运动，12月24日，焦作工学院144名学生高举“焦作工学院南下请愿团”的门旗，登上赴南京请愿的列车，历经艰辛，显示了焦作工学院学生高度的爱国热情，唤起了沿线广大民众的救国觉悟，成为当时日益高涨的全国抗日救亡运动的组成部分，为该院的爱国进步学生运动写下了闪光的一页。

其四，重视学术研究。为提高学术水平，学院创办了《焦作工学生》《焦作工学院院刊》《焦作工学院周刊》等学术刊物，并设立“张仲鲁先生工程论文奖金”，还请我国著名地质学家翁文灏、煤矿和石油专家孙越崎等国内知名专家、教授到校讲学，这对活跃学术、增进知识有着很大推动作用。

（3）办学影响。早在焦作路矿学堂时期，该校即为当时封闭落后的中国大地开启了一扇现代高等工程教育和现代科技文明之窗。在内忧外患、国力日衰的背景下诞生的焦作路矿学堂，从创建之初就肩负着振兴我国煤炭工业的历史责任，在反帝爱国运动血与火的洗礼中，开始了筚路蓝缕、艰苦办学的历程。

河南焦作工学院是当时中国为数不多的矿业高等学府，对发展中国的矿业特别是煤炭业作出了不容忽视的贡献，不仅为我国培养了第一批矿业工程专门人才，而且为我国的矿业教育乃至整个工科教育奠定了重要基础，从而推进了中国现代教育的变革历程。学生“毕业后经过多年业务锻炼，解放后又受到党的教育关怀；现在多已成为工矿企业的骨干，担任设计院工程师的七人，担任矿务局总工程师的二十人，担任大学、专科教授讲师和工矿企业工程师的达百余人，亦有在中央专业部任副总工程师的。而且受到党培养较早，现在担任中央专业部司长、专业管理局局长和科学研究机关首脑的亦都有人，并已有多人成为光荣的共产党员”①。1909—1949 年的四十年时间里，学校培养了大批采矿、冶金、土木、机械方面的 400 多名高级专门人才，造就了一代学术大师、工程精英。他们中有著名材料科学家、中国科学院院士、中国工程院院士师昌绪，材料科学家、中国工程院院士李恒德，物理冶金学家、中国科学院院士张沛霖，材料及冶金学家、中国工程院院士傅恒志，探矿工程学家、中国工程院院士刘广志，等等，他们热爱祖国，毕生为祖国的采矿冶金事业奋斗，为国家和民族振兴作出卓越贡献，令后人景仰。

4. 北京中法大学

（1）成立背景。近代法国完成工业革命后，经济实力强，教育发达，其课程、教材、教学理念、教学方法、教学形式、教学管理制度以及人才培养模式，在世界范围内具有先进水平。法国的教育资源产生剩余，有输出教育资源的能力，中国与其进行的教育合作，可以帮助消化其过剩的教育资源。应该说这是法方乐于合作创办此校的动因之一。再者，法国眼见美国利用部

---

① 钟叔河、朱纯编：《过去的学校》，湖南教育出版社，1982，第 365 页。

分庚子赔款支持中国建立了清华大学，资助大批中国学生赴美留学，重新赢得中国人民的好感，又扩大了美国文化在东方尤其在华的影响，从中谋取最大的经济和政治利益，所以法国政府也积极支持中法高等教育交流。中法大学就是在此背景下出现在中国教育舞台上的。

（2）组织管理。北京中法大学创建于1920年，是在中法社会人士的共同倡导下，由中国与法国合作创办的高等学府。1906年，吴稚晖、李石曾、张静江等人在巴黎组织成立了“世界社”，其宗旨定为从事出版、研究、教育和社会四项事业，力求实现“发扬学术”“普及文化”“改进社会”的理想。其中的教育事业，又分为设立学校和介绍留学两方面。1917年成立留法俭学会，作为介绍国人赴法留学的机关。同时又在北京西山碧云寺创办了法文预备学校，用作国内青年出国留学赴法前的预备教育。1920年，李石曾将西山碧云寺的法文预备学校进行扩充，改设为文、理两科，改称中法大学西山学院。至此，中法大学在北京正式成立。

中法大学由国立北京大学、广东大学和法国里昂大学代表共同筹备。学校主要由北京中法大学、广东中法大学、中法大学海外部（里昂中法大学）组成。北京中法大学由中国代表团主持，中法大学海外部由法国代表团主持。两国各设协会，由两国人士组成，两国公使分别担任协会董事部名誉部长。1921年7月，中法双方签署《里昂大学与中国大学联合会协定》《中法大学协会章程》《里昂中法大学组织条例》三个文件。根据规定，里昂中法大学由成立的中法大学协会管理，协会总部设在里昂大学。学校办学经费主要来自法国庚子赔款。协会的最高权力机构为董事会，负责学校的财务和行政管理。校董事会由中法两国人士组成，其成员为蔡元培、李石曾、王宠惠、孔祥熙、贝熙业（Bussière, 法国）、沈尹默、李书华、李麟玉、吴敬恒（吴稚晖）、班乐卫（Pain Lové，法国）、周作民、胡若愚、高鲁、常耀奎、彭济群、张人杰（张静江）、张继、张嘉璈、雷宾（Lepine，法国）、褚民谊、齐致、刘锡昌、熊希龄、郑毓秀、穆岱（Moutet，法国）、萧瑜（萧子升）、韩德卫（David Hand，法国）、魏道明、铎尔孟（D'Hormon，法国）等。

北京中法大学实行大学区制。早在1920年建校时，北京中法大学便在蔡元培的领导下采用了法国的大学区制，直到1950年大学停办，大学区制才因而废止，前后存在近30年。实行大学区制期间，设校长一人总司全校事宜。全校的总务与学务事宜，由中法协会代表团北京事务处总务主任和学务主任辅助校长进行处理。大学区内的中小学部各校设主任一人，代理大学校长主持其所规划之全校事宜。中小学部各校的教务主任、教员、监学、事务员均由主任推荐，由大学校长聘任，大学校长掌握了大学、中学、小学的人事大权。大学区最高的权力机构是校务会议，由大学校长、中小学部各校主任、事务处各主任、各学院学长，以及由校长在每个学院各聘请教授（任期一年）一人组成，每月开常会一次，商讨和决定大学区内（大、中、小及其他各部）各种规程及各部所需教育经费和其他重要事项。

基于学区制管理，北京中法大学组织之庞大，在中国近代教育史上绝无仅有，规模空前。北京中法大学包括研究部、大学部、中小学部、海外部及特设部5个部。

在行政管理体制方面，北京中法大学由中法两国人士组成的中法大学校董会统一管理。但在实际的管理过程中，以中方为主，由中方校长全面和具体负责，免去了一些中法合作事业因中法共同领导而产生的矛盾和混乱。这样做，不但维护了中国的教育主权，而且也利于学校的正常运转。1928年的《北京中法大学要览》里写道："中法大学之概况……其最可注意者，则大部分为中国自动的教育，而非法国有利用之意存于其间，此与其他国际合组教育事业不同之点也。至其组织取分工合作之意，在北京之中法大学，由中国代表团主持……"[①] 北京中法大学的首任校长为蔡元培，其间先后由李石曾、李书华、李麟玉任代校长。作为一所中法合办的大学，中方在其办理期间管理的主体性十分明显。曾任北京中法大学文学院中文系主任的曾觉之在介绍学校概况时，曾这样解释中法大学的主体性：

> 中法大学在中国教育界，占有一种特殊之位置，此因其有特殊之意义与历史使然：顾名思义，中法大学似为中法合办，采法国教育制度，如其他中外合办之大学，实际则不然。中法大学是中国自动之教育，而由中法人士所组织之校董会从旁襄助，此其一。第

---

① 《北京中法大学要览（1928年）》，北京中法大学刊行。

二，创办人抱一种高远之理想，求于中国实行一种新教育，以法兰西人之理想，多符于我中国人之理想，遂意识的取法国教育制度为蓝本，参酌国情而创立此校。所以中法大学与其他国际合作教育事业或教会学校不同；中法大学盖欲融会中外，而实现一种理想之教育制度。①

（3）校风学风。在校风学风上，北京中法大学受李石曾、蔡元培等创办人思想的影响，强调提倡互助、勤劳、节俭。在德育方面，除普通德育外，特别重视互助和节俭。在体育方面，除普通体育外，特别强调工作勤劳、接近自然的重要性。在学风方面，则重视自然科学，重视实践和应用。《北平中法大学组织大纲》第一条即规定："本大学以研究高深学术养成专门人材沟通中西文化并注重实习致力应用为宗旨。"② 因此，北京中法大学在城内设有物理实验室、化学实验室、生物实验室、标本室和铁工厂，而且在西郊设西山学院，以供学生实习之用。

（4）办学条件。对一所大学来说，经费是生存和发展的前提和基础。在近代众多的私立大学中，北京中法大学的经费较为充裕和稳定。据北京中法大学 1931 年《学校收支金额及项目表》所载，学校经费收入 680 894 元。经费的来源主要包括以下四项：一是息金 70 000 元，二是学费 10 894 元，三是补助费（中法基金之息金）450 000 元，四是法国庚子赔款补助费 150 000 元。③北京中法大学的这一经费数额远远高于当时国内的其他私立大学（不包括教会大学）。

就教学设备来说，北京中法大学也可与当时国内的一些著名学府相媲美。据 1931 年统计，北京中法大学的房地产值洋 130 万元；大学部图书共计 65 263 册，其中外文 14 307 册，中文 50 956 册，购入价格为 233 275.75 元；仪器设备购入价值 55 520.25 元；标本购入价值为 10 880.50 元；校具

① 《北京理工大学校史丛书》编审小组：《中法大学史料》，北京理工大学出版社，1995，第 22—23 页。

② 《北京理工大学校史丛书》编审小组：《中法大学史科》，北京理工大学出版社，1995，第 15 页。

③ 《私立中法大学民国廿年呈请立案的报告、报表及北平教育局批复》，北京市档案馆馆藏档案，全宗号 J26，案卷号 3，转引自葛夫平《中法教育合作事业研究（1912—1949）》，上海书店出版社，2011，第 122 页。

价值 58 727.53 元。[①] 截至 1937 年，北京中法大学共有房屋 1794.5 间，土地 2282 亩，价值 1 619 860 元，进一步缩小了与国内一流大学的差距。[②]

北京中法大学的师资力量也比较雄厚。在教职员人数和学生人数之比上，北京中法大学始终保持在一个较高的水平上，大体保持在 1 ∶ 1.61 ~ 1 ∶ 5.4。教员的素质也不错，在教师队伍的构成中，教授始终占有相当高的比例。如 1934 年，文学院教员 47 人，其中教授 13 人；理学院教员 26 人，其中教授 12 人；医学院教员 13 人，其中教授 4 人。[③] 这些教员中不乏国内外著名学者，中方学者如刘半农、沈尹默、沈士远、沈兼士、钱玄同、周作人、李宗侗、张若名、范文澜、杨堃、商鸿逵等人；法籍教员有铎尔孟等人；还有不少人是曾经在法国留过学的知名学者，如李书华、李麟玉、严济慈、朱广才、朱广相、朱洗、吴文潞、周发岐、苏莆第等。

（5）学术研究。北京中法大学的一个鲜明特色是非常重视学术研究。该校的学术研究主要由两部分组成。一是北京中法大学各系教师在教学之余从事的学术研究，他们将自己的研究成果发表在校刊上，而更有一些学术成果则以特刊形式发表。如生物系比较解剖学实验室老师夏康农和该系第一届毕业生朱定一合作撰写的《鳜鱼头骨之解剖》研究报告，发表在 1939 年 12 月刊出的《私立中法大学理学院特刊》第八号。该报告对于我国的鱼类学研究，特别是鱼类血缘关系及自然结构演化的研究，有重要的参考价值。值得一提的是，发表在校刊上的理科类文章，一般都用中法两种文字载，这既体现了中法大学的特色，也显示了研究者的法语水平。二是北京中法大学设立一些从事科学研究的专门研究机关所，其中比较著名和有影响的是镭学研究所和药物研究所。这两个研究所吸引了当时的一些高水平科研人员来此进行教学与科研工作，为中国的人才培养及科学事业作出了积极的贡献。如镭学研究所的专任研究员郑大章，是法国大科学家居里夫人指导的唯一的中国化学博

---

① 《私立中法大学民国廿年呈请立案的报告、报表及北平教育局批复》，北京市档案馆馆藏档案，全宗号 J26，案卷号 3，转引自葛夫平《中法教育合作事业研究（1912—1949）》，上海书店出版社，2011，第 123—124 页。

② 《私立中法大学民国廿五至卅年房屋土地现状登记表》，北京市档案馆馆藏档案，全宗号 J26，案卷号 117，转引自葛夫平《中法教育合作事业研究（1912—1949）》，上海书店出版社，2011，第 126 页。

③ 葛夫平：《中法教育合作事业研究（1912—1949）》，上海书店出版社，2011，第 129 页。

士，他在获得博士学位后于 1934 年回国在该所主持放射性元素研究工作。1948 年，著名物理学家钱三强、何泽慧归国，在此指导镭学研究工作。中华人民共和国成立后，镭学研究所归属中国科学院近代物理研究所和应用物理研究所，成为中华人民共和国科学事业的一个组成部分。中科院药物研究所由植物化学家赵承嘏担任所长。该所还曾聘请过庄长恭、高怡生、梅斌夫、朱任宏等研究人员。中华人民共和国成立后，他们大多数继续从事科研工作，为我国的科研事业作出了重大贡献。

（6）学术交流。作为近代中法文化合作与交流的产物，北京中法大学除为我国培养学术方面的研究人才之外，也积极致力于促进中法两国文化交流。《北平中法大学组织大纲》第一条就开宗明义提出，以“沟通中西文化”为宗旨。北京中法大学设计的校旗和校徽，也突出体现了中法两国文化的交流与合作。中法大学的校旗便是取中法两国国旗的颜色，以表示中法合作，校旗的图案中间复贯以紫、黄两色，紫色代表自然科学，黄色代表社会科学。中法大学的校徽则取孙中山的三民主义和法国的自由、平等、博爱思想为内容，以双手象征民族和博爱，以天平象征民权和平等，以飞鹰象征自由，校徽图案的用意就在于“融汇中法两国民族文化之精神”[①]。北京中法大学还通过创办刊物，广泛介绍法国的科学、哲学、文学和艺术。这些校刊主要有《中法大学半月刊》《中法教育界》《中法大学月刊》《中法文化》等。这些校刊除报道与中法教育有关的消息、刊载一些研究文章外，大部分的文章与介绍法国的学术有关。仅就文学方面而言，北京中法大学校刊译载了自中世纪至 20 世纪各个不同时期法国作家的作品，涵盖范围很广。据不完全统计，北京中法大学校刊先后译载了 20 余名法国作家的作品，共计 63 篇。这些作品既有诗歌、小说，也有剧本。北京中法大学在促进中法文化交流过程中所采取的另一个重要途径，就是邀请法国知名学者来华演讲。据相关史料记载，1926—1936 年间主要受邀人员有巴黎大学教授、考古学家富歇（Foucher），法国电学家白兰（Belin），巴黎博物学院教授、著名地质学家、法国科学院终身秘书拉夸（Lacroix），法国鸟类保护协会会长德拉鼓（Delacour），法兰西学院教授沃伦诺夫

① 《中法大学月刊》第 10 卷第 2 期（1936 年 12 月）插图。

（Voronoff）博士，法国文学博士马古烈（Margoulies），巴黎大学教授杜马斯（Dumas），巴黎理化专门学校校长兼法兰西学院教授郎之万（Langevin），天文学家法叶（Fayet），法国教育部前部长奥诺拉（Honnorat），巴黎大学教授、法国国家医学会会员勃伦特（Brumpt）等人，他们演讲的主题主要是介绍法国的文化及自然科学方面的进展。

在邀请法国学者来校演讲的同时，北京中法大学还积极派遣中国学生到法国留学，这些留学生成为沟通中法文化的桥梁。

（7）办学成效。学校于1926年开始向法国里昂大学派送留学生。1938年，因日军入侵，学校迁往昆明，派送留学生工作停止，此后没有再恢复。据统计，在1926—1939年的十多年，北京中法大学先后资助约百名毕业生赴法留学。这些学生学成后回国，在教育界、科技界、医学卫生界任职任教，其中不少归国留学生成为国内知名的专家、学者和教授，为传播法国学术作出了重要贡献。除了培养高级人才，北京中法大学附属的中小学还为广大学生提供了获得基础教育的机会。在学术研究及中西文化交流方面，北京中法大学的贡献也十分卓著。总之，在中国近代史上，北京中法大学的地位，诚如中法大学校长李书华所说，它是“沟通中法两种文化之高等教育机关”“中法文化交流最重要的中心”[①]。1946年，北京中法大学迁回北京旧址。1949年，中华人民共和国成立，北京中法大学正式由政府接管，改称“国立北京中法大学”。1950年6月，北京中法大学停办。之后将数学、物理、化工三系并入华北工业学院，文史、法文二系并入北京大学，生物、经济二系并入南开大学，医学院并入北京大学医学院。北京中法大学从1920年创办到1950年，为我国培养了一批自然科学、医学、社会科学和文史方面的人才。

（二）境外中外合作办学的发展

1. 里昂中法大学

里昂中法大学的成立，开创了近代中国在国外兴办高等教育的先河。里昂中法大学是近代中法教育合作的重要成果，也是吴稚晖等提倡移设大学于国外目标的实现。1918年年底，吴稚晖发表了《海外中国大学末议》：“海外

---

① 葛夫平：《中法教育合作事业研究（1912—1949）》，上海书店出版社，2011，第153页。

中国大学者，将中国大学暂设于海外，即何处拟设大学，仓卒欲筹备完全而环境与教团，两缺其适当者，乃暂时借海外适当之处开办，视之如在国中同。迨至开办若干年，筹备略齐整，教团亦组织粗完，遂并可迁之教具，及已成之校风，完全迁移于自国应设之地点。”① 在国内大学因洋教员有名无实，则不敢请；而留学生之上等有能力者，又不可多得。所以，在海外设立中国大学既可使学校避免受国内种种政潮学潮之缠绕，又可以利用外国先进的师资和教学资源。吴稚晖此议在教育界反响强烈，蔡元培、李石曾等更是立即付诸实践。《海外中国大学末议》是里昂中法大学建立的理论基础。1919 年巴黎和会期间，李石曾继续提议用法国退还的庚子赔款筹建里昂中法大学，得到了里昂大学和里昂市政府的支持。学校于 1921 年 7 月以“中法大学协会”名义正式注册成立，其宗旨是为中国留学生提供接受高等教育的机会，为中国培养一批高级学者和研究人员，同时为中国的大学提供合格的教授。当年 10 月，学校正式开学，第一批学生约 150 人，系 7 月间在中国国内招生所得。

根据中法双方的协议，里昂中法大学由中法大学协会负责管理，协会成立董事会，成员由中法双方共同组成，主席由法国政府指定人士担任，为唯一法人代表，有权参与具有法律效力的活动，进行法律诉讼及支配财政开支等。里昂中法大学校长由中方人士担任，主要负责教学管理；校董会中，除财务长由法方担任，其余职务均由中法双方共同兼任，即设有 2 位会长、2 位副会长、2 位秘书长和 1 位财务长；名誉理事会则包括了对该校创建作出突出贡献和提供帮助的各界人士。招考学生工作由中方全权负责，绝大部分学生在北京、广东、上海等地通过公开考试产生。

根据中法双方达成的协议，该校课程由法国国立里昂大学扶助完成。里昂中法大学自己不设系科，不聘教授，凡在里昂大学注册的中国学生，经考核后即可进入里昂大学学习，利用里昂大学提供的现成教学资源，完成大学所属的 4 个学院和 12 个高等专门学校的学习，一些学生还可以去里昂之外的法国其他大学学习。从 1921 年至 1946 年，里昂中法大学在校学生人数每年

① 吴稚晖：《吴稚晖学术论著》，上海出版合作社，1927，第 169 页。

为80—130人，除二战期间，每年均有15—20名学生毕业离校，同时有相同数目学生入校。[①]从1946年起就再无新生入学，到1947年时学校因经费问题而陷入停顿，但一直拖到1951年停办。20余年间，里昂中法大学为中国培养了一批优秀人才。前后共招生近500人，除有一部分学生放弃学业或因病被遣返回国外，400多名学生取得了博士学位或学业文凭，他们中的大多数学成之后回国工作，不少人后来成为我国科学界、教育界和文化艺术界的重要力量，如著名文学家和诗人罗大冈、戴望舒、张若名、苏雪林，著名科学家朱洗、汪德耀、范秉哲，著名艺术家常书鸿、王临乙，建筑家林克明等。

1940年6月法国首都巴黎沦陷，里昂当时还不属于战区，在法国北部求学的30多名中国学生迁到里昂中法大学继续学习。但是不久，学校被德军占领当成兵营，学生被迫迁到里昂市内，直到1945年二战结束后，学生才重新返校。第二次世界大战后，中国又陷入内战状态，无暇顾及里昂中法大学，致使其经费断绝。原有的学生或者回国，或者飘零他地。到1950年，学校停止了一切教学活动，校舍被法方收回改作他用。里昂中法大学至此消失。

作为中国大学的海外部，里昂中法大学曾在中法教育、文化交流方面发挥了独特的作用。它在促进法国学术文化在中国传播的同时，也向法国人民介绍了中国文化，加深了法国人民对中国的了解。[②]里昂中法大学在中外合作办学双方的合作管理和分工等方面做出的努力和尝试，对今日高等教育中外合作办学实践及我国高等教育实施“走出去”战略，仍然有一定的借鉴和启示意义。

2. 中比大学

中比大学也称晓露槐工业专修馆，附属于中法大学海外部，受中法大学协会的领导，是近代中国和比利时合作办学的重大成果。它的成立，不但推动了比利时退还庚款的进程，而且为我国培养了一批高级科教人才。因此，该校在我国享有极高的声誉。

1921年1月，北京大学校长蔡元培、中央观象台台长高曙青和技师彭济

---

① 《北京理工大学校史丛书》编审小组：《中法大学史料》，北京理工大学出版社，1995，第90—140页。

② 董伟锋：《里昂中法大学创办始末》，《神州学人》2005年第7期。

群等，到比利时进行游说退款办学事宜，得到比利时友人的赞成。1921 年 4 月，湖南和直隶两省教育会通电全国，发起全国学界联名请愿法、比退款兴学运动。一时间，在请愿书上签字者达到 4 万多人。1922 年冬，推荐萧子升为代表赶赴法国和比利时，将万民请愿书呈交两国政学、新闻各界要人并当面陈述。当年 12 月，萧子升首先谒见比利时教育总长乐甫（Nolf），15 日，向比利时外交总长察斯巴（Jaspar）正式呈递，随后又往见殖民总长富兰克（Franck）。举凡所接洽的要人，见到 4 万多人签名请愿书，无不为之咂舌动容。事后比利时报纸对此也进行了报道，同情于退款兴学者渐多，尤其前任比利时教育总长（时任议员）德斯台（Destrée）、比京大学教授叙尔（Gille）、比京大学校长及董事长等人，对于退款兴学均极为热心。比利时的一些政教界人士，对美、法的庚款办学计划的目的洞若观火，当时任比利时政府议员德斯台在《晓露槐日报》上发表《中国与吾人》说：

> 藉（借）了这个智巧的计划，美国遂炫饰了他的宽仁，并且储了一笔巨款，它的未来的利息，对于美国的工业和政治都同样差不多很大呢。法国对于美国的创办之效验已了解很多时候了。法国明白也使中国青年法国化，用法语教授他们法国的方法与策略，对于法国将有巨大的利益，而中法大学遂在里昂开办了。[①]

他还催促本国政府马上行动起来："想到将来，必见这中国侨民之发展所贡献的巨大的利益，心中情愿看见他们的发达，若要结果圆满，比国就应退还庚子赔款，而决无所后悔的。"[②] 时任比京大学教授叙尔也致函里昂中法大学筹备处的褚民谊等人，共商中比教育之协进，同时，与比利时晓露槐工术大学议组中比大学，提议要加强中比教育交流与合作，并说"中比两国，邦交素笃，不能让人专美于前"[③]。褚民谊把此信转交给旅欧教育诸团体，受函者对此均表赞成。当时驻比中国大使王景岐和留比中国学生会，也为退款兴学做了大量的工作。王大使宴请德斯台、比京大学教授叙尔、比京大学校长及董事长、晓露槐工术大学校长和董事长，以及学界和新闻界之同情者多

① 德斯台：《中国与吾人》，《中法教育界》1928 年第 12 期。
② 同①。
③ 《中比教育运动导言》，《中法教育界》1928 年第 12 期。

人，共同商议退款兴学的具体办法。德斯台说他已经联系了议会中教育股多人，正等待法国解决庚款问题后，向议会提出有关议案。随后萧子升又拜会了曾两次访华的比利时参政大臣兼国家银行总裁富兰基（Francqui），富兰基即爽快答应尽力促成此事。很快，叙尔教授又来信说，事情已经有了进展，比利时教育部已通知晓露槐工术大学董事长及校长，让其与中国方面商谈教育合作的有关事宜，希望中国迅速派人前来接洽。于是萧子升和褚民谊同往晓露槐工术大学，与校长耶洛（Hiernaux）商议比利时将退还庚款与合办中比大学等事宜。耶洛主张，如果与晓露槐工术大学合组中比大学，可以有望得到比利时政府补助经费，并且因此还可以促成比利时退还庚款。于是他们决定与晓露槐工术大学共同组成中比大学，并先送学生入学，其班次课程，按中国学生程度与比利时学生随班上课。一切待遇，与比利时学生没有差别。为了使中国学生的花费更少及管理学生更方便，比方决定在学校附近选择一个适宜的地方，建立中国学生的宿舍。随之，比利时一位热心中比教育的公爵马丁（Martin）将一套别墅捐献出来，作为修建中比大学之地，于是确立了中比大学的校名、校址和组织纲要。

萧子升回国后，把中比大学的计划书和设计图表报告给教育部和北京大学及中法大学北京事务处，时任教育总长范源廉承诺尽力相助，把中比大学建成。中法大学北京事务处分别向各方筹集经费 10 余万法郎，先后汇到晓露槐工术大学。当蔡元培去欧洲经过香港时，又收到陈炯明送来的曾许诺捐给西南大学海外部的5万元作为中比大学的开办费。这样，比利时出地，中国出钱，开始破土动工建设校园。1924 年 12 月，中比大学举行了落成典礼。

对于中比大学学生管理，由晓露槐工术大学的校长负责，并且有一位晓露槐工术大学的代表寄宿在学生宿舍里，以便随时进行管理。晓露槐工术大学对中国学生免收学费，还专门为中国学生设有准备考大学的补习班。

学校里设有 3 个系，即机械系，包括动力、建筑、桥梁等专业，还有化工系和电机电气系，是一所工科大学。学制为 4 年，前 2 年学基础课，例如三角、大代数、微积分、解析几何、化学、力学、物理等；后 2 年学专业课，包括机械制造原理、材料力学、内燃机与外燃机等课程。

根据《比利时晓露槐中国同学录》记载，1926 年，在校生中广东、四川和湖南学生最多，分别是21人、16人和11人。其他各省共26人。[①] 中比大学所采取的办学形式，在当时中国国内政局动荡、师资匮乏、教育经费严重不足的情况下，不失为中国近代高等教育中的一个重大创举。

中比大学作为中比合办的大学，既没有自设的大学专门课程，也没有自己的大学教师，但根据中比双方达成的协议，其大学课程由比利时晓露槐工术大学扶助完成。具体言之，虽然中比大学自己不设系科，不聘教授，但是凡在中比大学注册的中国学生，经考核后即可进入晓露槐工术大学学习，利用晓露槐工术大学提供的现成的教学资源，包括老师、教室、图书馆、仪器设备，根据自己的志愿在晓露槐工术大学完成大学学业。因此，中比大学虽然没有自己的大学教师，但由于有比利时晓露槐工术大学的合作，并不妨碍其具有大学性质。

中比大学兴办呈现如下特点：其一，鉴于美国退还部分庚款创办清华大学并送中国学生赴美留学的先例，通过既定事实来促使所在国退还庚款，把学校将来的资金来源定位在庚款上。其二，与赴欧勤工俭学运动有着密切的关系，勤工俭学学生群体是该校重要的招生来源。其三，附属于外国大学，与外国大学合作办学，依靠外方的教学设施和教师来开展教学活动，外方学校提供住宿和外语的补习。其办学组织形式相当于设在境外的中外合作办学机构（因其附属于国外大学，应相当于现在附属大学下面的一个二级学院）。其四，在建校初期因缺乏经费而步履维艰，后来成功得到了庚款的资助，学校根据得到的庚款数量来决定招生规模。其五，由中比双方政府和民间共同努力才得以建成，有力地促进了双方科学和教育的交流。

中比大学的中国学生从一开始就有一种社会责任感和危机感，为救国而学，为报国而学，志向远大，自强不息，学生的学习成绩优异，常有超出比利时学生者，获得比利时各界的好评。后来的历史也证明，中比大学的学生大多成为我国教育界、学术界、医学界和实业界的骨干，一些人如聂荣臻等还成为我国的重要领导人。中比大学与中法里昂大学一样，通过移校于境外的办学形式，促进了比利时的科学与文化在中国传播，加深了中比两国人民

① 《比利时晓露槐中国同学录》，《中法教育界》1928年第12期。

的相互了解。

3. 巴黎大学中国学院

巴黎大学中国学院是近代中法两国政府建立的一个以从事汉学教学、招收和培养汉学研究人才、推广中华文化为己任的文化教育交流机构。用今日的眼光来看，可以说该校是近代中国在海外建立的第一个孔子学院。

巴黎大学中国学院的创办，首先得益于北洋政府交通总长叶恭绰的倡议。1919年，叶恭绰前往欧、美、日等国考察。考察回国后，他感慨中国作为文化大国，应该设法开辟渠道或路径把中国文化传播出去。为此，他指出："日本、印度、巴尔干及南美在各国大学均设有学系，而我国独付阙如，引为深惜，以为此关国家之荣誉，及我国学术之前途。"[①]

叶恭绰极力倡议把中国文化传到法国，而且他还付诸行动。在巴黎，他与法国学者议定在巴黎大学设中国学术讲座，拟由交通部出费，创办中国学院，以此为试点，成功后将在欧美各国普遍建立中国学院。他的这一想法得到了法国班乐卫先生的大力支持。班乐卫是法国著名的数理家和哲学家，曾担任法国公共教育部部长等职。了解到叶恭绰的计划后，他许诺主持此事。叶恭绰把此事电呈"总统"徐世昌，随后提交内阁。经过内阁会议讨论决议在巴黎大学中国学院成立之前，先在法国举办有关中国文化的讲座，中国每年资助10万法郎。同时，班乐卫也请得法国政府每年资助2万法郎。在叶恭绰和班乐卫的共同努力下，1920年3月，巴黎大学中国学院正式宣布成立。在中法政府代表签订的共五章24条的章程中，规定办学的目的如下：

> 第一，帮助在巴黎大学内组织研究中国新旧高深学问之机关。
>
> 第二，设立中国图书馆，及造就中国图书专门人才及译员。
>
> 第三，组织及鼓励一切中法机关之能使法国人研究中国高深学问或中国人研究法国高深学问者。
>
> 第四，援助中国科学院……之设立，以为中国旧式的"亚伽得米"之补充，及西方科学发达于中国之预备。

---

① 《叶遐庵先生年谱》（民国35年影印本），第74页。

第五，发行各种刊物，组织各种特别研究会及演讲，发给奖金与津贴等。[①]

在研究方面，学院设一研究指导委员会，由汉学家葛兰言（Granet）、伯希和（Pelliot）、勒卢瓦（Laloy）、马斯白乐（Maspero）、斐洛（Finot）、哈甘（Hackin）、希哇叶（Broyer）7人组成。[②]在行政管理方面，建立评议会制和干事会，班乐卫任首任院长。根据巴黎中国学院章程第五条规定，该院设一评议会（又称监督会议）负责管理工作。评议会成员共计法国人8名、中国人9名，由法国博士院院长、巴黎大学校长、北平大学校长、中国政府代表（1人）、巴黎大学评议会代表（2人）等人士组成。1933年，法国方面的评议会成员姓名及资格如下：班乐卫（会长）、沙格第（Charlety，巴黎大学校长）、葛哇采（Groiset，法兰西学院董事）、包亥（Borel，巴黎大学评议会代表）、墨尼（Meunier，会计）、持吕舍（Truchy，巴黎大学评议会代表）、伯希和（法兰西学院教授）和希哇叶（巴黎东方语言学校校长）。[③]学院干事会设法国会长1人，由法人担任；副会长中法各2人；书记中法各1人；会计1人，由法人担任。干事会成员均可列席评议会会议，但无表决权。虽然在评议会和干事会里，给中方保留一定数量的名额，但是由于中法相隔遥远，中国方面长期只派1名代表驻中国学院，与法方协商办理学院的事务。1929年以前，巴黎大学中国学院监督为韩汝甲，韩汝甲1929年辞职后，由教育部改派李煜瀛继任，先由驻法公使高鲁代理。1929年至1931年间由教育部聘请前驻法公使高鲁代理，自1931年冬高鲁返国，改聘刘厚代理。

巴黎大学中国学院的招生，面向各国对中国文化感兴趣的人士。以国籍统计，在1933年时，计有中国18人，法国12人，越南、比利时、德国、日本、英国及俄国各1人。[④]学院开设的课程，主要有"中国文化"（课程内容主要涉及地方风俗志等）、"中国文学"（课程内容主要涉及古代文学）、"中

① 《巴黎大学中国学院概况》，《中法大学月刊》1933年第2期。
② 同①。
③ 同①。
④ 同①。

国语言”（课程内容主要涉及汉学）、“中国美术”（课程内容主要涉及图画等）、“中国美学”（课程内容主要涉及诗、韵等）、“近代与现代中国经济史”（课程内容主要涉及徐光启《农政全书》之研究）、“中国法律”（课程内容主要涉及中国法学沿革）、“中国科学”（课程内容主要涉及中国科学发展的历史与现状）等。这些课程由中法双方的知名人士任教。如“中国文化”主要由汉学家葛兰言教授讲授。学院教师对学生认真负责，对经济困难但学业上勤奋优秀的学生设有奖励基金。对外籍学生来说，课程内容比较艰深，所以能拿到毕业证的人数不多。据记载，到 1929 年，考得毕业文凭者，仅波兰 1 人、越南 1 人；考得肄业证书者，仅苏联 1 人、法国 1 人。中国学生在该院听课者，不以拿文凭为目的，大都系在此预备论文，准备入巴黎大学深造，已考得文科博士学位的中国学生，前后计 11 人。[①]

由于历史条件限制，在当时对外传播中国文化的客观条件并不成熟。创办巴黎大学中国学院的想法固然美好，但囿于历史条件，其办学规模及成效是有限的。然而，这毕竟是中国高等教育史上的一个伟大创举，其为当今我们开办孔子学院、传扬中国文化提供了宝贵的历史经验。

4. 莫斯科中山大学

（1）创办经过与组织管理。莫斯科中山大学成立于 1925 年 10 月，是中国在境外与苏联合办的一所大学，是苏联专门为中国共产党和中国国民党培训干部而设立的高等院校。该校的创办，首先得力于斯大林的坚定支持。莫斯科中山大学从酝酿筹备到正式开学，仅用了 8 个月左右的时间。其间，联共（布）中央和共产国际在学校的名称、地址、隶属关系等问题上几经变化，反映了其重视的程度和对于未来中国革命的期望。1925 年 3 月，斯大林亲自主持的联共（布）中央政治局会议做出决定，“认为扩大东方劳动者共产主义大学中国分部或建立新的中国劳动者共产主义大学是适宜的”[②]。1925 年 4 月，斯大林主持的联共（布）中央政治局会议，在听取了布罗伊多和维经斯基等人的报告后，对学校的名称、

---

① 《巴黎大学中国学院概况》，《中法大学月刊》1933 年第 2 期。

② 中共中央党史研究室第一研究部：《联共（布）、共产国际与中国国民革命运动：（1920—1925）》（第 1 卷），北京图书馆出版社，1997，第 588—589 页。

招生人数和校址做出了初步规定，“认为在西伯利亚专为中国学生建立500人的中山大学是适宜的”[①]，并决定由布罗伊多（召集人）、拉狄克和维经斯基3人组成学校筹备委员会，对学校的建设作进一步的筹划[②]。5月，斯大林再次亲自主持召开全体政治局委员会议，决定：“（1）同意政治局委员会关于在莫斯科建立该大学的建议。（2）其他方面的问题交中央组织局审议。”[③]9月17日，由斯大林主持，季诺维也夫、加米涅夫、托洛茨基、加里宁、莫洛托夫等参加的政治局会议，在听取了中央组织局的报告后，批准该校的预算经费为55万卢布。[④]至此，学校的各方面筹建工作已基本完成。

中方积极呼应苏方的决议。在国民党中央政治会议第66次会议上，时任广州国民政府总顾问鲍罗廷正式宣布，为了纪念逝世的孙中山先生，苏联共产党中央委员会决定，在莫斯科建立孙中山中国劳动者大学（简称“莫斯科中山大学”），帮助中国培养干部，建议国民党派遣学生去莫斯科中山大学学习。这个提议很快获得一致通过，并成立了由谭延闿、古应芬等组成的招生委员会。消息一传开，上万名青年学子踊跃报名参加考试，报考莫斯科中山大学一时成为热门。在苏联顾问的参与下，国共双方挑选了300余名学生前往莫斯科中山大学学习。

莫斯科中山大学校址设在莫斯科的沃尔洪卡大街16号，就在现今列宁宫的对面。这座楼房很有规模，全楼共约100个房间，设有餐厅、图书馆、教室、学习室、办公室和学生宿舍。后来由于学生增多，只好暂时把宿舍当作教室，不久又在彼得洛夫卡大街建了新的学生宿舍。此时的苏联，战争创伤尚未完全恢复，为莫斯科中山大学却花费了大量的人力、财力。根据苏联档案记载，莫斯科中山大学预算为一千多万卢布，还动用了当时十

---

① 中共中央党史研究室第一研究部：《联共（布）、共产国际与中国国民革命运动：（1920—1925）》（第1卷），北京图书馆出版社，1997，第594页。

② 中共中央党史研究室第一研究部：《联共（布）、共产国际与中国国民革命运动：（1920—1925）》（第1卷），北京图书馆出版社，1997，第595页。

③ 中共中央党史研究室第一研究部：《联共（布）、共产国际与中国国民革命运动：（1920—1925）》（第1卷），北京图书馆出版社，1997，第616页。

④ 中共中央党史研究室第一研究部：《联共（布）、共产国际与中国国民革命运动：（1920—1925）》（第1卷），北京图书馆出版社，1997，第675页。

分紧缺的外汇供学生回国探亲，苏联政府尽一切努力来保证学校的教学需要和学生生活，学校给学生发西服、大衣、皮鞋、冬装，寒暑假还组织学生进行夏令营或参观旅游，中国学生享有优于苏联教师的待遇。该校为当时国共合作的中国大革命培养政治理论骨干的学校，在莫斯科中山大学学习的人物不仅有国民党人，也有共产党人。

莫斯科中山大学是中国共产党、中国国民党、苏联三方合作背景下的产物，其兴衰起伏，与中国共产党、中国国民党和苏联三方的关系以及中苏两国关系的发展变化紧密相连。20 世纪 20 年代后期，中国国内革命形势发生急剧变化，国共合作最终破裂，中国国民政府与苏联的关系也日趋冷淡。国内形势以及中苏关系的剧变对莫斯科中山大学产生强烈的负面影响，直接导致莫斯科中山大学生源严重不足，加之莫斯科中山大学自身也存在一系列严重问题，如资金投入与人才产出的失衡、中国留学生托洛茨基反对派的活动、“清党”运动等一系列事件的综合作用，最终导致这所在留苏教育史、中苏关系史和中国近现代史上都具有一定地位和影响的学校停办。1927 年 7 月，中国国民党中央执行委员会发表声明：取缔莫斯科中山大学，并与之断绝一切关系，同时命令各级组织严禁向莫斯科派遣学生。莫斯科中山大学于 1930 年夏天宣布解散，从成立到停办共历时 5 年。

在莫斯科中山大学成立之初，它的第一任校长拉狄克就提议：“该校应置于苏共中央执行委员会和国民党中央执行委员会的领导之下。”[①] 就是说，这所学校有 2 个管理者：苏联共产党和中国国民党。苏联共产党同时代表共产国际和中国共产党。国民党中央派邵力子代表国民党方面常驻莫斯科中山大学，负责监察校务。邵力子于 1926 年夏到莫斯科，作为国民党驻莫斯科中山大学的常驻代表及校理事会理事。他不仅视察学校，还在那里听课。学生中设有共产党支部局和国民党支部局，两党采取党内合作形式，共产党员可以以个人身份加入国民党。由于中国革命运动发展迅速，急需干部人才，因此学制定为两年，而且不分科。学校按学生的不同基础水平分为正规班、特别班及预备班。到 1927 年国共分裂，考试选拔的学生正规班只办了 1925 年

① 孙耀文：《风雨五载——莫斯科中山大学始末》，中央编译出版社，1996，第 66 页。

和1926年两期两班，学生共800多人。“莫斯科中山大学开学后，就正式编班上课。然而中国学生的文化程度参差不齐……这自然使编班有一定困难。当时编班不得不基本上按文化程度和外语水平来确定”，“许多不懂外语的中国学生编入中文班学习”[①]。

（2）办学宗旨及课程教学。莫斯科中山大学的办学宗旨，是遵照孙中山生前提倡“以俄为师”的精神，为继续支持孙中山开创的革命事业，支持当时中国国民党与中国共产党合作进行的为国民革命培养骨干力量。因此学校的主要目标，在于有效地训练高度熟练的政治工作人员，使其毕业后立即回国从事革命斗争。只有少数人被选送到苏联正规的高等院校继续深造，成为学者和科学家。莫斯科中山大学学习科目的安排，按不同的班级而有差异。正规班有7门课，分别是语言（必修俄语，选修英语、法语、德语）、历史（社会发展史、中国革命运动史、俄国革命史、东方革命运动史和西方革命运动史）、哲学（辩证唯物主义和历史唯物主义）、政治经济学、列宁主义（以斯大林的《列宁主义基础》为教材）、经济地理和军事学；特别班的课程比上述课程更精简一些；预备班只学一般知识。教学注重理论与实践并重，要求学生不仅要努力学习理论知识，而且要对苏联政府机构和党的组织作深入的考察，还要讨论中国革命问题，以培养学生成为得力的政治工作者。正因为此，学校经常组织学生外出旅行考察，培养他们观察社会问题、了解革命历史的能力。1927年夏天，学校曾组织两支旅行队，旅行的目的是去调查研究一些地区各少数民族的历史和社会结构，以训练和考察学生运用阶级分析方法观察社会的能力。学生还到工厂实习，参加工厂的会议，考察当时正在推行的行政、党组织、工会“三结合”的领导体制。像这样的外出考察学习是比较常见的。莫斯科中山大学学生还成立了一个出版委员会，负责编辑周报。这份小报的内容有新闻报道、学校生活札记、学术研究和文艺等，文章多由学生供稿。青年人都热心办刊物，踊跃投稿，因此常常使这份报纸篇幅很大，成为学生课余生活的一块重要锻炼园地。

（3）办学成效。莫斯科中山大学的创办，无疑是苏联政府和共产国际援

① 孙耀文：《风雨五载——莫斯科中山大学始末》，中央编译出版社，1996，第68页。

助中国革命的一项重要举措。其办学成效主要表现在如下几个方面：第一，为中国民主革命的胜利及中华人民共和国的胜利，奠定了坚实的马克思列宁主义思想理论基础。莫斯科中山大学虽然存在时间只有短短5年，但对中国共产党的早期发展、中共及苏共两党关系和中苏两国关系都产生了重要影响，在中国革命进程中起到了重要的作用。莫斯科中山大学在开办期间，既培养出中国共产党的大批领袖人物，也为中国国民党培养了众多领导骨干。该校总共接收了来自国共两党的859名留学生，这些学生毕业回国后多在国共两党担任要职，其中包括中共一方的邓小平、张闻天、杨尚昆、叶剑英、乌兰夫、林伯渠、董必武、伍修权、王稼祥等，国民党一方的蒋经国、邓文仪等。第二，莫斯科中山大学的学制建设，对中国马克思主义理论教育、军事教育乃至革命教育事业都产生了重大影响。中国共产党的大批干部了解十月革命后苏联的社会主义教育，首先就是从莫斯科中山大学的教学方针、课程设置、教学方法等开始的。第三，加速了马克思主义思想在中国的传播。“从把马克思主义思想介绍到中国这一点来说，莫斯科中山大学也发挥了巨大的作用，在这所大学学习的学生翻译了大量的马克思、恩格斯、列宁的经典著作，使许多马克思主义的经典著作首次被译成中文，并尽量做到了马克思主义名词中文译名的统一。”[①]第四，加深了中苏友谊。在创办莫斯科中山大学的时候，苏联人民的生活并不富裕，但是，他们为中国学生创造了很好的学习和生活条件，这体现了苏联人民对中国革命的伟大支援和可贵贡献，蕴含着对中国人民的深情厚谊。这是两国人民文化交流、友好交往史上极为重要的篇章。

---

① 张秀洁：《莫斯科中山大学研究的重要意义》，《吉林省教育学院学报》2012年第9期。

第三节　教会大学：中外合作办学的另类实践

近现代在中国开办和发展起来的教会大学，是一种特殊的私立大学，也可以视作是近代中外合作办学的另类实践。对我国高等教育的发展而言，教会大学起到了破与立的双重作用，它打破了我国旧教育模式，并随着其自身的本土化、世俗化与专业化，为中国高等教育的现代化提供了参考模式和变革的动力，从理论和实践两个层面提供了可借鉴和利用的资源。

一、教会大学的中外合作办学属性解析

教会大学是自 19 世纪末西方基督教等教会在中国创办的高等教育机构，它是西方势力入侵中国、帝国主义文化教育试图影响中国的产物。基于教会大学具有文化侵略的性质，是否应把它归于中外合作办学确是一个值得商榷的问题。因此，对于教会大学的中外合作办学属性，有反对和认同两种观点。

（一）反对的理由

持反对观点者认为，仅就教育主权与民族情感的立场而言，人们主观上肯定不愿承认教会大学与中方的合作性。中外合作办学的核心特点是中外合作性，我们所理解的合作性应是基于双方共同意愿、双方共同管理、共同拥有产权等条件来考虑。教会大学并非我方的主动选择，其创办之初我方没有教育主权，是帝国主义文化侵略的工具，是传教的工具，不是双方共同意愿的产物，不具有基于双方共同意愿的合作性。从这个角度分析，教会大学不属于中外合作办学机构的范畴。

（二）认同的理由

1. 从教会大学的性质与功能来看

首先，应该来了解教会大学的“中国性”。从教会大学的性质与功能来

看，教会大学虽然是外国人士及相关组织在中国创办的教育机构，在其初期中国人确实没有实际的管理权，但它的“中国性”还是比较明显的。其一，因为它是建立在中国的国土上，而且招收的对象是中国学生，客观上为中国培养了新式人才，在一定程度上促进了中国社会的发展。虽然作为西方文化载体的教会大学在中国的出现并非中国人的自主选择，但它的启动与扩张发生在中国的土地上，并且产生初期得到了清政府的默认，这相当于中国政府以被动提供办学土地的形式在客观上促成了教会大学的诞生与成长。学校吸引了一大批中国青年自愿入学接受教育，为中国培养了大批新式人才。其二，非基督教运动后尤其收回教育权运动后，教会大学纷纷向中国政府注册立案，政府收回了教育的主权，中国人不仅直接参与到学校管理，而且成为各有关教会大学的主要负责人，学校也由中国的教育体制之外逐渐归入到中国的教育体制之内，教会大学实质性地成为中国私立大学的一部分，成为一种特殊的私立高校，不再是外方独立的办学机构。至此，教会大学具备了一定的独立设置的中外合作办学机构的性质。在其存在的半个多世纪中，与中国政府的关系大概经过了自由成长、敌视无奈—并存不悖、相安无事，冲突迭起、矛盾激化—开诚布公、携手合作，坦承对话、密切互动—收复改组、合而归一的演变过程。

其次，应该分析教会大学的中西文化交流与融合特性。著名历史学家章开沅先生曾指出：“过去人们曾经将中国教会大学单纯看作是帝国主义文化侵略的工具，殊不知它也是近代中西文化交流的产物，它的发展变化是近代中西文化交流史的重要组成部分。”[①] 因此，不能把教会大学的功能完全定位于帝国主义文化侵略的工具。把教会大学完全看作帝国主义文化侵略的工具，是因为“没有将教会大学作为主体的教育功能与日渐疏离的宗教功能乃至政治功能区别开来，也没有将学校正常的教育工作与西方殖民主义的侵华政策区别开来。这种偏颇的评价，对于那些勤恳的毕生奉献教育事业的中外教职员，很难说是公正的评判”[②]。南京大学任利剑教授认为：“教会大学的复杂性在于，

① 章开沅、[美]林蔚主编：《中西文化与教会大学》，湖北教育出版社，1991，“序言”第1页。
② 章开沅、[美]林蔚主编：《中西文化与教会大学》，湖北教育出版社，1991，“序言”第3页。

它不仅仅是个单纯的教育问题，也不能简单归结为政治问题。……从文化学角度来看待教会大学问题，将教会大学作为近现代中西文化交流、中西方文化在中国传播或渗透的渠道来加以考察，分析它在自身发展过程中的角色变化，也许有助于我们对教会大学的历史地位、作用和性质等获得一种较为符合历史事实的认识。”①

再次，应该知悉教会大学的双边合作性。教会大学是外国人在中国国土上创建的一种教育机构，作为中国特殊的私立大学，其身份是双重的。其中，立案、人事、行政管理和宗旨之类，是其与中国关系的主要问题；而资金、聘师与学术方面的问题，必然促使它与国外学校、机构产生合作关系，所以教会大学具有双边的合作特性。一方面是作为外来的教育机构与中国体制的合作，即教会大学的中国化合作办学；另一方面是作为中国的私立大学与国外高校、机构的合作，即国际化合作办学。

最后，应该把教会大学与当时日本侵华战争中所办的奴化教育机构区别开来。日本侵华战争中所办的奴化教育机构虽然也是创办在中国的土地上，招收的学生也是中国学生，但其绝不能归于中外合作办学范畴，其与教会大学有着本质的区别。其一，创办背景不同。教会大学创办既有西方势力文化侵略之背景，但也有中国学习西方文化的现实需求。有学者指出：“中国社会能够允许教会大学进行什么样的文化传播或渗透——这并不是创建教会大学的传教士们的一厢情愿所能决定的。……教会大学所能扮演的角色，最终要经由中国社会来确定和认可。……教会大学对中国社会的广泛和深远影响，是建立在中国社会首先给予教会大学以巨大影响的基础之上的。其大致的逻辑程序是：中国社会影响教会大学——教会大学影响中国社会。”②而日本侵华战争中所办的奴化教育机构完全是侵略性的，没有得到当时中国政府的默认或接管，中国政府没有教育行政权，它不是中国私立学校的一部分。其二，奴化教育机构中的学生都是被迫接受奴化教育，而非自愿。其三，奴化教育机构推行的是绝对的奴化教育、征服性教育，对中国原有的教育事业进行了

① 任利剑：《从“布道者”到“教育家”》，载章开沅、[美]林蔚主编《中西文化与教会大学》，湖北教育出版社，1991，第25—26页。

② 任利剑：《从“布道者”到“教育家”》，载章开沅、[美]林蔚主编《中西文化与教会大学》，湖北教育出版社，1991，第28—36页。

毁灭性的破坏，没有文化教育交流融合、双边合作等特性。正如有学者所指出的，日本侵华实施的奴化教育，其实质在于造就“彻底贯彻和执行日本帝国主义‘全面亡华’和建立所谓‘大东亚共荣圈’的侵华目的的高级汉奸和奴化知识人才”[①]。

2. 从中外合作办学的基本特性来看

当前学者对中外合作办学的定义，主要是根据《中外合作办学条例》中的规定，“外国教育机构同中国教育机构在中国境内合作举办以中国公民为主要招生对象的教育机构的活动”。后来在《中外合作办学条例实施办法》里，对中外合作办学有了进一步的补充和完善。结合两个文件，有学者把中外合作办学定义为：“中外合作办学是指中国教育机构与外国教育机构依法在中国境内合作举办以中国公民为主要招生对象的教育教学活动。”[②]中外合作办学有合作设立机构和合作举办项目两种形式。因此，作为中外合作办学内容之一的高等教育中外合作办学，也根据该文件将其定义为：中国教育机构与外国教育机构依法在中国境内合作举办以中国公民为主要招生对象的高等教育教学活动。这种教育机构是在我国本土引进国外的先进教育理念和教学管理机制，并聘用国外的教师来授课，由中外双方共同拥有产权、共同管理、共同教学。学生不用走出国门就可以享受到国外先进的教学模式和教学内容。

根据中外合作办学的定义，我们可以看到，教会大学作为中外合作办学组织形式符合以下几点：其一，它是外国教育机构在中国境内办学，以中国公民为招生对象。既然是在中国境内办学，不管创办主体是谁，尽管教育主权旁落，但当时过分强调中外合作办学的教育主权显然不太现实，但站在中国人的立场，教会大学的主权始终就应该归属中国。其二，非基督教运动后，中国收回教育主权，教会大学正式成为中国私立大学的一部分，中国人参与学校管理，因此具备了中外共同拥有产权、共同管理、共同教学等合作特点。我国公民不用走出国门就可以享受到国外先进的教学模式和教学内容。其三，作为中国私立大学之一种的教会大学，还与国外的许多高校建立了合作办学

---

① 余子侠、宋恩荣：《日本侵华教育全史》（第2卷），人民教育出版社，2005，第466页。
② 林金辉、刘志平：《高等教育中外合作办学研究》，广东高等教育出版社，2010，第10页。

关系。因此，教会大学实际上存在着多边合作关系：作为外来的办学机构，其与中国具有合作办学关系；作为中国的私立大学，其与国外高校存在合作办学关系。

基于以上分析，本书的观点是认同教会大学是中国近代中外合作办学的一种重要组织形式，是在中国境内独立设置、以招收中国公民为主要教育对象的中外合作办学机构，其对中国高等教育的发展产生了深远的影响。[①]诚如有关学者所言，教会大学兼具中国与西方不同元素，可以算是中国高等教育事业上的中外合作的"结晶品"[②]。

二、教会大学的中国化合作办学

教会大学的产生，是中国由世界中心沦为边陲的历史产物。其在中国经历了兴起、兴盛、终结三个阶段。19 世纪末 20 世纪初为教会大学的兴起阶段，20 世纪最初 20 年间是教会大学的鼎盛时期，20 世纪 30 年代至 50 年代是教会大学逐渐中国化及消亡时期。在华教会大学基本上可以分为两类：一类是基督教教会大学，另一类是天主教教会大学。在中国以基督教教会创办的大学居多，其中基督教教会大学 13 所、天主教教会大学 3 所。还有一些教会学院。

作为外来的教育机构，教会大学与本土的政治、经济、文化必然有一个冲击与调适的过程。教会大学从设立之初就独立于中国的管辖之外，其意在使中国人"基督化"的目的十分明显。这种"独立"最终引起了国人的强烈反抗。进入 20 世纪 20 年代，教育民族化创新成为教育发展的一个重要课题。正如有关学者倡言："新教育的中国化，的确是数年来一般教育家的时兴口号，而且是国内一种很普遍的思想。"[③]这种思想亦深深影响此时期国人对待教会

① 进一步阐发作者观点：虽然教会大学是"不请自来"，甚至是"强行而入"，但既然是在中国国土上的产物，那就是中国的大学，这是不容置疑的。如果我们不承认它们是中国的，这反而是我们自己放弃本应有的主权。虽然我们不是创办主体，但我们拥有国土权，是他们霸占了我们主权。所以，无论从民族主权角度还是从合作办学本身特点来分析，教会大学应该被看作近代中外合作办学的另一类组织与形式。此说也借鉴了程良龙把教会大学看作"我国早期的中外合作办学组织与形式"的观点。（参见程良龙：《中外合作办学历史·政策·现状》，北京交通大学出版社，2014，第 35 页。）

② 吴梓明：《基督宗教与中国大学教育》，中国社会科学出版社，2003，第 2 页。

③ 陈序经：《教育的中国化和现代化》，载蔡尚思主编《中国现代思想史资料简编》（第 3 卷），浙江人民出版社，1983，第 627 页。

大学的态度。1922 年 3 月爆发了声势浩大的“非基督教运动”。1924 年，随着中华民族民主革命运动的高涨，非基督教运动再掀高潮。全国一致要求收回教育权，开展了轰轰烈烈的收回教育权运动。1924 年 7 月，中华教育改进社召开第三届年会通过决议：请求政府制定严格之学校注册条例……凡外人借助学校实行侵略，经调查确实者应由政府勒令停办。同年 10 月在河南开封举行的全国教育联合会第十届年会，通过了《教育实行与宗教分离》及《取缔外人在国内办理教育事业》两项议案。1925 年发生的“五卅惨案”大大推动了收回教育权运动的开展。1925 年 11 月，北洋政府教育部颁布了《外人捐资设立学校请求认可办法》，对教会学校注册提出了条件，主要有中国人任校长或副校长，董事会中中国人占半数，学校不得以传播宗教为宗旨，不得将宗教课设为必修课，平等对待中国教师，等等。1927 年 12 月，中华民国大学院公布《私立大学及专门学校立案条例》。该条例对呈请立案学校的经费、设备、教职员任职资格等作了规定。凡未立案学校，其肄业和毕业学生不得与已立案学校的学生享受同等待遇。1930 年又限期教会学校立案，凡逾期不立案者将关闭或停止招生。到 20 世纪 30 年代初，除上海的圣约翰大学外，教会大学基本上都向中国政府履行了注册立案手续。教会大学的中国化、世俗化、专业化不断增强，与中国的合作性也日益突出。

三、教会大学的国际化合作办学

（一）校校合作方面

作为外来的中国特殊私立大学，教会大学在教育教学方面普遍遵循了国际化办学理念，与国外的许多名校合作办学，建立起国际化的教育教学体系。这种国际合作，不仅存在于中国与美国之间，而且也存在于中国与英国、加拿大等国之间，其合作形式主要有校校合作及学校与社会力量之间合作。

教会大学与国外特别是美国的一些名校保持着密切合作关系（详见表 1–2）。如美国的普林斯顿大学、康奈尔大学和哈佛大学等名校，都与中国的各有关教会大学保持着长期的合作关系。特别是燕京大学与哈佛大学建立的“哈佛 – 燕京学社”，从事中国汉学研究。正是这种合作组织的建立，一方面使得燕京大学成为中国文化的研究中心，另一方面也让哈佛大学一度成为世界汉学研究中心。

表 1-2 教会大学与国外高校合作情况一览表

序号	教会大学	国外合作高校
1	燕京大学	哈佛大学、普林斯顿大学、康奈尔大学、密苏里大学、芝加哥大学、西北大学、哥伦比亚大学、威尔斯利学院
2	齐鲁大学	哈佛大学和西北大学
3	金陵大学	康奈尔大学、明尼苏达大学、威斯康星大学、依阿华大学、史密斯学院
4	金陵女子文理学院	史密斯学院
5	岭南大学	宾州州立大学
6	华南女子大学	七所美以美会创办的姊妹学校
7	之江大学	戴维森学院、汉普顿－悉尼学院
8	华西协和大学	纽约州州立大学
9	圣约翰大学	宾夕法尼亚大学

资料来源：主要根据章开沅、马敏主编的“中国教会大学史研究丛书”（一）、（二）（珠海出版社，1999、2005）及其他有关教会大学的史料提供的信息整理而成。

教会大学与西方有关国家高校之间的合作，尤其表现在师资方面，教会大学更国际化。它们通常通过全球招聘人才，来加强自身的师资队伍建设。教会大学既具有鲜明的西方文化特点，又吸收融合了许多中国传统文化有价值的内容，使得教会大学成为中西文化交流的重要场所。

（二）学校与社会力量之间的合作

学校与社会力量之间的合作，主要体现为教会大学为争取国外经费支持而与国外基金组织、差会组织、社会团体建立合作关系。在维持教会大学的生存与发展过程中，国外的这些组织起到了很大的资金支援作用。如英国差会参与了七所教会大学——金陵大学、华中大学、岭南大学、齐鲁大学、燕京大学、福建协和大学及华西协和大学的办学。又如华中大学的办学经费，大多依赖西方五个差会——伦敦会、循道会、圣公会、复初会和雅礼会的支持，其中前两者为英国教会组织，后三者为美国教会组织。在相当长的一个时期内，教会大学的办学经费来源主要依赖于教会、政府、学费及社会捐助，其中教会和差会的资助为多。

当时条件下，政府支持力度微乎其微。在教会大学的大部分历史中，除两所学校外，其他大学都很少从政府那里得到大笔的资助。第一个原因是政府忙着认为比教育更重要的事情，第二个原因是教会大学担心政府因此控制大学的某一部分。但也有一个例外，如雅礼会在1913年与湖南省政府达成协议，湖南省政府负担湘雅医学院的大部分花费；广东省政府从 1927 年每年给岭南大学 4 万元，后来增添到 10 万元，这是因为岭南大学的创办主体不属于任何教会或差会。到了 20 世纪 30 年代后期，国民政府还是给了几所大学比较可观的资助，如金陵大学在 1935 年即从国民政府那里得到 10 万元的支持。

学费也是极其有限。学生所缴的学费，一般也只能基本维持学生自己的膳食和住宿。如 1898 年，在杭州育英书院，一年的学费、餐费和住宿费共计 12 元，实际上这些钱甚至连学生本人吃饭都不够。处在消费较高地区的上海圣约翰大学，在 1899 年收取 30 元，刚够餐费和住宿费。这种情况是教会大学办学过程中的一种常态。随着生活费用的增长，学费也有所增加，但是其他开支费用也在增加，几乎所有的教会大学学费勉强能支付食宿。因此，对办学方来说，教学和日常费用只能借助其他途径解决。在 1925—1926 年有一个估算，学费能负担基督教大学教学费用的比例，从最高的金陵大学一半多，到最低的华南女子大学的二十分之一多一点。这种情况在理学院和专业学院，其占比更低。[①]

至于社会捐助，当时中国社会长期动荡不安，民不聊生，虽有极少数重视教育的绅商捐助，但力量也颇为微薄，因此要在国内取得大额的社会资助非常困难。1908 年圣约翰大学得到了 5000 元的捐助，岭南大学募捐到 2 万元。1929 年，沪江大学校长刘湛恩成功地募捐到了 1 万元的建筑基金。20 世纪 30 年代，燕京大学曾发起“百万募捐运动”，通过多方努力，最后只实现了不

① ［美］芳卫廉：《基督教高等教育在变革中的中国（1880—1950）》，刘家峰译，珠海出版社，2005，第 191 页。

到三分之一的目标。[①]

在国内资金来源十分有限的情况下，教会大学更多的是依赖海外的资金，寻求海外的合作。海外资金又主要来源于各国差会及基金组织（详见表1–3）。燕京大学就主要得益于霍尔基金、洛克菲勒基金的大力支持。而岭南大学能迅速发展，校舍不断扩建，就是得益于海外华侨的不断支持：岭南大学得到了海外华侨的资金支援，并与海外华侨共同创办华侨学校，鼓励华侨子弟回国接受教育。[②]在20世纪30年代，和基督教大学校董联合会相关的13所教会大学，每年从差会、基金和募捐中总计收到有80万～90万美元。[③]

表1–3　差会支持教会大学办学情况一览表

序号	差会机构	所支持的教会大学
1	浸礼会	金陵大学、金陵女子文理学院、沪江大学、华西大学
2	浸信会	沪江大学
3	兄弟会	华中大学
4	公理会	福建协和大学、沪江大学、燕京大学
5	基督会	金陵大学、金陵女子文理学院
6	圣公会	华中大学、圣约翰大学
7	信义会	华中大学、齐鲁大学
8	美以美会	福建协和大学、金陵女子文理学院、华南大学、金陵大学、沪江大学、华西大学、华南女子大学
9	监理会	金陵女子文理学院、东吴大学
10	长老会	金陵女子文理学院、之江大学、岭南大学、金陵大学、齐鲁大学、燕京大学
11	南长老会	之江大学、齐鲁大学
12	复初会	福建协和大学

① [美]芳卫廉：《基督教高等教育在变革中的中国（1880—1950）》，刘家峰译，珠海出版社，2005，第193页。

② 吴梓明：《基督宗教与中国大学教育》，中国社会科学出版社，2003，第248—249页。

③ [美]芳卫廉：《基督教高等教育在变革中的中国（1880—1950）》，刘家峰译，珠海出版社，2005，第200页。

续表

序号	差会机构	所支持的教会大学
13	复初女部	金陵女子文理学院、华中大学
14	女公会	华南女子大学
15	雅礼会	湘雅医学院
16	行教会	福建协和大学、岭南大学
17	英圣公会	齐鲁大学、燕京大学
18	英浸礼会	齐鲁大学
19	伦敦会	金陵女子文理学院、华中大学、齐鲁大学、燕京大学
20	公信会	华西大学
21	卫理会	华中大学、岭南大学、齐鲁大学
22	英长老会	齐鲁大学
23	爱尔兰长老会	津沽大学
24	加合一会	齐鲁大学、华西大学
25	路德会	华中大学、奉天医科大学

资料来源：本表主要由作者根据[美]芳卫廉著，刘家峰译：《基督教高等教育在变革中的中国（1880—1950）》（珠海出版社，2005）第252—254页内容及其他史书资料整理而成。

四、教会大学中外合作办学案例

（一）哈佛－燕京学社

1. 合作的共同基础

其一，双方有共同的需求与条件。哈佛－燕京学社的成立，得益于一笔巨额遗产基金的支持。这一大笔遗产基金就是霍尔基金。根据基金主人的遗嘱，要获得这笔基金资助，必须符合遗嘱所规定的条件，而哈佛、燕京两校不仅正急需基金支持而且刚好符合了这一条件。

1914年美国铝业大王霍尔（Hall，1863—1914）去世，留下遗嘱与巨额遗产。遗嘱规定遗产的三分之一必须用于资助由英美人管理下的亚洲或巴尔干地区各国教育事业，“向他们认为符合宗旨的任何团体设立或将要设立并维持的教育机构捐款，资助这些教育机构的设立、发展、支撑或维持”[①]。其时美国的哈佛大学和中国的燕京大学两校都急需得到基金的支持。尤其是燕京大学，由于办校之初并没有太多的经费，一直在寻找基金资助，有幸地知道了这笔基金并较早地得到了这笔基金。另外，20 世纪初，美国在汉学研究上远远落后于法国等欧洲国家，哈佛大学的一些教授提出，加强中国文化的研究，能够开创汉学研究的新领域，借以改变哈佛大学在中国汉学研究方面的弱势地位，故而正积极筹建东方研究机构及东方学系，也正需要资金的支持，并且也符合霍尔基金资助的条件。于是，在霍尔巨额基金的催化下，1925 年 9 月，燕京大学与哈佛大学达成临时协议，合作建立“哈佛（大学）– 北京（大学）中国研究学社”（Harvard-Peking Institute for Chinese Studies）[②]，协议文件阐明并规定成立学社的目的。1928 年 1 月 4 日哈佛 – 燕京学社正式注册成立。

其二，双方有共同的办学目标。燕京大学是建立在中国国土上的大学，同时又是西方人创建的教会大学，既有中国传统文化之基，又有西方文化尤其美国文化之源，“适应于求取中西文化新融合潮流的”[③]，故而在创办之初，便将自己定位为一所“国际性”学校，处处体现出“国际性”的色彩[④]。正如司徒雷登（John Leighton stuart）所说：

……我是带着一些想法去北京的，其中最为明确的一点就是这所新的大学应牢牢地以中国生活为根基……让中国人在教学、行政、宗教、财务和其他部门中发挥日益增多的作用，把学校最终办成一

① [美]艾德敷：《燕京大学》，刘天路译，珠海出版社，2005，第 138 页。

② 当时燕京大学的英文译称仍是北京大学（Peking University），以后燕京大学英文名称才改为 Yenching University，学社亦改为哈佛 – 燕京学社（Harvard-Yenching Institute）。（参见张寄谦：《哈佛燕京学社》，载章开沅、[美]林蔚主编《中西文化与教会大学》，湖北教育出版社，1991，第 140 页。）

③ 张寄谦：《哈佛燕京学社》，载章开沅、[美]林蔚主编《中西文化与教会大学》，湖北教育出版社，1991，第 142 页。

④ 陈时伟：《司徒雷登与燕京大学》，载章开沅、[美]林蔚主编《中西文化与教会大学》，湖北教育出版社，1991，第 176 页。

所中国大学。[1]

我知道，国家之间的互相了解是确保世界和平，并最终形成某种形式的世界共同体的重要保障。而大学则是我认为的形成这种共同意识的中心。燕京大学所创造的环境，能作为一种永久的财富，来发展国家之间的关系。……在燕京大学彻底地中国化过程中，也需要更多的人在世界上发出声音，展现它的国际性。[2]

更重要的是，燕京大学教师不仅来自我国的四面八方，也来自世界各地；该校的学生也包括国外大学交换的研究生和华侨。“这些国籍、信仰不同的师生和中国师生相聚在一起，一般都能够平等相处，友爱互助，形成一种很强的凝聚力，称之为‘燕大一家’”[3]。正是燕京大学的国际化办学理念，为合作办学提供了方向，使其需要并能够与世界著名大学特别是美国的高校联合办学。

这一国际化办学理念得到了哈佛大学的高度认同。汉学那时在美国还是启蒙时代，哈佛大学的名气虽大，但是当时的哈佛大学并没有什么汉学家，而当时的燕京大学延聘有许多一流的国学人才，如陈垣、顾颉刚、梁启超、冯友兰等国学大师。与燕京大学所在地的文化底蕴与人才的优势对比，哈佛大学需要和燕京大学合作。如果与燕京大学合作，哈佛大学自然可以提高其汉学研究的学术水平。这也是哈佛大学主动与燕京大学开展合作办学的内因。正是双方共同的学术需求，促成了两所大学的合作结晶——哈佛－燕京学社的成立。

2. 合作机制

其一，成立管理机构。为了使学社有序开展工作，双方协商成立了学社董事会。1928 年第一次会议上选出 9 位代表作为决策委员会成员。3 位代表燕京大学托事部，即巴尔通（Barton）、巴贝尔（Barber）和诺斯（North），3 位代表哈佛大学托事部，即伍滋（Woods）、查斯（Chase）

---

① 史静寰：《狄考文与司徒雷登——西方新教传教士在华教育活动研究》，珠海出版社，1999，第 234 页。
② ［美］司徒雷登：《西方视野里的中国：在华五十年》，李晶译，译林出版社，2015，第 75 页。
③ 燕京研究院编：《燕京大学人物志》（第一辑），北京大学出版社，2001，第 9 页。

和顾立之（Coohdge），3 位代表霍尔遗产执行团，即董纳姆（Donham）、博登（Boyden）和格林（Greene）。哈佛大学与燕京大学两校均由该托事部负责人作为校方代表，参加委员会。[①]董事会成员在协商各合作事宜时享有均等机会。

其二，制定相关制度。通过制定协议、计划、目标或任务书、项目申请制度、评议制度、财政预算和评估制度等形式，来保障机构的有序运行。首先通过协议明确了学社的合作宗旨：共同培养精通中国传统文化之人才，互派学员和教员，攻读高层次学位，资助出版相关学术著作，等等。协议还对这一机构的任务、目标、要求、管理方式、资金使用方式和额度等，一一做出规定。其中对共同任务的规定是："在美国兴趣和现代批评方法的激励下，促进中国的东方研究。……目的是培养中国和其他国家的学生来推动中国文化的传播和维护。"[②]合作双方将合作定位于共同发展、共同追求知识、追求科学真理，而不是为了牟利或其他。同时，根据学校社会环境、人才要求等相关变化，双方各自制定了灵活的计划，以制度约束行动。如燕京大学制定"第一个五年计划""第二个五年计划"，每年双方学校须向合作机构提交年度报告，双方还对基金的使用也作了详细的规定，使之成为制度的一部分。年度评估制度是哈佛－燕京学社运作中的一项重要制度，以便及时发现问题，随时调整。评估的主要内容包括课程、出版物、研究项目、资金使用报告、合作成果等。学社对各种制度严格执行。合作双方彼此尊重，共同协商基金的优化使用，哈佛大学一方在制定哈佛－燕京学社年度预算时，要邀请燕京大学校长司徒雷登到美国去共同商讨。由于双方密切配合，促使哈佛－燕京学社迅速发展，哈佛大学与燕京大学两校也具备了学校之前未具备的有利条件，从而在美中两国国内与国际上的学术地位都逐步提高了。[③]

其三，优化资源配置。人才始终是学校发展的关键。在吸引人才方面，哈佛大学、燕京大学双方都意识到了筑巢引凤的关键是提供优质的科研条件，通过优化资源的配置来吸引人才。哈佛－燕京学社当时做得最具可持续性发

① 燕京大学校友校史编写委员会编：《燕京大学史稿》，人民中国出版社，1999，第 393—394 页。
② [美] 艾德敷：《燕京大学》，刘天路译，珠海出版社，2005，第 141 页。
③ 燕京大学校友校史编写委员会编：《燕京大学史稿》，人民中国出版社，1999，第 397—398 页。

展价值的事情，就是创建专门图书馆——汉和图书馆和引进世界上优秀人才，为这个学术共同体的发展提供了较好的硬件与软件，吸引了世界各地的优秀人才争相前来。其中，汉和图书馆出版相关学术刊物，著名的有《燕京学报》，还有各类文献的引得，大大提高学术声望和学术地位，吸引更多一流人才加入到学社这个学术共同体，这些工作也为后期吸收更多可持续发展基金提供了可能。学社先后礼聘容庚（考古）、郭绍虞（文学评论）、郑振铎（中国文学史）、孙楷第（小说）、高名凯（语言音韵学）、顾颉刚（上古史）、洪业（历史方法论、宗教学）、张星烺（中西文化交流史）、许地山（社会宗教史）、邓之诚（中国通史）、齐思和（上古史）、聂崇岐（宋史）、陈垣（中国历史研究）等名师，教师阵容颇为强大。[①] 这样，有了人才和物质等方面的保证，学社进入极为良性的发展状态。

3. 合作成效

作为燕京大学与哈佛大学基于双方共同需要而建立的学术研究与人才联合培养机构——哈佛 – 燕京学社的建立，为两校的人才培养、学术研究、文化交流作出了杰出的贡献，堪称近代中外合作办学的成功典范。

> 这是由两种不同文化传统的国家，组成共同学术机构进行国际文化交流与合作的一个成功例子。它以研究中国学为开端，进而对哈佛大学、燕京大学两校的学术研究、学术地位的提高都起着不可忽视的促进作用。[②]

它的成立与发展已成为中美高等教育交流与合作的一个重要标志。燕京大学是民国时期的一所综合性大学，在具体办学过程中既走中国化道路，强调中国传统文化教育，又走国际化合作之路，与国际许多著名大学展开合作办学，而哈佛 – 燕京学社是合作时间最长、合作最有成效的一个。哈佛 – 燕京学社的成立体现了高等教育国际合作办学的发展需要，也昭示了良好的合作办学对于高等教育发展的积极意义。

哈佛 – 燕京学社的合作成效主要体现在如下几个方面：

---

① 张凤：《哈佛燕京学社 75 年的汉学贡献》，《文史哲》2004 年第 3 期。

② 张寄谦：《哈佛燕京学社》，载章开沅、[美] 林蔚主编《中西文化与教会大学》，湖北教育出版社，1991，第 161 页。

其一，人才培养。哈佛－燕京学社最突出的贡献就是为中美双方培养了一批研究中国汉学的学者，其中一些人是对学术研究具有方向性影响的重要人物。燕京大学是国内较早培养研究生的学校，燕京大学曾经制定过授予研究生学位的要求，其标准还多少高于美国当时实行的标准。双方把互相派遣研究生及访问学者作为一种重要的培养机制，共同培养了历史学、文学、佛学、宗教学、语言学等领域中外杰出的人才。中国方面的有齐思和、翁独健、黄延毓、郑德坤、林耀华、周一良、陈观胜、蒙思明、王钟翰、杨联升等，这些人均为一代大师。外国学者如魏鲁男（Ware Roland，1929—1932）、舒斯特（Schuster，1929—1932）、施维许（Swisher，1931—1934）、毕乃德（Biggerstaff Knight，1930—1935）、卜德（Bodde，193l—1935）、顾立雅（Glessner，193l—1935）、戴德华（Taylor Edward，1930—1932）、西克门（Sickman，1930—1935）、饶大卫（Rowe David，1935—1937）、倪维森（Nivison，1947—1948）、费正清（John King Fairbank，1932—1933）等[①]，这些人大多接受哈佛－燕京学社的资助来华研究，后来成为美国汉学界颇有声名的亚洲学教授。如费正清被誉为“美国研究中国的奠基人”或“美国的中国研究之父”[②]。

其二，图书馆建设。双方在得到霍尔基金的第一笔资金后，就购买了大批图书，充实汉和图书馆。学校购买了许多明清时期的孤本、善本，大部分都购买了两份，一份留燕京大学图书馆，一份存哈佛大学图书馆。在大量购买图书资料的基础上，燕京大学图书馆逐渐扩大，藏书量不断丰富。1925 年图书馆全部中西文藏书尚不足 1 万册，1929 年仅中文藏书已增至 14 万册，1933 年全部中西文藏书达 22 万册（包括 36 700 余册西文书籍），其藏书量仅次于清华大学、中山大学、北京大学，居全国高等院校第四位，图书馆以馆藏精当闻名。[③]哈佛大学、燕京大学的图书馆已成为世界研究东方学的资料中心，丰富的图书资源为合作办学的深入研究提供了充分的条件。

其三，编纂引得（索引）。编纂引得是哈佛－燕京学社另一突出贡献，

① 燕京大学校友校史编写委员会编：《燕京大学史稿》，人民中国出版社，1999，第 398—404 页。
② 燕京大学校友校史编写委员会编：《燕京大学史稿》，人民中国出版社，1999，第 400—401 页。
③ 燕京大学校友校史编写委员会编：《燕京大学史稿》，人民中国出版社，1999，第 409—410 页。

这是中国较早运用科学方法编纂的中国古典文献的工具书。许多种引得仍为国内外学术研究者所使用。引得的编纂是极其复杂的学术工作，需要经过选书、择本、钩标、抄卡、校抄、编号、稿本、格式、校印、撰序十道关，其中，撰序须对所选文本源流及其价值等做出评价，学术要求极高，撰序最多的为洪煨莲（洪业）先生，序者长短不一，一两千字有之，超过十万字亦有之，其代表作为《礼记引得序》（五六万字）、《春秋经传引得序》（十万字以上）和《杜诗引得序》（七八万字）3篇。因《礼记引得序》发表在先，得到法国铭文学院伯希和的赞赏和推荐，于1937年荣获了法国巴黎茹理安（一作儒莲）奖金。①

其四，期刊创办与学术专著出版。哈佛–燕京学社于1927开始创刊《燕京学报》，每年两期。除抗日战争时期一度中断外，一直持续到1951年6月，共出40期，主要发表文、史、哲领域的学术论文。撰稿作者多为当时知名的学术专家和哈佛–燕京学社的研究人员及学生，如王国维、唐兰、陆志韦、钱穆、朱希祖、马衡、顾颉刚、洪业、冯友兰、容庚、郭绍虞、陈垣、张星烺、邓之诚、顾随、顾廷龙、裴文中等。哈佛–燕京学社还编辑出版《史学年报》《哈佛亚洲研究学报》及一些单行本的学术著作，同时也出版翻译和注解了许多中国的传统文化著作，如《论语》《水经注》等，借以解读和传播了中国传统文化。对于成员的学术成果，学社也均资助其出版。

（二）金陵大学农学院与美国高校的合作办学

1. 合作背景

进入近代，中国社会内忧外患日益严重，为寻求“富国强兵”的良策，中国有识之士不断进行艰苦的探索。我国近代农业萌生于19世纪90年代戊戌变法前后。随着通过兴办洋务、发展工商业来谋求“富国强兵”的梦想的破灭，至清朝末年，一批有识之士开始认识到“农实为工商之本”，积极倡导兴农，强调农本，并主张通过积极引进西学，改变中国农业的落后面貌，进而带动工商业的发展。从19世纪90年代起，近代农学的引进和近代农业的建设，在我国有了较明显的发展。相较而言，美国从19世纪中后期开始，

---

① 燕京大学校友校史编写委员会编：《燕京大学史稿》，人民中国出版社，1999，第407页。

农业在广度和深度上都获得了巨大的发展。新式农业机械的发明和推广，农业教育和科学研究极大地改变了美国农业的面貌，使美国的农业一跃而居于资本主义世界的最前列。19 世纪末 20 世纪初，由于垄断资本的推动，美国国内市场已经容纳不下日益增加的农业产品，从而迫不及待地寻求国外市场。为了扩大自己的利益，美国便与包括中国在内的许多国家和地区开展了交流与合作活动。

金陵大学的农学院（以下简称“金农”）的母体是私立金陵大学（以下简称“金大”）。金大的历史渊源始于 1888 年美国基督教会在南京创办的汇文书院，是南京地区最早建立的一所大学。1910 年，汇文书院与宏育书院合并组成金陵大学。金大是一所典型的教会大学。该校的农学院是我国最早的农科高等教育学院，1914 年由美国在华传教士创办，开我国四年制农业教育之先河。金农的首创地位使其成为我国近现代农业高等教育、科研推广的摇篮，在我国农业教育史上具有里程碑的意义。金农深受美国的影响，自创办之日起就实施与美国合作办学，引进美国农业教育、科学研究和推广“三位一体”的办学模式。

2. 合作方式

其一，创办农科，互派教师，引进美国办学模式。金农与美国 10 多所高校（机构）开展过合作（详见表 1–4），其中合作最密切的高校是美国康奈尔大学。美国康奈尔大学农学专家裴义理（Bailie）1914 年在金大创办农科并任该科负责人。1916 年他聘请康奈尔大学农科毕业生邹秉文、邹树文、谢家声等来校任教，1917 年又聘请棉花专家郭仁风（Griffing）教授来校担任棉作推广部主任，1921 年美国农业经济学家、康奈尔农科博士卜凯（Buck）教授应聘来校担任教授、农业经济系主任，1922 年美国水土保持专家罗德民（Lowdermilk）来校任教。金农的师生也到美国高校进修或交流。从留学院校看，较集中的院校是美国的康奈尔大学、明尼苏达大学、伊利诺伊大学、威斯康星大学和依阿华大学。这 5 所大学所占比例是康奈尔大学 42%、明尼苏达大学 15%、伊利诺伊大学 9%、威斯康星大学 8%、依阿华大学 8%。合作期间，美国专家、教授占了近一半，而且各系科负责人都是美籍教师。

表 1–4　金农与美国机构合作情况一览表

序号	合作机构	合作事宜
1	美国康奈尔大学及洛氏世界教育局	辅助作物改良
2	纽约市市立植物院	合作采集植物标本
3	美国丝业公会	捐建蚕业院一座
4	美国援华会	补助经济、通信、出版经费
5	米班纪念基金会	合作研究中国土地利用及人口问题
6	美国罗氏基金会	补助农业推广和农业经济调查费用等
7	美国哈佛大学	交换植物标本
8	太平洋协会	合作研究中国土地利用及人口问题
9	美国援华救济联合会	补助农业经济研究费用和农业推广实验区工作等
10	美国农具公司	设置农业机械讲座和训练相关人员
11	美国国家博物院	交换植物标本
12	美国卜内门公司	赠送昆虫研究仪器设备
13	美国加利福尼亚大学	设置土壤学和农业经济学讲座

资料来源：《私立金陵大学六十周年校庆纪念册》，金陵大学 1948 年印行，第 49—50 页。

其二，制订项目合作计划，美方在技术与资金上给予大力支持。1924 年金农与康奈尔大学、洛克菲勒基金会世界教育会三方开展合作，订立《中国作物改良合作计划》。计划规定，每年由康奈尔大学派遣一名育种学教授至金大主持作物改良，金大供给试验场与研究室之设备。康奈尔大学陆续派遣著名育种专家洛夫（Love）、马雅思（Myers）、魏更斯（Wiggans）等来校讲学。该计划启动后，农作物品种改良成为金大的中心工作，通过改良品种来增加华北小麦、大麦、小米、高粱、黄豆、水稻等粮食产量，以小麦、高粱为主。合作办法是：技术计划由康奈尔大学负责，技术人员由金大介绍，事业经费主要由康奈尔大学承担，金农补助。1925 年 4 月，世界著名作物育种专家洛夫博士首次代表康奈尔大学来到金农，举办作物育种理论与技术讲习班。此后两校关系日益密切，美国康奈尔大学承认金农的毕业文凭，文凭为农科学士，可以直接进美国康奈尔大学的研究院攻读硕士学位。

3. 合作成效

金农自1914年创设农科至1952年近40年时间里，在长期的教育实践中积累了丰富的办学经验，并形成了自己的特色；开中国近代农业教育的先河，协助兄弟院校组建了相关系科，对高等农业教育作出重要贡献，编写了一批高水平的农业教材，培养了大批优秀人才。这些都为我国近代农业教育的发展奠定了基础，对中国近代农业教育产生了深远的影响。这些成绩的取得，重要因素之一要归功于金大与国外大学的合作办学。

1948年金大60周年校庆时，邹鲁在献词中指出金大教育世皆称道的三个理由，除招生严格、教师认真外，其农学成就是最主要的因素。而农学取得成就的因素中，他特别提到了对外合作办学："承蒙政府机关及中外人士不断予以合作，并惠给经费之资助，使本院事业与社会打成一片，更趋乎实际，而无闭门造车不合辙之弊。"[①]

从1918—1948年，金农毕业研究生52人，毕业本科生1000人，农业专修科毕业生787人，各种短期训练班毕业生618人。[②]金大农科专业研究生教育力量也相当强。据不完全统计，1943年5月至1948年4月中国农科研究生获硕士学位的人数及学校分别是：中山大学7人，中央大学18人，金大34人，浙江大学4人，西北农学院1人，共计64人，而金大占50%之多。[③]据不完全统计，金农师生有很多成为农学领域的杰出人士（详见表1-5），为中国的农业经济乃至整个国民经济作出了重大贡献。如著名的育种专家王绶，1949年后先后出任农业部粮食生产司司长、中国农业科学院作物育作栽培研究所所长、山西农学院院长。20世纪60年代，他培育出多个适合在华北地区生长的大豆品种。[④]再如中国科学院学部委员裘维蕃，1949年后任北京农业大学教授，致力于研究白菜、甜菜、小麦、辣椒等植物的病毒，成功研制出中国第一个防治多种植物病害的"耐病毒诱导剂"，有效地促进了大白菜等作物的

---

① 章之汶：《三十年来之金陵大学农学院》，《农林新报》1943年第4—9期合刊。
② 《私立金陵大学六十周年校庆纪念册》，金陵大学1948年印行，第41页。
③ 教育部教育年鉴编纂委员会编：《第二次中国教育年鉴》第6编，商务印书馆，1948，第876—878页。
④ 王淑玉：《怀念父亲王绶》，载金陵大学南京校友会《金陵大学建校一百周年纪念册》，南京大学出版社，1988，第210—212页。

生产。他所著的《植物病毒学》为中国该学科第一部专著。[①] 他的另一部学术著作《中国食用菌及其栽培》，提供了中国食用菌栽培技术。

表 1–5 金农历任教师和毕业生中中国科学院及中国工程院院士一览表

序号	姓名	毕业专业 / 系科	所获称号
1	钱崇澍	植物学	中国科学院院士
2	戴芳澜	植病学	中国科学院院士
3	邓叔群	植病学	中国科学院院士
4	陈焕镛	植物学	中国科学院院士
5	陈桢	农林科	中国科学院院士
6	俞大绂	农林科	中国科学院院士
7	吴中伦	森林系	中国科学院院士
8	李继侗	农林科	中国科学院院士
9	秦仁昌	林学系	中国科学院院士
10	阳含熙	森林系	中国科学院院士
11	庄巧生	农艺系	中国科学院院士
12	陈俊愉	农艺系	中国工程院院士
13	黄宗道	农艺系	中国工程院院士
14	蒋亦元	农业工程系	中国工程院院士
15	刘大钧	农艺系	中国工程院院士
16	卢良恕	农艺系	中国工程院院士
17	戴松恩	农艺系	中国科学院院士
18	裘维蕃	植病学	中国科学院院士

资料来源：1. 张宪文：《金陵大学史》，南京大学出版社，2002 年，第 566—568 页。2. 参阅 2005—2015 年南京大学、南京林业大学、南京农业大学相关校史资料。

正如马克思评价英国对印度统治造成的客观历史后果时所说的“这个革命毕竟是充当了历史的不自觉的工具”[②]，教会大学对于中国社会特别是高等

① 雷新云：《植物病理学家裘维蕃校友》，载金陵大学南京校友会《金陵大学建校一百周年纪念册》，南京大学出版社，1988，第 238—240 页。

② 中共中央马克思恩格斯列宁斯大林著作编译局编：《马克思恩格斯选集》（第 1 卷），人民出版社，1995，第 766 页。

教育的影响也是如此。教会大学在创立和发展过程中，遇到了具有极其深厚文化传统和底蕴的中华民族的有力抵制。在强大的民族文化抵御和制约下，教会大学宗教教育的色彩和力量在其创立不久就日渐淡化和衰弱，不得不借助世俗教育来达到其创办目的，由是教会大学便身不由己地走上了背离初衷的轨道，登上了加快中国进步的列车。

第二章

兴替流转：中华人民共和国成立到改革开放前的中外合作办学（1949—1977）

从 1949 年中华人民共和国成立至 1977 年，高等教育的发展受到此时政治、经济、文化等因素的制约和影响。中外合作办学经历了调整改造、片面发展、部分回归、全面停滞等发展历程。中华人民共和国建设初期，学习苏联成为当时历史条件下的不二选择，苏联取代了美国成为这一时期影响中国高等教育的主要国家。中苏合作办学模式是其间最具规模、影响巨大的一种政府主导的、全国性的、有计划的中外合作办学实践模式，我国全方位、实质性地引入了苏联教育模式，并开展了广泛的合作性教育教学活动。随着中苏关系的恶化，中苏合作办学骤然停滞，中国仅与一些社会主义国家保持着零星的、不系统的教育交流与合作。

第一节　中外合作办学的发展背景

20 世纪上半叶，中国经历了重大而深刻的变化。外有资本主义国家的封锁和包围，内有政治经济、文化教育的稚嫩和衰退，中国势必要对各方面进行整顿，以改变满目疮痍、“一穷二白”的困境。从 1949 年至 1977 年的近 30 年间，整个社会经历了巨大的变革、曲折和反复。高等教育的发展也受到此时政治、经济、文化等因素的制约和影响。

马克思和恩格斯在《德意志意识形态》中谈到，一切划时代的体系的真正的内容都是由于产生这些体系的那个时期的需要而形成起来的。要改变教育实践，需要一定的社会条件，而改变社会条件，也需要一定的教育实践。中外合作办学的产生与发展状况，总是与当时中外国情及中外关系的整体状况有着密切的功能性联系。

一、对外开放理论与实践的选择

（一）毛泽东的对外开放思想

1. 学习一切国家、民族的先进东西，积极开展经济、文化的交流与合作

1956 年 4 月，毛泽东发表了《论十大关系》的重要讲话，正式提出探索中国特色社会主义建设和发展道路的任务。在此篇讲话中，他专门讲到了“中国和外国的关系”问题并坚决主张向一切国家和民族的先进东西学习：“我们提出向外国学习的口号，我想是提得对的……应当承认，每个民族都有它的长处，不然它为什么能存在？为什么能发展？”[①]“我们的方针是，一切民族、一切国家的长处都要学，政治、经济、科学、技术、文学、艺术的一切真正

① 毛泽东：《毛泽东著作选读》（下册），人民出版社，1986，第 740 页。

好的东西都要学。”[①]1957 年年初，在最高国务会议第十一次（扩大）会议上的讲话中，他又进一步指出：

> 一切国家的好经验我们都要学，不管是社会主义国家的，还是资本主义国家的，这一点是肯定的。[②]

他在新政治协商会议筹备会上代表中华人民共和国政府和中国人民向全世界庄严宣告：“中国人民愿意同世界各国人民实行友好合作，恢复和发展国际间的通商事业，以利发展生产和繁荣经济。”[③]可见，其时毛泽东认定的对外开放，绝不单单是对社会主义国家的开放，而是向整个世界开放。

2. 对外开放必须建立在独立自主、自力更生基础上

毛泽东曾明确指出：“中国无论何时也应以自力更生为基本立脚点。”[④]1936 年，在与埃德加・斯诺谈话时，毛泽东反复强调了在独立自主、自力更生的基础上实行对外开放的问题。他说，独立自主、自力更生是中国革命胜利的根本保证，是争取外援的前提和归宿，外援是中国革命胜利的必要条件之一，我们应尽力争取之，但决不可过分依赖，更不能拿原则做交易去换取“外援”：

> 自力更生为主，争取外援为辅，破除迷信，独立自主地干工业、干农业……认真学习外国的好经验，也一定研究外国的坏经验——引以为戒，这就是我们的路线。[⑤]

3. 慎思明辨、批判继承、学创结合、逐步赶超

毛泽东指出，学别人的东西，就应该是“一切真正好的东西都要学”，但“必须有分析有批判地学，不能盲目地学，不能一切照抄，机械搬用。他们的短处、缺点，当然不要学”[⑥]。即使对于苏联和其他社会主义国家的经验，也应当采取这样的态度。“过去我们一些人不清楚，人家的短处也去学”[⑦]。“对外国的科学、技术和文化，不加分析地一概排斥，和前面所说的对外国东西不加

---

① 毛泽东：《毛泽东著作选读》（下册），人民出版社，1986，第 740 页。
② 中共中央文献研究室编：《毛泽东文集》（第 7 卷），人民出版社，1999，第 242 页。
③ 毛泽东：《毛泽东选集》（第 4 卷），人民出版社，1991，第 1466 页。
④ 中国人民解放军军事科学院编：《毛泽东军事文选》，中国人民解放军战士出版社，1981，第 190—191 页。
⑤ 中共中央文献研究室编：《毛泽东文集》（第 7 卷），人民出版社，1999，第 380 页。
⑥ 中共中央文献研究室编：《毛泽东文集》（第 7 卷），人民出版社，1999，第 41 页。
⑦ 同⑥。

分析地一概照搬，都不是马克思主义的态度，都对我们的事业不利”[①]。他还提出，我们必须创造性地学习，“外国有用的东西，都要学到”，目的是“用来改进和发扬中国的东西，创造中国独特的新东西”[②]，“我们应该在中国自己的基础上，批判地吸收西洋有用的成分”，“吸收外国的东西，要把它改变，变为中国的”[③]。而那种只满足于简单地模仿外国，跟在别人后面一步一步地爬行是没有出路的。“我们接受外国的长处，会使我们自己的东西有一个跃进。中国的和外国的要有机地结合，而不是套用外国的东西。学外国织帽子的方法，要织中国的帽子。”[④]

4. 坚决维护国家主权、文化安全

在实行对外开放、利用外资优势来发展中国经济的同时，要坚决维护国家主权和文化安全成为毛泽东对外开放思想与实践的鲜明特征。毛泽东认为，没有独立地位和损害国家利益的对外开放，只能是殖民地式的被迫的对外开放。要站在我们的民族立场上欢迎外国投资与技术合作。

有学者指出，“毛泽东对外开放思想是一个反映了具体的历史条件与时代任务的卓越创造，它所提供的思想原则具有‘穿越时空’的重要方法论意义”[⑤]。毛泽东的对外开放思想为我国对外开放事业腾飞提供了充足的动力，为中国更好地融入世界、逐步走上经济强国奠定了坚实的基础，为我党对外开放政策的成熟提供了思想保证和理论基础。同样，他的对外开放思想对于我们如何发展中外合作办学，具有重要的方法论意义。

（二）“以苏为师”“以苏为鉴”的文化外交

中华人民共和国成立之初，我国就确定“以原有的新教育经验为基础，吸收旧教育的某些有用的经验，特别要借助苏联教育建设的先进经验，建设我们的……新民主主义教育”[⑥]。毛泽东在《论人民民主专政》中也指出：“我们必须克服困难，我们必须学会自己不懂的东西。……苏联共产党就是我们

① 中共中央文献研究室编：《毛泽东文集》（第 7 卷），人民出版社，1999，第 43 页。
② 中共中央文献研究室编：《毛泽东文集》（第 7 卷），人民出版社，1999，第 82 页。
③ 中共中央文献研究室编：《毛泽东文集》（第 7 卷），人民出版社，1999，第 83 页。
④ 同②。
⑤ 孙海：《论毛泽东对外开放思想及其方法论意义》，《求实》2009 年第 12 期。
⑥ 《中国教育年鉴》编辑部编：《中国教育年鉴（1949—1981)》，中国大百科全书出版社，1984，第 684 页。

的最好的先生，我们必须向他们学习。”[①]在《论联合政府》中指出：“苏联所创造的新文化，应当成为我们建设人民文化的范例。”[②]由是中国政府采取了“一边倒”的外交战略。

总而言之，中华人民共和国成立之初学习苏联经验，是国家建设的基本方略。其原因“既有国际政治因素，又有国内经济因素，还有其他诸如缺乏理论指导、缺乏建设经验等因素”[③]。作为一个新生的人民民主国家，中国当时既面临社会主义改造任务，也面临现代化建设任务。要完成这双重的历史任务，最现实和最便捷的方式，就是向已经取得一定经验的苏联学习，高等教育也不例外。教会学校命运的终结是学习苏联教育经验的必要铺垫。[④]学习苏联成为当时历史条件下的不二选择，苏联取代了美国成为这一时期影响中国高等教育的主要国家。中美间的教育交流与合作活动全面停滞，代之而起的是“以苏为师”时代的到来，“全国上下，从中央到地方、从城市到农村、从机关到学校，到处响彻‘向苏联老大哥学习’的口号”，而“在全面学习苏联经验的过程中，文化教育领域始终是走在最前面的”[⑤]。

在社会主义建设过程中，苏联方面逐渐暴露出一些缺陷，在此背景下，国家领导人对全面学习苏联这一决策进行了深刻反思。1956年，毛泽东发表《论十大关系》，深刻地阐述了中国与外国的关系问题。《论十大关系》发表的主要目的是要把国内外的一切积极因素调动起来，为社会主义事业服务，因此其中也涉及中外教育交流和合作问题，主要强调了要向一切民族学习，学习一切民族好的东西。对于苏联和其他社会主义国家的经验，我们要“有分析有批判地学，不能盲目地学，不能一切照抄，机械搬用。他们的短处、缺点，当然不要学”[⑥]，“对外国的科学、技术和文化，不加分析地一概排斥，和前面所说的对外国东西不加分析地一概照搬，都不是马克思主义的态度，都对我们的事业不利”[⑦]。“外国资产阶级的一切腐败制度和思想作风，我们要坚

① 毛泽东：《毛泽东选集》（第4卷），人民出版社，1991，第1481页。
② 毛泽东：《毛泽东选集》（第3卷），人民出版社，1991，第1083页。
③ 王红岩:《20世纪50年代高等院校聘请苏联专家述评》,《浙江万里学院学报》2007年第3期。
④ 田正平主编:《中外教育交流史》，广东教育出版社，2004，第909页。
⑤ 田正平主编:《中外教育交流史》，广东教育出版社，2004，第860页。
⑥ 中共中央文献研究室编：《毛泽东文集》（第7卷），人民出版社，1999，第41页。
⑦ 中共中央文献研究室编：《毛泽东文集》（第7卷），人民出版社，1999，第43页。

决抵制和批判。但是，这并不妨碍我们去学习资本主义国家的先进的科学技术和企业管理方法中合乎科学的方面。”[①]1956 年 4 月，毛泽东在最高国务会议上正式提出“百花齐放，百家争鸣”的双百方针。[②]毛泽东主张中国要发展必须同世界接轨，反思苏联模式，苏联的模式不符合中国国情，弊端日渐显露，而新中国一贫如洗，闭门造车是行不通的，于是他把目光投向了西方资本主义国家，提出“要向一些民族学习”。

二、中国高等教育的发展状况

1949 年以后，中国高等教育进入了一个新的历史发展时期。其间又经历了急剧变化的三个发展阶段。第一阶段是中华人民共和国成立初期对旧教育的接收和改造（1949—1956）。1956 年社会主义改造基本完成后，高等教育也跟着进入新的发展时期。第二阶段为开始全面建设社会主义时期（1957—1965）。第三阶段是高等教育遭遇严重挫折的发展时期（1966—1976）。

1949—1956 年间的高等教育，以全国性的院校调整、改革学制以及改革课程内容与教学方式为主要内容。中华人民共和国成立时，共有高校 205 所，其中私立高校 81 所，私立高校中教会学校 21 所。教会学校中接受美国津贴者 17 所。教会学校约占高校总数的 10.2%，约占私立大学总数的 26%。[③]1955 年以后，由于当时社会主义工业化建设和国防建设的需要，国家从地域布局上又进行了部分院校调整，主要是把一些沿海和大城市的高校全部或部分迁往内地，加强原有内地高校的建设。调整后的高校发展规模一直维持在 200 所左右，在校生数从 1949 年的 11.71 万人增加到 1956 年的 40.8 万人，专任教师数也从 1949 年的 1.6 万人增加到 1956 年的 5.8 万人。

1957—1965 年间是我国进行社会主义高等教育全面建设时期。这一时期，中国高等教育的发展呈现出一种大起大落的变化趋势，全国高校数从 1957 年

① 中共中央文献研究室编：《毛泽东文集》（第 7 卷），人民出版社，1999，第 43 页。
② 中共中央文献研究室编：《毛泽东文集》（第 7 卷），人民出版社，1999，第 54 页。
③ 顾来红、刘丽华：《建国初期我国私立大学的国家策略分析》，《南京理工大学学报（社会科学版）》2006 年第 6 期。

的 229 所增加到 1960 年的 1289 所，短短的三年内急剧增加了约 463%；后来又急剧降到 1963 年的 407 所，三年内全国高校数缩减了约三分之二。

1966—1976 年期间，高等教育遭受严重挫折：撤、并、迁、改大批高等学校使高等教育事业出现严重倒退，办学质量大为降低；“停课闹革命”和废除原有招生办法，使得十年间少培养了上百万的专业人才；等等。这十年对高等教育事业的破坏给人们留下的教训极为深刻。

第二节　中苏合作办学的发展状况

根据中外合作办学性质的定义及其特点分析来看，合作设立机构和合作举办项目是中外合作办学应有的两种主要形式。虽然此时期中苏之间并没有成立具体的合作办学机构，但可以把此时期的中苏教育交流与合作活动看作一个项目式的中外合作办学形式。因为，首先这个合作是两国政府主导下的合作，尤其是我国确立了“全面学苏”“以苏为师”的教育改革，全方位、实质性地引入了苏联教育模式，并开展了广泛的合作性教育教学活动。从这个意义上来理解，此时期全面的、彻底的中苏教育合作与交流是一种中苏教育合作办学活动。其间政务院、教育部、高等教育部多次召开专门会议，就学习苏联教育经验进行具体部署。因此，此时期的全面移植苏联教育模式，可以算是一种政府主导的“全国性的、有计划的‘中外合作办学’尝试”①。

一、中苏合作办学的全面实践

（一）中苏合作办学的实践内容

1. 院系调整

1952 年开始了全国范围的院系调整，这是“以苏为师”开展的一场高校

① 程良龙：《中外合作办学历史·政策·现状》，北京交通大学出版社，2014，第 66 页。

改革运动，包括制订全国统一的教育计划、教学大纲，开始使用统一的教科书，聘请大批苏联专家等。就中外合作办学而言，这种以院系调整为主体内容的高等教育改革，既是旧有的（传统的）中外合作办学的终结，又是新式的（新型的）中外合作办学的发起。

这次院系调整是中央人民政府的行政行为，确立了“以培养工业建设人才和师资为重点，发展专门学院，整顿和加强综合大学”的方针，调整重点是“整顿与加强综合大学，发展专门学院，首先是工业学院”。其具体实施表现如下：

> 仿效苏联高等学校的类型调整我国高等教育结构，分为综合大学（设文理学科）和专门学院（按工、农、医、师范、财经、政法、艺术、语言、体育等学科分别设置）两种。为了适应国家对专门人才的急需，保留一些专科学校。[①]

整个院系调整过程是在“从无计划到有计划，到按照计划办学，从盲目发展到根据需要与可能条件按照一定比例发展”[②]的计划经济指导原则下进行的。要求全国统一性、全面性进行调整是这次院系调整的重要原则。1952年11月中央人民政府专门成立高等教育部，将全国高校的方针政策、建设计划（包括学校的设立或变更、院系和专业设置、招生任务、基本建设和财务计划等）、重要的规程制度（如财务制度、人事制度）、教学计划、教学大纲、教材编审、生产实习等事项，进一步统一掌握起来。凡高等教育部关于上述事项的规定、指示或命令，全国高校均应执行。如有必须变通办理时，须经高等教育部或由高等教育部转报政务院批准。其调整步骤是：由工业院系的调整进而到其他院系的调整，从学院的调整进而到科系的调整，从重点地区、重点院校的调整进而到高等学校的全面调整。调整后，本科大学分为文理科性质的综合性大学和师范院校，由教育部管理；单科性和多科性院校一般由中央业务部门管理，少数由教育部管理。这次院系调整的主要目标是加强党对高等教育和高等学校的政治领导；确立高等教育为国家建设服务、为工农服务、为劳动人民服务的思想；确定国家举办高等教育，中央人民政府统一直接管理高

① 郝维谦、龙正中主编：《高等教育史》，海南出版社，2000，第85页。
② 郝维谦、龙正中主编：《高等教育史》，海南出版社，2000，第91页。

等教育，以及高等学校的举办和管理体制。显然，这次院系调整很大程度上强化了高等教育的政治属性。

2. 改变高校管理体制

内部管理体制方面，亦仿照苏联“一长制”而实行校长负责制。1950 年 4 月，教育部指出，高校应实行校长负责制。同年 8 月，教育部颁布了《高等学校暂行规程》等文件，明确规定大学及专门学院采取校（院）长负责制。

外部管理体制方面，我国仿照苏联形成了计划经济体制下的高校管理体制，中央集权力于一身，统一领导高校，对高校的具体事务进行直接和具体管理。

3. 签订合作协定

1956 年 3 月，国务院批准高等教育部《关于执行中苏两国高等教育部间建立直接联系的暂行规定》和《中国高等学校、中等专业学校和苏联高等学校、中等专业学校直接联系的暂行规定》。1957 年 12 月，《高等教育部关于加强我国高等学校和苏联、各人民民主国家高等学校之间建立联系工作的通知》指出：

> 目前我国各高等学校已有 63 所和苏联、各人民民主国家相应的学校之间建立了直接联系……我们和苏联、人民民主国家的高等学校间的直接联系，应本着虚心学习、相互帮助的精神，进行教学和科学研究方面问题的探讨和经验交流，从而对我国高等教育建设事业具有实际意义，并尽可能满足对方要求，而不应流于形式。[①]

1958 年 1 月 18 日，中苏两国高等教育部代表在莫斯科签订《中华人民共和国高等教育部和苏维埃社会主义共和国联盟高等教育部关于双方高等学校合作进行科学研究工作的议定书》。1958 年 3 月，郭沫若率中国政府代表团访问苏联，并签订了《关于中苏两国政府共同进行最重要的科学技术以及在研究中苏联向中国提供援助的协定》，该协定商定，到 1962 年双方共同研究的重要科学技术问题达到 122 个。

相关协定的签订，推进了中苏高校间的密切合作。这一时期，我国高校

---

① 何东昌主编：《中华人民共和国重要教育文献（1949—1975）》，海南出版社，1998，第 788—789 页。

与苏联高校建立直接联系情况详见表 2-1。

表 2-1　中苏高校建立直接联系情况一览表

序号	中国高校	联系苏方高校
1	北京大学	莫斯科大学 乌克兰沃夫工业学院 莫斯科动力学院
2	清华大学	列宁格勒加里宁工学院 莫斯科包曼高等工业学院 莫斯科动力学院
3	上海交通大学	莫斯科动力学院
4	哈尔滨工业大学	莫斯科动力学院
4	成都电讯工程学院	莫斯科动力学院
6	北京矿业学院	哈尔科夫矿业学院 莫斯科矿业学院
7	北京石油学院	乌克兰沃夫工业学院
8	北京钢铁学院	莫斯科钢铁学院 莫斯科冶金大学 西伯利亚冶金学院
9	哈尔滨工业大学	哈尔柯夫工业大学

资料来源：此表根据多个版本的高等教育史料书籍获得的信息整理而成，主要来源于余子侠、刘振宇、张纯著：《中俄（苏）教育交流的演变》，山东教育出版社，2010，第 209—210 页。

4. 改革学制，修订教学计划和教学大纲

根据苏联学制经验，1952 年起，改学分制为学年制，规定学生须按所学专业教学计划和教学大纲的要求，学习全部专业课程，一般不能自由选课抑或调换系、专业。同时，为了与制订的教学计划和教学大纲以及编译的教材和参考书相一致，中共中央决定有区别地、稳步地将工业院校学制由 4 年制改为 5 年制，部分院校延长学制。应国家经济建设所需，采用按类分批集中修订的方法，以苏联高等教育为蓝本，修订并统一了全国教学计划和教学大纲。1953 年春，受教育部委托，北京师范大学草拟了全国高等师范院校 15 个系的教学计划草案。[①] 接着，全国高等师范院校、全国高等工业院校也着手制订统一的教学计划。据统计，1952—1955 年，高等教育部组织制订本专科教学计划 193 种。此外，还制订了与教学计划相配套的教学文件——教学大纲。以北京师范大学为例，1952 年秋，北京师范大学各系具备一定条件的学科开始制订教学大纲；1953—1954 年，各系把修订教学大纲和编写讲义作为教学工作的中心环节；1954 年年初，接受教育部委托起草了理科 5 个系的 12 种教学大纲。据北京师范大学统计，1953—1954 年，各系制订和修订的教学大纲共有 35 种。到 1955 年，全校本科 161 种课程，半数已经有了教学大纲。[②] 总之，教学计划和教学大纲的重新修订，使得高等学校的教育任务和人才培养目标更加明确并得以统一，亦使高等学校教学过程有了依据，加强了教师教学的系统性和计划性。

5. 聘请苏联专家来华指导工作

在聘请的苏联专家中，有的担任教育行政部门顾问，其主要工作包括：参加部务会议、部工作会议和专业会议；介绍情况，提供意见，解答问题；开各种讲座，给训练班讲课，帮助各级教育部门干部和学校教师提高业务水平；等等。更多的专家则工作在教学第一线，尤其是高等学校，为中华人民共和国的教育事业辛勤劳作。据统计，1949—1958 年，我国经济文教部门共聘请苏联专家 10 260 名。1959—1960 年，我国各部门又聘请了 1109 名苏联专家。据统计，1949—1960 年我国共聘请各类苏联专家 11 369 人，其中包括 800 多名苏联教育专家。[③] 这些专家运用苏联的教育经验，帮助培养教师，指导教师编写讲义和教材，帮助学校提高教师和在职干部的理论水平，帮助建立一套高等教育制度和教学方法，并给研究生上课，等等。另外，在高等学校科学研究上，也予以很大帮助。仅 1959 年，由苏联专家指导进行的科学研

---

① 蒋纯焦：《20 世纪 50 年代高校教学改革学习苏联经验的史与思》，《河北师范大学学报（教育科学版）》2010 年第 9 期。

② 北京师范大学校史编写组编：《北京师范大学校史（1902—1982)》，北京师范大学出版社，1984，第 146 页。

③ 田正平主编：《中外教育交流史》，广东教育出版社，2004，第 914 页。

究项目就有 344 项。[①]

6. 翻译、出版苏联的教育教学著作和教材

1950 年成立的人民教育出版社，其主要任务之一就是翻译出版苏联师范教材和教育学著作，其中影响最大的就是凯洛夫的《教育学》。1950 年 12 月，凯洛夫《教育学》译本（上册）在我国正式出版。1957 年 3 月，人民教育出版社又以最快的速度翻译出版了凯洛夫《教育学》的新版本（1956 年版），此后共印 8 次，总计印数为 193 897 册。至 1958 年前后共印刷 13 次，印数达 521 980 册，其影响之广泛可见一斑。[②]该书成为教师课堂教学方法的重要指南。据统计，1952—1956 年，全国共出版苏联高等学校教材译本 1393 种。[③]

7. 推进教学改革，优化教学过程

在学习苏联进行教学改革过程中，我国仿照苏联普遍设置教研室，并将其作为教学基层组织。这一苏联式的内部组织使专业教学研究组成为主要的教学单位。[④]鉴于苏联认为教师是全部教育程序的中心，中共中央强调教师在教学过程中的主导作用，认为教师应该对工作高度负责、集中授课。所以，教师结合实际对课堂和教学方法进行了改进，如将课堂划分为讲授、习题和讨论、实验课、设计作业、教学实习和生产实习、毕业设计、考试和考察等固定环节，相互配合的教学形式在很大程度上增强了教学效果；再如，教学方法以课堂讲授法为主，辅之以生产实习、实验讨论、习题练习等方法，如此一来，学生解决实际问题的能力较过去有了较大进步，教学效果和教学质量大大提高。

8. 加强教育交流，安排师生去苏联学习

我国派往苏联的留学生，每年少时 200 多人，多时达 2000 多人。从 1953 年起，留学生陆续回国，成为传播和研究苏联教育的重要力量。与此同时，教育部门还组织高校的教师赴苏联进行短期专业进修。1955 年 9 月，我国第一批派往苏联进行短期专业进修的高校教师 33 人启程。1956 年 1 月，高等教育部再次发出指示和通知，选拔高校讲师级以上教师 100 名赴苏联进行短期

① 毛礼锐、沈灌群主编：《中国教育通史》（第 6 卷），山东教育出版社，1989，第 105—106 页。
② 毛礼锐、沈灌群主编：《中国教育通史》（第 6 卷），山东教育出版社，1989，第 97 页。
③ 杨东平：《新中国“十七年教育”的基本特征》，《清华大学教育研究》2003 年第 1 期。
④ 田正平主编：《中外教育交流史》，广东教育出版社，2004，第 965 页。

专业进修。这样组织教师进行短期进修的方法既为迅速培养我国高校当时迫切需要的师资解了燃眉之急，又为推广苏联教育经验拓展了渠道。

1956 年 5 月，高等教育部制定了《中华人民共和国高等学校章程草案》。其内容主要包括：形成了国家集权管理、条块分割的大学体制结构；建立“大学—系”的组织体系，系内设专业、教研组（室）的组织架构；建立以专业为中心，按照统一教学计划开展教学活动的教学制度；思想观念方面，马克思主义的教育观念占主流，强调教育为社会服务，要与生产劳动相结合，要培养全面发展的人才。该章程的制定，标志着以苏联模式为蓝本的新的高等教育制度的基本确立。

（二）中苏合作办学案例透视

1. 中国人民大学[①]

（1）“以苏为师”样板学校的建立。中华人民共和国成立初期院系调整期间，中国人民大学和哈尔滨工业大学这两所样板高校的调整建设，标志着中国高等教育领域全面拉开了学习苏联的大幕。

中国人民大学是在中华人民共和国成立初期我国需要改造旧教育、发展新教育的背景下建立起来的。中华人民共和国成立初期接管的 205 所高校，普遍存在“规模小，分布不合理，系科庞杂，层次比例不当”等问题，并且这些高校大多以英美大学为样板，在办学理念、系科设置、教学内容、教学方法和教学制度上存在许多弊端，同当时我国国民经济恢复时期的国家建设需求差距较大。加上其时美国等一些帝国主义国家对新中国采取敌视态度，实行外交孤立政策，我国迫切需要建立自己的新型大学及寻求新的对外合作关系。根据中央人民政府政务院第十一次政务会议“关于成立中国人民大学的决定”：设立中国人民大学，有计划、有步骤地培养新中国的各种建设干部。[②]第一次全国教育工作会议召开后，国家明确提出要借助苏联经验来建设新中国的教育，其中特别指出：“创办人民大学的任务，是接受苏联的先进经验，

---

① 选取该校作为个案的理由：中国人民大学代表的是中华人民共和国成立后我国自办的社会主义大学，其本身就是我国当时急需学习苏联的历史背景下的典型产物。在中华人民共和国成立初期，这种类型学校的发展情形可以更好地为人们认识这一时期中苏合作办学提供思考。

② 何东昌主编：《中华人民共和国重要教育文献（1949—1975）》，海南出版社，1998，第 3 页。

有计划、有步骤地培养新中国的各种建设干部……这将是新中国的完全新式的高等教育的起点。”①

（2）中苏合作办学的情形。作为一所新型的、正规的社会主义大学，中国人民大学在建校初期就移植了苏联的教育模式，与苏联展开了紧密的教育合作关系。其具体教育合作实践可以概括为如下几个方面。

第一，聘请大量苏联专家指导学校各方面的工作。从 1950 年到 1957 年，中国人民大学先后聘请了 98 名苏联专家，是全国聘请苏联专家人数最多的高校。②这些专家的学科背景涉及哲学、政治经济学、马克思列宁主义基础、计划统计、工业经济、农业经济、财政贸易、法律、外交、新闻、档案、俄语等领域，尤以语言方面的专家最多，共有 26 人，其次是讲授政治理论必修课的苏联专家人数也不少。无论是人数、层次还是涵盖面，中国人民大学聘请的苏联专家在全国高校中都处于前列。这些专家来校，有的作为学校发展顾问协助学校全方面的工作，有的直接参与为中国人民大学的青年教师和学生授课，还经常公开发表报告、讲演，到国内其他高校进行师资培训。苏联专家全面负责学校各系、各教研室核心必修课程的讲授和教学指导工作，全校唯一专门由中国教师指导的必修课仅有 2 门，即中国革命史和体育教育。在学校各类计划的制订及各项制度的创立过程中，苏联专家发挥了至关重要的作用。在他们的指导下，成立了教务部、研究部、行政事务部和图书馆 4 个部门，本科设立了 8 个系，专修科设 11 个班，设立了 36 个教研室。可以说，苏联专家奠定了中国人民大学学科建设的基础。

第二，引进苏联的办学理念及专业设置模式。苏联高等教育的改革是按照国家建设的需要，把原有的专业划分成若干具体的专业，并且以学院为组织教学、科研工作的基本单位，强调学院的能动性和自主性。1950 年 6 月，在第一次全国高等教育会议上，教育部聘请的苏联总顾问阿尔辛杰夫就苏联高等教育制度做出了如下说明：“苏联高等教育的改变，是将大学从培养抽象的广泛的人才改变为培养具体的专门人才的机构”，“苏联的高等教育重

① 何东昌主编：《中华人民共和国重要教育文献（1949—1975）》，海南出版社，1998，第 8 页。
② 沈志华：《苏联专家在中国》，新华出版社，2009，第 78 页。

心是放在学院上的，学院培养各类专业人才"[①]。苏联的这种办学理念，直接影响到我国高等教育改革的思路和方向。在苏联高等教育办学理念的影响下，"我国高等教育形成了以'专才'培养为目标，以专业设置为中心的教学制度和以计划运行机制为主要特征的中央集权管理制"[②]。中国人民大学作为一所社会主义新型大学，对这一办学指导思想进行了全面的实践。建校初期，学校所设的系科都是与国民经济建设需求联系较为紧密的人文学科和社会科学学科。1949 年年底至 1950 年年初，苏联专家帮助中国人民大学拟订了各项工作计划，明确了系科设置结构，先后设置了大学本科的经济系、经济计划系、法律系、工厂管理系、外交系、贸易系、财政信用借贷系、国民经济计划系、农业经济系等专业。此外，中国人民大学还设有专修班，包括经济计划、财政信用借贷、贸易、合作社、工厂管理、统计、外交、教育、法律等班。[③]随后，又开设了中共党史和马列主义理论方面的专业，并且很快开办了相应的研究生教育。上述专业都是培养当时我国社会主义建设急需人才的专业，并且也是我国需要向苏联学习的专业。

第三，建立苏联模式的办学体制及课程、教材、教法体系。在中国人民大学人才培养方案的制订和实施过程中，都有苏联专家在直接指导。在人才培养上坚持了"向工人和农民敞开大门"的理念，在实现工农干部知识化方面积极向苏联取经，为广大工农学生提供接受教育和再教育的机会。在办学体制和课程体系方面，学校在苏联专家的指导下，根据建校初期的生源特点进行设计，将校内办学和校外办学、脱产学习和不脱产学习结合起来，建立了多种学制、多种形式和多种规格的办学体制，设有研究生班（培养师资和高层次人才）、本科班（培养专门人才）、专修科（为提高领导干部政治水平和管理能力）、预科、工农速成中学（帮助文化水平较低的学员补习文化知识）等。在教学计划的制订方面，学校各个专业的教学计划基本上都是以苏联相应的教学计划为蓝本进行编制的。编制教学计划的基本原则是"政治

---

① 《苏联专家阿尔辛杰夫同志在高等教育会议上的讲话》,《教育部档案》长期卷(1950 年)第 4 卷。

② 郑刚、兰军：《20 世纪 50 年代高等教育界聘请苏联专家发展历程、特点及其影响》，《吉首大学学报（社会科学版）》2007 年第 1 期。

③ 中国人民大学校史研究丛书编委会编：《中国人民大学纪事（1937—2007)》（上卷），中国人民大学出版社，2007，第 95 页。

理论课与专业课相结合，专业课与基础课相结合”。无论哪一种专业都是将马克思列宁主义理论和专业所需的一般科学知识有机地联系起来，并在此基础上加深专门的具体业务和技术的教育，同时重视通识教育。在教材使用方面，苏联专家也作出了杰出贡献。苏联专家最推崇的是使用苏联原版教材，其次是翻译教材，再次是教师自编教材。苏联专家强调，教材编写要注意与中国国情相结合。当时的苏联专家不仅肩负起校内外许多讲演、报告的任务，还编写了百余万字的教材、讲义，为教研室积累了宝贵的教学财富。据统计，从1950年到1957年，中国人民大学由苏联专家直接编写或在苏联专家指导下编写的讲义、教材共计101种。中国人民大学哲学系原系主任齐一曾指出：“我们开始担任系统的理论讲授的教师，所以能够基本上完成任务，主要是借助于苏联的先进教学大纲和材料。”[①] 在具体授课方式方面，苏联模式也成为中国人民大学的参照样本，特别是公共课的教学，几乎完全效仿苏联大学的模式。该模式注重教师的讲授教学，同时还将课堂讨论、四级记分制、口试、生产实习等教学方式引入教学中。其中，对国内其他高校影响最为深远的是马克思列宁主义基础、中国革命史、辩证唯物论与历史唯物论、政治经济学这4门政治理论必修课。作为中国人民大学整个课程体系的核心，这4门课沿袭了苏联高等教育体系中的意识形态性质，成为全国高等院校思想政治必修课的典范，其他院校的教师纷纷来校学习，将这种授课模式移植到各自的学校。

第四，成立合作教研室，开展学科建设，提升教研能力。依据苏联模式，中国人民大学建立了40多个教研室，与苏联专家合作开展教育教学研究。每个教研室都由苏联专家直接负责。这一教学组织形式，是当时苏联专家参与我国高校教育教学工作的一个重要合作平台。他们全面参与教研室的日常工作，包括制订教学计划和讲授大纲、编写教材、集体备课、日常教学、指导实验和生产实习、开展科学研究等。教研室作为高校的基本教学组织，围绕相关专业和课程设立，如经济计划系根据专业细分，设立了社会主义农业经济组织、农业学、统计、经济地理、国民经济计划5个教研室。[②] 开展科学研

① 齐一：《中国人民大学政治理论教研室的工作》，载《中国人民大学教学经验讨论会报告汇编》，中央人民政府高等教育部高等教育通讯编辑室编印，1954，第101页。

② 胡锡奎：《中国人民大学的简略介绍》，《人民教育》1951年第1期。

究是教研室的重要职能，将科学研究看作提升教学质量、增强学科实力的重要因素，强调教师的基本能力除了包含讲课能力，还应包含从事科学研究的能力。当年中国人民大学的师生关于科学研究的最初认识，基本上都是从苏联专家那里获得的。在科研体系的实际建设过程中，苏联专家还十分强调组织性和计划性。当时，学校的所有教研室需要分别起草科研计划，根据这一计划给各个导师和研究生分配科研任务，随后每年年末召开由学校全体科研人员参加的“科学讨论会”，总结研究计划的完成情况。教研室为保障学校教学工作的顺利开展和教学质量的不断提升，作出了积极的贡献，促成了学校科研工作的起步，有效推进了学科建设和发展。

第五，合作培养研究生。在中华人民共和国成立初期，中国人民大学是最早以开展研究生教育为途径培养师资和高层次人才的高校。这些研究生的授课工作，最初大都也由苏联专家完成。苏联专家在华 7 年间为 2574 名中国人民大学研究生讲过课。[①] 这些研究生毕业后，一部分留校任教，成为后来各学科领域的中坚力量，其余则被分配到国内其他高校，在这些学校的学科建设中发挥了举足轻重的作用。特别是在财经、政法和哲学领域，中国人民大学的毕业生广泛分布于全国各大高校，并且大都是其中学科带头人。

第六，开展师资培训。在当时师资十分紧缺的背景下，协助培训师资是苏联专家与中国人民大学合作的又一重要体现。1952 年以前，一般都是先由苏联专家给教师上课，然后再由教师给学生上课，形成了“边教边学”的培养模式。通常情况下，苏联专家每周为教师授课一到两次。这些教师听完课后，通过查阅原著，补充联系中国实际的内容进行讲授，以便中国学生易于理解和接受。1952 年以后，逐渐转变为由专家为教师作专题讲授和系统辅导，以教研室科学指导员的身份指导教师备课及开展科学研究。[②] 这种培训使得中国人民大学及其他前来接受培训的高校青年教师成长非常迅速，他们不仅壮大了中国人民大学的师资力量，而且也成为全国各高等院校相关专业的教学骨干。据 1951 年的统计，苏联专家在学校各专业领域共培养了 275 名教师和

① 毛礼锐、沈灌群主编：《中国教育通史》（第 6 卷），山东教育出版社，1989，第 89 页。
② 胡锡奎：《中国人民大学学习苏联经验的总结报告》，《教学与研究》1954 年第 10 期。

217 名研究生，以及国内其他高校的进修人员 127 人。[①]“正是因为这些苏联专家的直接授课，当年无论是考入中国人民大学的研究生，还是前来培训或旁听的教师，大都有一种‘小留学’的体会”[②]。

（3）中苏合作办学的成效。中国人民大学是一所仿照苏联模式建立的大学，它以苏联的大学为模板进行各方面建设。[③]苏联专家与中国人民大学的教育合作取得了很多成绩，在全中国产生了广泛的示范性影响。1954 年 4 月，高等教育部召开“中国人民大学教学经验讨论会”，来自全国 100 多所高等院校及各地党委宣传部和教育局的干部，参加了这一为期 9 天的全国性教育会议。会议的主题就是介绍中国人民大学在学习苏联方面的成功经验，激励全国其他高校更加努力地参照苏联模式来改造自身。各高校对中国人民大学的做法和成就表示肯定与赞赏。如北京大学校长马寅初即在小组会上明确表示：“今天使我更清楚地了解到党中央在一九四九年解放之初即决定成立中国人民大学的重要意义。”复旦大学的代表认为，“中国人民大学从无到有，积累了很好的经验，为全国高等学校起着示范和指导作用”。云南大学的代表强调：“研究了中国人民大学的经验，就可以找出自己工作中的缺点甚至错误的原因了。”[④]这些来自上级领导部门和其他院校的高度评价，肯定了建校初期中国人民大学学习苏联经验所取得的阶段性成效，明确了中国人民大学在全国高等院校教学科研和学科建设中的示范和引领作用，同时也确立了中国人民大学在财经、政法、马列主义哲学等领域的学科地位。在苏联专家的指导和帮助下，中国人民大学探索出一套苏联模式和中国实际相结合的新型学科体系，并且为社会主义建设培养了大量人才，这在中华人民共和国成立初期意义十分重大。如今的中国人民大学已成为中国人文社会科学高等教育的一面旗帜。

---

① 《安德里昂诺夫同志在政务院专家会议上的发言》，中国人民大学档案馆馆藏档案，卷宗号 1951-XZll-XB-22.0002。

② 吴惠凡、刘向兵：《苏联专家与中国人民大学学科地位的形成——1950—1957 年苏联专家在中国人民大学的工作与贡献》，《中国人民大学学报》2013 年第 6 期。

③ 刘颖：《除旧布新：新中国成立初期中共对高等教育的接管与改造》，人民出版社，2010，第 175 页。

④ 杨秀峰：《中国人民大学教学经验讨论会闭幕词》，载《中国人民大学教学经验讨论会报告汇编》，中央人民政府高等教育部高等教育通讯编辑室编印，1954，第 10—11 页。

2. 上海第二医学院[①]

（1）引进苏联教育模式的现实背景。上海第二医学院是由当时上海最著名的三所教会大学的医院合并而成，其成立之初正值当时院系调整，是院系调整的产物，因此，不可避免地从其诞生的第一天起就被打上了深刻的时代烙印。1985 年更名为上海第二医科大学。1997 年，学校通过了“211 工程”立项。2005 年 7 月，上海交通大学与上海第二医科大学合并，成立了由教育部、上海市人民政府重点共建的上海交通大学医学院，进入“985”高校行列。2010 年 11 月，该学院成为卫生部与教育部合作共建的第一批十个重点高校中的一员。

上海第二医学院成立之时，全国有 44 所高等医学院校，其中国立 24 所、省立 7 所、私立 13 所，内有 22 所附设在综合大学内。这些学校当时的普遍状况是规模小，招生少，设备差，校舍简陋，师资缺乏。学校的分布也极不合理。为了集中力量办好高等医药院校、改变布局不合理状况，1952 年 7 月，在政务院的统一领导下进行了医学院校的院系调整，合并了规模较小的学校，把沿海的一些学校有计划地迁往内地缺少医学院校的省区。上海第二医学院属于第一批调整院校。1952 年 9 月，华东区卫生部根据华东区高等学校院系调整委员会的决定，将圣约翰大学医学院、震旦大学医学院、同德医学院合并成为上海第二医学院，并将上海广慈医院、仁济医院划为上海第二医学院的附属医院，以作为其临床教学基地。

上海第二医学院成立的时候，我国的医疗卫生事业以及医学教育面临的形势十分严峻：

> （1949 年的）中国是非常缺乏医务干部的：按全国人口的需要说，只是医师、药师、牙医师、卫生工程师，就要六十万人。加上中初级卫生干部，则共为三百余万人。但全国正式医师不到二（两）万人，药剂师不到五千人，护士（、）助产士也只两万多人。这些医务人员绝大部分集中在少数的城市。……据统计，一年患传染病的

---

① 选取该校作为个案的依据：该校代表的是中华人民共和国成立初期的高校医学教育，对该校的个案研究，可以在一定程度上帮助人们了解当时我国医学高等教育甚至整个高等教育领域从英美教育体制模式转变到苏联教育体制模式的过程及实施的效果。

达一亿余人，死于疫病的达六百余万，婴孩死亡率为百分之三十至五十。显然的，如果每年每人应找医生以八次计，则约近四十万万次，所以农村病人百分之八十找不到医生治病，广大人民（生活）在疾病和死亡的威胁当中。在政治上已获得解放的今天，这种情况不应再让它继续的。[①]

正是在这样的情景下，中华人民共和国必须进行医学教育改革。

如果按老制度老办法训练医师等干部，必须一千年以上，才能完成上述数目，是无法耐心等待那么长的。我们改革医学教育所依据的重大前提，应该是：要从解决实际问题出发，要从适应生产建设与国防建设出发，是为了要解决占中国人口百分之九十以上的劳动人民的健康问题而进行教育。因此必须培养出大量的，而又有相当质量的医务干部来。[②]

医学教育改革的目标十分明确，即在较短的时间内培养大量的医疗干部，以满足社会的需要。但应该怎样改革，采用哪些政策及措施促进改革又快又好地进行，这就需要一个“样板”。毫无疑问，在当时的历史条件下，这个“样板”只可能是苏联。

（2）对苏联教育模式的实践。在全面学习苏联的背景下，我国高等医学教育模式从效仿欧美转向学习和模仿苏联，开始了探索建立具有社会主义特色的新医学教育制度的步伐。1952 年，中央人民政府对 44 所医学院校进行了院系调整，把医学院校从综合大学里独立出来，由教育部、卫生部双重管理。学制将医学教育专业设置为医疗（后称医学）、卫生、儿科、口腔、药学 5 种，前四种专业学制为 5 年，药学专业学制为 4 年，并增办了 2 年制专修科。[③] 但很多人认为，与当时全国其他领域学习苏联高涨的热情相比，我国高等医学领域显得有些平淡与缓慢。1954 年召开的第一届全国高等医学教育会议就明确指出，学习苏联进行医学教育改革的力度还不够，要求我国各高等医学院校全面系统地以苏联医学教育模式为蓝本，进行教学制度、教学内容、教学

① 张查理编：《医学教育的改革》，中华书局，1951，第 7 页。
② 张查理编：《医学教育的改革》，中华书局，1951，第 8 页。
③ 蔡景峰、李庆华、张冰浣主编：《中国医学通史（现代卷）》，人民卫生出版社，2000，第 85 页。

方法和教学组织等方面的改革，统一高、中等教育各专业的培养目标、教学计划和教学大纲。上海第二医学院也开始全面学习苏联，以苏联医学教育模式为蓝本进行一系列教育改革。

其一，依据苏联蓝本制订教学计划和教学大纲。

该校新制订的教学计划，贯彻苏联教学计划中技术培养与政治思想教育相结合、理论与实际相结合、基础知识与专业培养相结合、教师的启发诱导与学生的自学相结合的四个基本原则，调整和改变原有教学安排：将马列主义基础列为考试科目，增加专业课的比重；把实习时数扩大到教学总时数的50%以上，试行苏联临床教学的轮回实习和生产实习分阶段法，增加一些新课（如病理生理学）；把小班讲课、大班实习改变为大班讲课、小班实习，增加学生的复习时间，实行新的考试、考查方法。

其二，进行教学内容和教学方法的改革。

首先，加强了马列主义思想教育。1952年，上海第二医学院规定政治课为公共必修课。1953年，根据高等教育部的规定，上海第二医学院开设了中国革命史、马列主义基础、政治经济学、辩证唯物主义四门政治课程。同年9月，上海第二医学院成立政治教学研究室，以加强学生的政治课教学；成立学习委员会，组织教职员工学习政治、时事、中国革命史和马列主义基本理论，先后学社会发展史、辩证唯物主义、历史唯物主义、中国革命史、中共党史等。[①] 不久，上海第二医学院设立了马列主义教研组。通过对这些课程的学习，学生有了更深刻的认识，端正了世界观、人生观与价值观，有许多学生后来写申请书要求入党。

其次，学习巴甫洛夫学说[②]。这是“全面学习苏联”在医学领域的一个典型。20世纪50年代，苏联政府在生理科学及医学领域内大力推行“巴甫洛夫主义”，神化了巴甫洛夫，巴甫洛夫学说“盛极一时”，成为医学界和生理学界的统

---

① 《上海第二医科大学纪事》编纂委员会编：《上海第二医科大学纪事（1952—2005）》，上海交通大学出版社，2006，第7—10页。

② 巴甫洛夫（1849—1936)是19世纪下半叶和20世纪上半叶最有成就的生理学家之一。他的成就是多方面的，20世纪他主要在血液循环和消化方面作出了卓越的贡献。他曾因在消化腺神经支配方面的成就而荣获诺贝尔奖奖金。巴甫洛夫学说是指巴甫洛夫关于条件反射的学说，或者说是关于高级神经活动的学说。巴甫洛夫提出的条件反射和非条件反射概念，解决了研究大脑高级机能的客观方法条件反射方法。（参见梅镇彤：《关于巴甫洛夫学说》，《生物学通报》1980年第2期。）

治理论。受当时苏联的影响，中国的医学界也开展了学习巴甫洛夫学说的运动。

再次，引进苏联医学教材。1953 年 8 月 14 日，卫生部下达《关于采用苏联教材的通知》，要求各校各专业逐步转入采用苏联教材（译本），在苏联教材没有正式出版前，各校仍可自编教材。上海第二医学院除解剖学等 10 门课程采用苏联教材外，其余均采用参考苏联教材自编的教材。[①] 但是自编的前提，是对苏联教材的借鉴和参考。当时的上海第二医学院参与翻译教材的人很少，使用的都是其他高校人员翻译的教材，这也可见该校的俄语水平有限。据有关资料显示，当时全国计划内翻译苏联医学著作有 53 种，哈尔滨医科大学翻译了 16 种，约占总数的 30%。

此外，加强俄语学习。这是学习苏联普遍的硬性要求。我国当时以俄语为第一外语，英语被取消，这是为了更直接地接受苏联医学科学的成就，更好地学习苏联的医学科学技术，以利于教学并提高教学质量。为达此目的，中央卫生部决定于 1953 年内在各医学院校内开展教学人员俄文专业书籍阅读速成学习。上海第二医学院在当年就成立了"俄文速成班"，并制订了相应的教学计划，"速成"的时间是一个月。但当时许多习惯了英语环境的教师，对学俄语的积极性并不高。为了激励大家的学习积极性，上海第二医学院还制定了奖励办法，奖励办法既有物质的，也有精神的，但从后面的成效来看，这种激励办法的作用有限。

最后，改造医学教育基地的建设。学习苏联以教学领导临床，又尊重临床医疗实践的做法，由医疗系主任或教务长兼任医学院校附属医院院长，由教研组主任兼任临床科主任。把苏联医学院校附属医院的任务"在提高医疗质量的基础上保证教学任务的完成"，作为我国医学院校附属医院的任务，直接引用苏联医学院校"只有通过医疗进行教学，绝不容许为了教学进行医疗"及"最好的医疗才是最好的教学"等规定，作为临床教学的工作原则。[②]

（3）成效与问题。以苏联医学教育模式为蓝本建立起来的我国高等医学

---

① 《上海第二医科大学纪事》编撰委员会编：《上海第二医科大学纪事（1952—2005）》，上海交通大学出版社，2006，第 9 页。

② 朱潮、张慰丰编著：《新中国医学教育史》，北京医科大学、中国协和医科大学联合出版社，1990，第 351 页。

教育制度与体制，总体上符合我国当时的需要。中华人民共和国成立初期正是我国高等医学教育体制“破旧立新”的时期，苏联及时为我国提供了一整套新式的培养医疗卫生人才的方法，有利于我国摒弃旧有的英美式教育模式，初步建构中华人民共和国高等医学教育的框架，快速建立起培养社会主义医疗卫生人才的机制。得益于苏联的医学教育经验，我国短期内培养出来的大批实用型医疗卫生人才，有力地缓解了中华人民共和国成立初期严重的缺医少药的状况。而苏联重视预防医学教育的做法，尤利于中华人民共和国成立初期预防卫生工作的开展。

然而，苏联对我国的医学教育产生积极作用的同时也产生了消极的影响。苏联的医学教育模式并非完美，随着时间的推移，照抄照搬之弊端日益显现出来。

首先，管理上过于强调权力集中，不利于多元化发展学习。高度统一的中央集中管理制度，虽然有利于整顿旧中国医学教育各自为政的混乱局面，但是，各地办学的自主权过小，不利于因地制宜，充分发挥自身的特色教学。

其次，停开英语课，严重阻碍了我国医学科学的发展。为了强调学习苏联，当时只开俄语课，停开英语课……英语是世界性语言，当时这种做法，事实上封锁了西方医学的信息窗口，导致我国医学科学处于孤立状态，不能取世界之长，这种思想严重地阻碍了我国医学科学的发展。[①]

再次，在教学方法方面过于强调知识和技能的传授。以苏联为蓝本制订的我国统一的教学计划和教学大纲，强调生产实践的重要性，但轻视对学生能力的培养，所培养出来的人才实用性强，独立思考能力差，创造力不足。高等医学教育的主要任务是培养医、教、研三方面的高级人才，而其时的教学方式方法不利于我国医学科研和教学建设的开展。另外，翻译使用苏联教材不但分量偏多，内容也不尽适于我国国情，造成了教学中的困难，甚至学用脱节。

最后，学术上的“一面倒”。在学术领域内，当时特别强调学习巴甫洛夫，

---

① 朱潮、张慰丰编著：《新中国医学教育史》，北京医科大学、中国协和医科大学联合出版社，1990，第 22 页。

提出以巴甫洛夫学说为医学的指导思想，并以巴甫洛夫学说来改造现代医学。[1]以巴甫洛夫学说为医学的指导思想，片面强调学习苏联的新技术、新疗法，同时一概排斥来自英、美等资本主义国家的学术理论和医疗技术，不仅有违“百家争鸣”的方针和科学原则，也剥夺了学生接受不同学术观点的自由，这“只能使我国医学处于封闭的藩篱中，延误了我国医学科学更快的发展”[2]。

不少的弊端在往后的实践中得到了不断修正，诸如1956年我国开始自编教材，1957年对学制进行了重新调整；教学计划也由指令性改为指导性和参考性等。

通过对上海第二医学院的个案研究可以了解到，中华人民共和国成立初期，苏联对我国高等医学教育的影响深远而复杂。对其进行历史反思，对今后我国的高等医学教育改革不无裨益。

二、中苏合作办学的骤然停滞

20世纪60年代至80年代初，是中苏合作办学“由热潮到冰点”的全面终止期。这主要由两国之间的关系恶化及国内特殊的环境而造成。

20世纪60年代，中苏两国关系发生了剧烈变化，由互相友好变为互相对抗，这种对峙局面一直持续到80年代初。这一时期的中苏合作办学处于完全停滞状态。中苏合作办学停滞后，我国与其他国家继续开展合作办学实践。

① 朱潮、张慰丰编著：《新中国医学教育史》，北京医科大学、中国协和医科大学联合出版社，1990，第22页。

② 朱潮、张慰丰编著：《新中国医学教育史》，北京医科大学、中国协和医科大学联合出版社，1990，第23页。

第三节　教会大学的历史结局

教会大学曾是近代中国对外合作办学的一种特殊而重要的组织形式，其辐射力曾覆盖全国。中华人民共和国成立后，根据国家当时所面临的国际国内环境，政府对教会大学进行了接管与合并改造。这也是我国高等教育发展史上的一件大事。这次调整的原因有很多，主要是为了发展政治、经济、文化建设，培养国家急需的各类专门技术人员。教会大学在这次的调整中全部被撤销，结束了其在中国半个多世纪的历史。这期间，又以 1951 年为界分成两个基本阶段：1949—1951 年期间只是初步的接管与改造，1951—1952 年期间是合并而消失。

一、接管与改造

（一）历史背景

教会大学毕竟有浓厚的西方背景，在国人的认识中，教会大学就是帝国主义文化侵略中国的阵地，所以必须对其进行改造。这是一个政策性很强的问题，处理不好会影响国际关系及加深人民内部矛盾。中央人民政府把它作为一项重要的政治任务来抓，一致决定对教会大学既不能“过”也不能“放”，绝对不允许“治外法权”。对教会大学的接管与改造问题，从中华人民共和国成立前夕就已经开始进行了。随着全国各大中城市的相继解放，针对原国统区各级学校的教育状况，1949 年 4 月中国人民解放军颁布的《约法八章》中阐明了新解放区接收工作的方针，保护一切公私学校……对于学校，要维持现状，即日开学。这时期，各区军政委员会并没有对与英、美等西方国家联系密切的教会学校采取过多的强制措施。1949 年 8 月，毛泽东又在《“友谊”，还是侵略》一文中强调：“美帝国主义比较其他帝国主义国家，在很长的时期内，更加注重精神侵略方面的活动，由宗教事业而推广到‘慈善’事业和文化事业……我国许多有名的学校如燕京、协和、汇文、圣约翰、金陵、东吴、之江、湘雅、华西、岭南等，都是美国人设立的。”[①] 这实际上表明了中国共产党在中华人民共和国成立前夕对教会大学的基本态度和认识底线。1949 年 9 月，中国人民政治协商会议第一届全体会议通过了《中国人民政治协商会议共同纲领》，其中第五章“文化教育政策”第四十一条规定：“中华人民共和国的文化教育为新民主主义的，即民族的、科学的、大众的文化教育，人民政府的文化教育工作，应以提高人民文化水平，培养国家建设人才，肃清封建的、买办的、法西斯主义的思想，发展为人民服务的思想为主要任务。”第四十六条规定：“人民政府应有计划有步骤地改革旧的教育制度、教育内容和教学方法。”[②]1949 年 12 月，教育部在北京召开第一次全国教育工作会议。教育部党组书记、副部长钱俊瑞在总结报告中提出“对中国的私立学校，一般采取保护、维持、加强领导、逐步改造”的方针。[③] 从 1950 年开始，中央人民政府进一步明确对宗教问题的政策。1950 年 8 月，中共中央发布了《中共中央关于天主教、基督教问题的指示》，对教会学校做出如下处理原则：教会学校应“视为私营事业，政府本公私兼顾原则，一视同仁。教会学校应遵守政府法令设政治课为必修课。教会学校内不举行宣传宗教或反对宗教的展览会”[④]。1950 年，尽管中美关系在不断恶化，但中央人民政府对教会大学还是采取忍耐的态度，只是在管理上更加严格。1950 年 12 月，政务院第 65 次政务会议通过了《政务院关于处理接受美国津贴的文化教育救济机关及宗教团体的方针的决定》（以下简称《决定》）和《接受外国津贴及外资经营之文化教育救济机关及宗教团体登记条例》，正式确立对宗教团体及附属事业的管理登记制度，进一步加强了对教会大学的管理。1951 年 1 月，根据政务院的《决定》，教育部颁布了《教育部关于处理接受美国津贴的教会学校及其他教育机关的指示》。该指示规定：

① 毛泽东：《毛泽东选集》（第 4 卷），人民出版社，1991，第 1506 页。

② 中共中央文献研究室编：《建国以来重要文献选编》（第 1 册），中央文献出版社，1992，第 10—11 页。

③ 顾来红、刘丽华：《建国初期我国私立大学的国家策略分析》，《南京理工大学学报（社会科学版）》2006 年第 6 期。

④ 中共中央文献研究室编:《建国以来重要文献选编》(第 1 册), 中央文献出版社, 1992, 第 411 页。

接受其他外国津贴的学校个别政治上十分反动者应收归自办，一般的履行登记（专门登记处），加强管理。……在处理过程中，一律维持学校现状，不迁校，不合并，不调整院系。[①]

显然，在中华人民共和国成立前夕和初期，中国政府对教会大学的政策不是彻底排除，而是以接收与改造为主。

（二）具体改造形式

1. 学校性质调整

到 1951 年年底，所有接受外国津贴的高等学校，都由中央人民政府接收，其接收后改为公办的有 11 所：燕京大学、津沽大学、协和学院、铭贤学院、金陵大学、金陵女子文理学院、协和大学、华南女子学院、华中大学、文华图书馆专科学校、华西协合大学。接收后改为中国人自办，仍维持私立、政府予以补助的有 9 所：沪江大学、震旦大学、东吴大学、震旦女子文理学院、之江大学、圣约翰大学、齐鲁大学、岭南大学、求精商学院。

2. 人事调整

学校行政领导必须由中国人担任，鼓励外籍教师回国，当然一些特别人员也被要求留下来。中国人接替西方人担任行政领导的工作进行得很顺利。新成立的董事会全部都是中国人，外籍人员也可以参加，但没有表决权。各校都成立了校务委员会，由教员、行政领导人、学生等代表组成。各校取消了训导处，改设学生生活辅导委员会。

3. 课程调整

1949 年 9 月，华北高等教育委员会举行了华北各个学校公共必修课之一的辩证唯物论与历史唯物论座谈会，北京大学、清华大学、燕京大学等校教授热烈讨论，并一致同意教学目的是："要使同学从教学中初步领会并开始建立无产阶级的立场、观点、方法，特别着重培养劳动观点、群众观点、阶级斗争的观点、分析与处理矛盾与实事求是、调查研究的方法与作风。"[②]1949 年 10 月，华北高等教育委员会发布了《各大学专科学校文法学院各系课程暂

---

① 何东昌主编：《中华人民共和国重要教育文献（1949—1975)》，海南出版社，1998，第 75 页。

② 《华北高教委会召集平津各大学教授研究辩证历史唯物论教学方法》，转引自叶张瑜：《建国初期教会大学的历史考察》，《当代中国史研究》2001 年第 3 期。

行规定》，进一步强调开展新民主主义的教育，明确废除“国民党党义”“六法全书”等课程，规定文法学院的必修课是辩证唯物主义与历史唯物主义、新民主主义和政治经济学。宗教课程只能被作为选修课，不得强迫学生学习宗教课。[①] 从此，教会大学的宗教目的彻底被取消。1950 年 7 月，政务院发布了《关于高等学校领导关系的决定》的文件，明确规定高等教育唯一合法的目的，就是为国家建设培养人才，要求毕业生具有科学与技术能力和为人民服务的思想。

二、合并而消失

（一）中美关系的极度恶化

由于中国没有按照美国意愿来建构自己的身份，不符合美国的长期利益，中华人民共和国成立后，美国人眼里的中国就成了“不可饶恕的敌人”[②]。于是，美国拒绝承认中国政府，对我国进行政治上孤立、经济文化上封锁、军事上围攻的政策。美国国内泛滥着一股反对共产主义的浊流——麦卡锡主义（McCarthyism）。相应地，中国共产党也努力清除美国在华势力。特别是朝鲜战争爆发后，中国政府更加彻底、全面地清除亲美、崇美或恐美思想。

1949 年 8 月《美中关系白皮书》的发表和随后毛泽东对白皮书的批判，标志着中美对抗的开始。1950 年 4 月，美国官方人员全部撤离。近两个月后爆发的朝鲜战争，则直接导致中国与美国兵戎相见，两国和解的大门从此关闭，随之而来的是中美 20 多年的敌对的、不自然的、隔离的状态。

由于教会大学与美国的渊源关系最为密切，随着中美关系的极度恶化，教会大学必然面临着被中国政府的排斥与收并。

（二）合并而消失

中华人民共和国成立初期，在全面学习苏联的背景下，我国高等教育进

① 何东昌主编：《中华人民共和国重要教育文献（1949—1975）》，海南出版社，1998，第 62—63 页。
② [美] 迈克尔·谢勒：《二十世纪的美国与中国》，徐泽荣译，生活·读书·新知三联书店，1985，“引言”第 1 页。

行新一轮的大改造，全部按苏联教育模式组建大学结构。1952 年 5 月，教育部公布了《关于全国高等学校 1952 年的调整设置方案》，确定了“以培养工业建设人才和师资为重点，发展专门学院和专科学校，整顿和加强综合性大学”[①]的指导思想和方针。根据这一方案，各地私立大学全部取消，师资、图书设备、校舍等全部统一调配，一种是并入他校组成新的大学，另一种是改变校名直接归为公办。到 1952 年年底，所有的教会大学专业、人员被合并到公立大学。

1952 年的院系调整，以全面模仿苏联的高等教育体系为主要目标。伴随着院系调整的进行，与美国关系十分密切的教会大学纷纷被拆分，其院系被分解到其他有关院校之中。如燕京大学文理学院并入北京大学，工学院并入清华大学，校名取消，校舍、校产归北京大学。1952 年 6 月至 9 月，大规模的高校院系调整工作全面展开。到 1952 年年底，全国有四分之三的高校进行了合并、撤建、改制及新建等不同措施的大调整。经过高校院、系、科大调整，全国高校由 201 所减为 182 所，其中综合性大学 14 所、师范高校 31 所、工业院校 38 所、医药院校 29 所、农林院校 29 所、语言院校 8 所、财经院校 6 所、政法院校 4 所、体育院校 4 所、艺术院校 15 所、少数民族院校 3 所以及其他院校 1 所。教会大学由此不再存在，昔日教会大学并入现今大学见表 2–2。

表 2–2　教会大学并入现今大学情况一览表

序号	昔日教会大学	现今大学
1	燕京大学、辅仁大学	北京大学
2	燕京大学	清华大学
3	辅仁大学	北京师范大学
4	津沽大学、燕京大学	天津大学
5	齐鲁大学	山东大学
6	齐鲁大学	山东师范大学
7	金陵大学、齐鲁大学	南京大学

① 中共中央文献研究室编：《建国以来重要文献选编》（第 3 册），中央文献出版社，1993，第 346 页。

续表

序号	昔日教会大学	现今大学
8	金陵大学、之江大学	东南大学
9	金陵大学	南京师范大学
10	东吴大学	苏州大学
11	津沽大学	南开大学
12	圣约翰大学、沪江大学、东吴大学、震旦大学	华东师范大学
13	震旦大学、沪江大学、圣约翰大学、金陵大学	复旦大学
14	沪江大学、震旦大学	上海交通大学
15	圣约翰大学、之江大学、震旦大学	同济大学
16	同德医学院、圣约翰大学、震旦大学	上海第二医科大学
17	东吴大学、圣约翰大学、沪江大学、震旦大学	华东政法大学
18	沪江大学、圣约翰大学、东吴大学	上海财经大学
19	华中大学	华中师范大学
20	之江大学	浙江大学
21	湘雅医学院	中南大学
22	华西协和大学	四川大学华西医学中心
23	华南女子文理学院、福建协和大学	福建师范大学
24	岭南大学	中山大学

资料来源：参考王忠欣著的《基督教与中国近代现代教育》（湖北教育出版社，2000）提供的信息整理而成。

正如有关研究者所指出："随着我国自办高等教育的后来居上和中西文化交流中介的日益多元化，教会大学不仅丧失了在中国高等教育领域一度曾有过的垄断地位，而且难以左右中国现代教育的取向，普遍经历了一个从开拓者到追随者，从主角到配角的角色变化。"[①]

① 徐以骅：《教育与宗教：作为传教媒介的圣约翰大学》，珠海出版社，1999，第 302 页。

第三章

全面振兴：改革开放后的中外合作办学（1978—2016）

党的十二届三中全会把实行对外开放确定为我国长期的基本国策。高等教育国际化是对外开放的重要有机组成部分，中外合作办学开始逐步进入一个有序、规范、全面、快速的发展时期。从1978年至2016年近40年的时间里，以1995年为界，中外合作办学的发展分为缓慢恢复与加速发展两个时期。缓慢恢复时期的中外合作办学呈现出规模小、学历教育少、政策相对缺位、管理比较粗放等特点。中美高校合作办学开创了当代中外高校合作办学的先河。加速发展时期的中外合作办学尤其凸显了规模与规范并重、境内与境外并举等发展新特点。中外合作办学不仅成为世界一流大学的标志性特征之一，也是世界一流大学的本体性功能之一，还是创建世界一流大学的重要途径之一。

第一节　中外合作办学快速发展的历史背景

一个时代的对外文化教育交流与合作，总是与这个时代对外开放程度密切相关。而一个时代的开放程度，与这个时代所受的开放思想的影响程度成正比例关系。改革开放以来，中国历届国家领导人高度重视对外开放，他们的对外开放思想引领着中国在风云变幻、纷繁复杂的国际环境中，以更加高远的智慧、开放的胸襟和更加积极的态度开展各种国际合作。中外合作办学事业开始进入一个有序、规范、全面、快速的发展时期。

一、全球化进程的加快

进入 20 世纪 90 年代，随着冷战的结束，以经济为主导的全球化进程挟信息化之风而迅疾推进，成为当代的一个宏大话题。在安东尼·吉登斯（Antony Giddens）[①] 看来，所谓全球化，首先指的是全球交往体系的形成。在这样一个交往体系中，时空的边界进一步拓展了，个体和集体的生活领域也大大开放，个体的一举一动都与全球化处于紧密的联系中。在全球化进程中，个体与个体、个体与集体、个体与社会、本土与全球、民族国家与世界体系等之间产生一系列张力关系。

随着全球化进程不断加快，各国之间的依赖程度越来越强烈，为增进各国人民的相互了解，促进共同发展，就需要培养大批具有国际视野、知识和沟通能力的高素质人才。同时，随着经济全球化的深入推进，服务贸易迅猛发展，高等教育作为一种服务产业被 WTO（世界贸易组织）纳入了服务贸易

① 英国当代著名社会学家，剑桥大学社会与政治系教授，他在《现代性的后果》（*The Consequences of Modernity*）一书中对全球化进行了深入的分析，有关观点具有一定的代表性和较大的影响。

总协定，成为服务贸易的重要组成部分。2001 年，中国加入了 WTO，逐渐融入世界经济的大环境，不仅参与经济的竞争，也参与人才的竞争，人才竞争之重在于教育。我国加入 WTO，对教育服务的承诺是部分承诺，在项目上不包括军事、警察、政治和党校等特殊领域的教育和义务教育。除上述特殊领域和义务教育外，我国在初等、中等、高等、成人教育及其他教育服务等五个项目上做出承诺，允许商业存在，即允许中外合作办学。

二、对外开放理论的推动

（一）邓小平的对外开放思想

1. 确立对外开放为长期的基本国策

在毛泽东对外开放思想的基础上，邓小平将对外开放提高到基本国策的高度。他是我国对外开放政策的总设计师，在我国改革开放历史上写下了浓墨重彩的一笔。

他不仅提出“中国的发展离不开世界”这个科学论断，而且也首次提出“开放”这个概念，并结合我国具体实际，把“对外开放”从政策上升到国策的高度，在党的十二届三中全会上，以会议决议的形式首次把对外开放确定为我国的长期的基本国策，这标志着邓小平对外开放思想的正式确立。到中共十四届五中全会召开，邓小平的对外开放思想已臻于完善并成熟发展。

2. 教育的“三个面向”思想

20 世纪 80 年代，求真务实的改革新风徐徐吹来，邓小平关于“教育要面向现代化，面向世界，面向未来”的“三个面向”的题词[①]，引起了强烈反响。1985 年 5 月《中共中央关于教育体制改革的决定》再一次提到，教育必须“面向现代化、面向世界、面向未来”。这个令人耳目一新的“三个面向”可以说是邓小平教育思想的灵魂，虽语言简短，但内容博大精深，指明了我国教育的战略方向和发展趋势。其中的“面向世界”更为我们发展中外合作办学提供了动力。“教育面向世界”阐述了中国教育与世界教育之间的辩证关系，

---

① 邓小平：《邓小平文选》（第 3 卷），人民出版社，1993，第 35 页。

其不仅对于加强国际交流与合作，向国际先进的教育水平学习，培养对外开放所需的人才具有重要意义；更重要的是要在借鉴世界先进经验的基础上发展自身，增强软实力，建设能与国际水平相媲美的中国自己的现代化教育。

（二）江泽民的对外开放思想

1.“进一步扩大开放”观念

江泽民坚持并发展了邓小平把时代特征和国家发展战略作为制定对外开放政策依据的思想，在1989年庆祝中华人民共和国成立四十周年大会上就发表了重要讲话，指出：“我们要进一步发扬勇于探索、勇于创新的精神，把改革开放事业继续推向前进。”[①]1992年，江泽民根据党的十四大明确宣布的经济体制的改革目标，把“进一步扩大对外开放，更多更好地利用国外资金、资源、技术和管理经验”[②]作为必须努力实现的主要任务之一。由此，我国对外开放作了一系列重大改革和政策调整。1997年，江泽民在党的十五大报告中发出了新的号召：“我们要以更加积极的姿态走向世界，完善全方位、多层次、宽领域的对外开放格局……”其主张从要“进一步对外开放”发展到“完善对外开放新格局”。

2.“走出去”观念

2000年3月7日，江泽民在参加九届全国人大三次会议上海代表团的全体会议中，对“走出去”战略又有了新的阐述，他指出：随着我国经济的不断发展，我们要积极参与国际经济竞争，并努力掌握主动权。必须不失时机地实施“走出去”的战略，把“引进来”和“走出去”紧密结合起来，更好地利用国内外两种资源、两个市场。[③]这一次的阐述，为“走出去”战略注入了新的内涵。“走出去”战略写进党的第十六次全国代表大会的政治报告，标志着江泽民对外开放思想的继续发展。江泽民在此报告中也充分阐述了实施“走出去”与“引进来”相结合战略的重大意义，这不仅是江泽民对外开放思想在新时期完善并继续发展的重要标志，也是我国对外开放在新阶段的重大发展。

---

① 江泽民：《在庆祝中华人民共和国成立四十周年大会上的讲话》，载《十三大以来重要文献选编》（中），人民出版社，1989，第619页。

② 江泽民：《江泽民文选》（第1卷），人民出版社，2006，第230页。

③ 《江泽民“走出去”战略的形成及其重要意义》，人民网。

（三）胡锦涛的对外开放思想

1.“统筹国内发展和对外开放”观念

胡锦涛在继承和发展毛泽东、邓小平、江泽民对外开放思想的基础上做出了进一步的努力探索。

这一时期，党和国家用全球战略眼光审视国内发展和对外开放，使对外开放更好地促进国内改革发展。党的十六届三中全会提出了要统筹国内发展和对外开放。在党的十七大报告中，胡锦涛总书记提出要“深化沿海开放，加快内地开放，提升沿边开放，实现对内对外开放相互促进”[①]。同时，还在更大范围、更广领域和更高层次上参与国际经济技术合作和竞争，优化资源配置，以开放促发展，在不断发展中扩大开放。

2.“实施互利共赢的开放战略”观念

互利共赢是合作、共赢、共同发展的开放观，既通过开放谋求中国的利益，同时也关注其他竞争国的发展和利益，从而与各国共享全球化的利益，共创竞争中的世界和谐。胡锦涛指出，“要坚定不移地实施对外开放的基本国策和互利共赢的开放战略，在更大范围、更广领域、更高层次上参与国际经济技术合作和竞争，充分利用国际国内两个市场、两种资源，充分运用经济全球化和区域合作提供的各种有利条件，促进国家现代化建设”[②]。需要强调的是，胡锦涛提出的互利共赢的开放战略，紧紧把握经济全球化趋势下日益复杂的关系，在对外开放中更多地考虑多边贸易体系中的责任，也更加充分地展现了一个经济大国负责任的风范。

（四）习近平的对外开放思想

1. 进一步开放发展的思想

习近平的对外开放思想是在毛泽东、邓小平、江泽民、胡锦涛的对外开放思想的基础上发展起来的。他高瞻远瞩，在深刻分析经济全球化历史进程的特点、当前中国发展所面临的外部机遇和挑战等要素的基础上，对中国的对外开放思想有了进一步的创新性发展，阐述了很多新的思想，丰富和发展

---

① 胡锦涛：《胡锦涛文选》（第2卷），人民出版社，2016，第634页。
② 《中央外事工作会议举行，胡锦涛作重要讲话》，人民网。

了中国特色社会主义理论体系的对外开放理论。党的十八届五中全会提出了开放发展的理念，指出："开放是国家繁荣发展的必由之路。必须顺应我国经济深度融入世界经济的趋势，奉行互利共赢的开放战略，坚持内外需协调、进出口平衡、引进来和走出去并重、引资和引技引智并举，发展更高层次的开放型经济，积极参与全球经济治理和公共产品供给，提高我国在全球经济治理中的制度性话语权，构建广泛的利益共同体。"[①]之后，习近平总书记多次阐明了开放发展的重要意义及基本内涵。2015 年 10 月 29 日，他在党的十八届五中全会第二次全体会议上指出，"我们必须坚持对外开放的基本国策，奉行互利共赢的开放战略，深化人文交流，完善对外开放区域布局、对外贸易布局、投资布局，形成对外开放新体制"[②]。

2. 构建命运共同体

2013 年在莫斯科国际关系学院的演讲中，习近平第一次在外交场合阐释了命运共同体的思想。命运共同体的核心思想是：当今世界，各国相互依存、休戚与共，各国相互联系的程度空前加深，任何一个国家的发展都离不开其他国家的发展，人类生活在同一个地球村里，生活在历史和现实交汇的同一个时空里，越来越成为你中有我、我中有你的命运共同体；要树立双赢、多赢、共赢的新理念，扔掉我赢你输、你赢我输或者赢者通吃的旧思维；共同维护和发展开放型世界经济，必须反对各种形式的保护主义，维护自由、开放、非歧视的多边贸易体制；各国要充分发挥自身的比较优势，共同优化全球经济资源配置，完善全球产业布局，建设利益共享的全球价值链，减少高端价值链对于低端价值链的损害，培育普惠各方的全球大市场，实现互利共赢的发展。

3. 提出"一带一路"倡议

"一带一路"倡议是扩大开放的重大战略举措和经济外交的顶层设计。习近平提出，"一带一路"是在新的历史条件下实行全方位对外开放的重大举措，是推行互利共赢的重要平台。我们必须以更高的站位、更广的视野，

① 《关于〈中共中央关于制定国民经济和社会发展第十三个五年规划的建议〉的说明》，人民网。
② 习近平：《在党的十八届五中全会第二次全体会议上的讲话（节选）》，《求是》2016 年第 1 期。

在吸取和借鉴历史经验的基础上，以创新的理念和创新的思维，扎扎实实做好各项工作，使沿线各国人民实实在在感受到“一带一路”给他们带来的好处。“一带一路”是实现中国梦的同时造福各国人民的共赢之路。

三、高等教育事业的发展

（一）中国高等教育的发展历史与现状

1978年，我国确立了改革开放的基本国策，这一国策推动了我国高等教育的迅速发展。我国高等教育的改革大致可以划分为改革启动、改革探索、改革深化和综合改革四个阶段。

第一阶段为改革启动阶段。1978年十一届三中全会后，我国教育领域否定“两个估计”，为新时期高等教育发展奠定了思想理论基础。1985年5月，党中央、国务院召开了第一次全国教育工作会议。会议围绕《中共中央关于教育体制改革的决定》展开讨论，研究实行教育体制改革的步骤和措施。这是我国第一次提出“扩大高等学校的办学自主权”的问题。这在高等教育管理体制的认识上是一次大飞跃，标志着我国社会主义高等教育事业进入了全面改革的新时期。

第二阶段为改革探索阶段。1993年2月，中共中央、国务院颁布了《中国教育改革和发展纲要》，强调在经济体制改革的总背景下，深入推进高等教育体制改革。这一阶段的高等教育改革的重点，是要促进多种形式的联合办学，逐步改变高等学校“条块分割”办学和管理体制方面存在的弊端；以扩大办学自主权、吸纳社会力量、探索市场化改革为主题。这一阶段的高等教育改革在继续落实《中共中央关于教育体制改革的决定》的基础上，全面探索在社会主义市场经济体制下高等教育领域的各项改革，从而直接促成了20世纪90年代高等教育大发展的局面。

第三阶段为改革深化期。1999年1月，国务院批转教育部制定了《面向21世纪教育振兴行动计划》。同年6月，中共中央、国务院公布《关于深化教育改革全面推进素质教育的决定》（以下简称《决定》）。《决定》标志着我国高等教育进入了深化改革的新时期。这一阶段的高等教育改革，以人才培养模式及结构改革为重点，顺应了经济社会发展目标和国际竞争形势，为21世纪初的高等教育改革指明了方向。

第四阶段为综合改革阶段。这一阶段的教育改革是以《国家中长期教育改革和发展规划纲要（2010—2020年）》（以下简称《纲要》）作为指导我国教育改革和发展的纲领性文件。《纲要》以“努力提升高等教育质量、构建和完善大众化时代的高等教育制度体系”为核心，提出了当前以及未来一段时期内高等教育改革发展的主要任务。这一时期的改革特别强调了加强教学改革，不断提升教学质量；优化结构方面的改革，包括建立动态调整机制，不断优化高等教育结构，建立高校分类体系，实行分类管理，加快一流大学和一流学科建设。《纲要》的颁布，标志着我国高等教育改革进入综合改革和质量提升的新时期。

改革开放以来，随着高等教育改革的不断深化，我国高等教育取得了巨大的成就。以2016年为例，高等教育毛入学率从1978年不到1%提高到2016年的42.7%，高等教育规模居世界前列。高等教育机构数量的增加，从1949年我国仅有的普通高校205所，到2016年各级各类高校数达到4486所，普通高校在校本专科学生数量达到2695.84万人，普通高校专任教师数量达到160.19万人。[①]所有这一切，都充分反映了我国社会主义教育事业的蓬勃发展，人民生活水平和受教育程度的不断提高。

（二）中国高等教育的发展趋势

1. 大众化

高等教育大众化这一概念，最早由美国著名教育社会学家马丁·特罗（Martin Trow）在1973年6月的巴黎“中等后教育的未来结构研讨会”上提出。会上他发表了《从精英教育向大众高等教育转变中的问题》一文，从西方国家高等教育大众化的发展史实出发，阐述了高等教育发展的“精英、大众、普及”三个阶段。他的这一关于高等教育发展的观点，被称为“高等教育发展阶段学说”，在国际上有着广泛的影响。到今天，高等教育大众化已成为一种全球性发展趋势。

---

① 《2016年教育统计数据》，中华人民共和国教育部网站。

推动高等教育大众化的原因，首先源于社会发展和公众对高等教育的需求日益强烈，其次是经济发展提供了物质基础，最后是高等教育自身发展逻辑规律使然。发达国家的发展经验告诉我们，要建成经济强国，必须先建成教育强国。推进高等教育大众化是建设教育强国的重要措施。

2016年，我国各类高等教育在学总规模已达到3699万人。种种迹象表明，我国的高等教育已开始由“精英教育”走向“大众化”、逼近“普及化”。更多的人有机会接受高等教育，这和世界高等教育发展的大趋势比较吻合。

但高等教育大众化并不意味着高等教育质量的下降，而且，即使在高等教育大众化时代也不排斥精英型教育的存在，两者可以并存不悖。但两者的质量评估体系是不同的。我们不能用单一的精英教育阶段的质量观，来衡量大众化阶段的高等教育质量和水平。[①] 无论如何，大众化高等教育不能意味着降低教育质量，相反，大众化高等教育更要以质量求生源、保生存。中外合作办学可以整合更优质、更广泛的教育资源，更多样化的教育途径为学生的成长服务，对大众化高等教育的质量保障起着积极的促进作用。

2. 国际化

高等教育的国际化，是指一个国家的高等教育在国际意识、开放观念的指导下，通过开展国际性的多边交流、合作与援助等活动，而不断促进国际社会理解、提高国际学术地位、参与国际教育事务、促进世界高等教育改革与发展的过程与趋势。高等教育的国际化是实现“三个面向”的重要途径，是建设高水平大学的迫切需要。

实施开放办学是推进高等教育国际化的根本动力。需要办学者树立开放办学理念，打造国际化的师资队伍，建设世界一流的教学设施，构建国际化的课程方案。而要实现这些，加强中外合作办学就是一个重要途径。中外合作办学，成为我国高等教育国际化的重要发展形式和推动力。

3. 多样化

高等教育多样化的内涵十分丰富，如高等教育体制的多样化、高等教育结构的多样化、高等教育专业设置的多样化以及高等教育学籍管理制度的多

---

① 卢晓中:《当代世界高等教育理念及对中国的影响》，上海教育出版社，2001，第195—196页。

样化等。但高等教育多样化最核心的内涵，应集中体现在高等教育的特色化。所谓特色，即“事物所表现的独特的色彩、风格等”[①]。高等教育的特色化，“则是指高校在办学过程中对那些适应社会、经济发展需要，符合教育规律，利于自身生存与发展的‘特色’的自觉追求”[②]。

中外合作办学作为一种高等教育模式在我国迅猛发展，其对促进高等教育多样化发展意义重大：它有力地促进了我国高等教育市场办学主体多样化的形成，为广大受教育者提供了更多的、可供选择的、多样化的教育供给，如多样化的专业、多样化的课程、多样化的学习途径等。

4. 世界一流化

拥有世界一流大学不仅是高质量教育服务的标志，更是培养高水平人才和发展科学技术的需要，关乎国家和民族的兴旺发达。随着我国进入以建立社会主义市场经济体制为中心的新发展阶段，以及经济全球化飞速发展，国际竞争日趋激烈，创建世界一流大学日益成为我国政府热切关心的问题。在北京大学100周年校庆的讲话中，江泽民明确提出了创建世界一流大学的宏伟目标，将其提到了我国高等教育改革和发展的重要位置。2014年5月4日，习近平在北京大学师生座谈会上进一步提出了要坚定不移地建设世界一流大学的要求。为了贯彻落实习近平总书记这一重要指示精神，2015年8月18日，中央全面深化改革领导小组第十五次会议审议通过了国家教育体制改革领导小组推出的《统筹推进世界一流大学和一流学科建设总体方案》。该方案系统规划了中国加快建成一批世界一流大学和一流学科跻身世界高等教育强国的路线图，明确“到本世纪中叶，一流大学和一流学科的数量和实力进入世界前列，基本建成高等教育强国”[③]的发展目标。这使“双一流”建设工作的思想更加统一、路径更加清晰、目标更加明确，即通过政府、高校和社会的共同努力，使我国高等教育达到世界先进水平。这对于21世纪我国高等教育发展，对社会主义现代化建设，皆具有重要的战略意义。

---

① 中国社会科学院语言研究所词典编辑室编：《现代汉语词典》（第7版），商务印书馆，2016，第1281页。

② 卢晓中：《当代世界高等教育理念及对中国的影响》，上海教育出版社，2001，第199页。

③ 国务院印发《统筹推进世界一流大学和一流学科建设总体方案》，新华网。

中外合作办学对建设世界一流大学有着特殊的意义。其一，中外合作办学是世界一流大学的标志性特征之一。凡世界一流大学必须具有国际教育交流特性，是一个国际共同体，即拥有大批世界各地的留学生，有自世界各地招聘来的高水平教授，不断推动人类文明的交融与创新，实现人类知识资源的共享。其二，中外合作办学是世界一流大学的本体功能之一。世界一流大学的本体功能，是指世界一流大学自身直接具有的功能，或可看成世界一流大学的职能。世界一流大学是知识的堡垒，是思想的蓄水池，更是文化教育交流的最佳媒介与桥梁，具有国际教育交流的本体功能。从历史上看，哪里有一流大学，哪里就成为教育的主导而成为教育交流的中心，对他国教育产生重大影响。其三，中外合作办学是创建世界一流大学的重要途径之一。纵观世界一流大学的成长，我们可以发现，世界一流大学的生命力不仅在于一流大学自身改革和本民族文化的积淀，更在于不同民族和国家之间教育交流的推动。

浙江大学田正平教授在谈到中国的教育交流与创建世界一流大学的关系时也指出："建设世界一流大学问题本身就是一个世界视野中的问题，世界一流大学建设问题的提出、建设工作的启动等，都离不开对国外一流大学经验的借鉴，从这个意义上说，世界一流大学的创建离不开中外教育交流。"[①] 言中之意，表明了中外合作办学是创建我国世界一流大学的重要途径之一，创建世界一流大学的任务已经超出了一个学校和一个国家的范围，必须要在国际教育交流的进程中实现。

第二节　境内中外合作办学的实践探索

改革开放后的中外合作办学，空间上向境内外不断拓展延伸，时间上以 1995 年为界大致可以分为两个阶段：第一阶段是缓慢恢复时期，时间从

① 田正平主编：《中外教育交流史》，广东教育出版社，2004，第 1253 页。

1978 年至 1994 年；第二阶段是加速发展时期，时间自 1995 年以来。中外合作办学的发展历程之所以以 1995 年为界，主要是从 1995 年对于中外合作办学发展的特殊意义来考虑的。当年，两个法规的出台标志着中外合作办学的发展有了坚实的法律基础，并有了比较明确而系统的政策引导和规范的管理保障。一个是 1995 年 3 月第八届全国人民代表大会第三次会议通过的《中华人民共和国教育法》，其中关于中外合作办学的有关规定标志着中外合作办学已发展到一个独立的、专门的、被严格规范的教育活动及学术领域，标志着中外合作办学正式进入“有法可依”的发展阶段。另一个是国家教委于 1995 年 1 月颁布的《中外合作办学暂行规定》。该规定是第一个专门的、正式颁布的中外合作办学法规。该规定充分肯定了中外合作办学的地位和意义，并为中外合作办学提供了可以遵循的法律依据。从此，中外合作办学朝着规模化、规范化的方向快速发展。中外合作办学进入了一个新的发展时期。

一、缓慢恢复阶段的中外合作办学（1978—1994）

（一）中外合作办学的相关政策

1978 年召开的十一届三中全会扭转了乾坤，“中国开始大胆地向现代化迈进并扩大对外交流”[①]。1978—1994 年，中国政府出台了一系列对外教育交流的新政策（详见表 3-1）。虽然此时期还没有出台正式的、专门的关于中外合作办学的政策，但这些政策是推动中外合作办学的基础。

表 3-1　1978—1994 年间我国相关对外教育交流与合作政策一览表

序号	政策名称	颁发时间及部门
1	《关于在科技领域加强对联合国教科文组织的利用问题的请示》	1978 年 3 月教育部及国家科委等部门
2	《中华人民共和国政府和美利坚合众国政府科学技术合作协定》	1979 年 1 月中美两国政府

① ［美］迈克尔·谢勒：《二十世纪的美国与中国》，徐泽荣译，生活·读书·新知三联书店，1985，第 263 页。

续表

序号	政策名称	颁发时间及部门
3	《关于加强外国教材引进工作的规定和暂行办法》	1979年2月教育部、外交部、财政部
4	《关于开展校际交流的几点意见》	1979年6月教育部、外交部
5	《出国留学人员管理教育工作的暂行规定（试行）》	1979年6月教育部、国家科委、外交部
6	《关于增选出国留学生的通知》	1979年8月教育部
7	《关于试行出国留学人员经费开支规定（国外经费部分）》	1979年8月教育部、财政部等部门
8	《关于聘请外籍学者为名誉教授的几点意见》	1980年9月教育部
9	《关于聘请外籍客座教授的意见》	1980年10月教育部
10	《关于加强出国留学预备人员培训工作的意见》	1982年1月教育部
11	《出国留学预备人员培训工作部管理教育工作暂行规定》	1982年1月教育部
12	《中华人民共和国教育部与德意志联邦共和国汉斯·赛德尔基金会合作协议》	1983年3月中德两国教育部
13	《中共中央关于教育体制改革的决定》(内含“保证教育体制改革的顺利进行”部分的规定：加强中外交流)	1985年5月中共中央
14	《中华人民共和国政府和美利坚合众国政府教育交流合作议定书》	1985年7月中美两国政府
15	《关于加强合作项目学校建设的意见》	1986年11月国家教委
16	《中苏1988—1990年教育合作计划》	1987年4月中国国家教委与苏联国家教育部
17	《中国教育改革和发展纲要》（其中的第九条有关内容）	中发〔1993〕3号
18	《关于境外机构和个人来华合作办学问题的通知》	1993年6月国家教委内部发布
19	《国务院关于〈中国教育改革和发展纲要〉的实施意见》	国发〔1994〕39号

资料来源：由作者爬梳此阶段各种教育文件汇编、报刊整理而成。

这一时期，对中外合作办学影响最大的教育政策有以下几个：

一是1982年修订的《中华人民共和国宪法》。《中华人民共和国宪法》规定，国家鼓励集体经济组织、国家企事业组织和其他社会力量依照法律规定举办各种教育事业。这一规定，从办学主体上打破了政府单一的办学体制，允许社会力量参与兴办教育，为中外合作办学奠定了宪法基础。

二是1985年出台的《中共中央关于教育体制改革的决定》（以下简称《决定》），为中外教育交流合作提供了政策依据。该《决定》是改革开放以来第一个关于教育改革的重要法规。《决定》指出："要通过各种可能的途径，加强对外交流，使我们的教育事业建立在当代世界文明成果的基础之上。"从此，我国的对外教育交流进入一个新的阶段，交流的规模日益扩大，交流的形式日益丰富。

三是1993年颁布的《中国教育改革和发展纲要》（以下简称《纲要》）。《纲要》规定：

> 进一步扩大教育对外开放，加强国家教育交流与合作，大胆吸收和借鉴世界各国发展和管理教育的成功经验。……加强我国高等学校同外国高等学校的交流与合作，开展与国外学校或专家联合培养人才、联合进行科学研究。……
>
> 在国家有关法律和法规的范围内进行国际合作办学。

这个《纲要》的颁布对中外合作办学具有重大意义，"国际合作办学"字眼首次在国家法规文件里出现并得到了肯定。

四是1993年6月国家教委颁布的《关于境外机构和个人来华合作办学问题的通知》（以下简称《通知》）。该《通知》是我国第一个专门关于中外合作办学的文件，虽然当时只是内部发布，但该《通知》在中外合作办学史上具有特殊的意义，标志着国家对中外合作办学开始正式规范化管理，为接下来制定中外合作办学的政策打下了基础。

五是1994年7月颁布的《国务院关于〈中国教育改革和发展纲要〉的实施意见》（以下简称《意见》）。该《意见》明确提出："进一步加强国际教育交流与合作，扩大教育对外开放，吸收与借鉴世界各国发展教育的成功经验和人类科学文化成果。积极开拓对外交流渠道，争取对我国发展教育的资助与合作项目，支持和发展学校和科研机构的国际学术交流与合作。”这一文件明确了合作办学的使命与任务。

（二）**中外合作办学的实践活动**

中国同外国在办学方面最初的合作，主要是在我国政府和高校与联合国的有关组织及美国、英国、德国、法国、加拿大、澳大利亚等发达国家的教育机构之间开展。在高校科研领域的合作项目也有一定的发展。

20世纪80年代初期开始的“中英技术合作项目”，其目的在于促进两国高校在科学技术领域的合作，初期以人员派出培训为主，后期以合作项目为主、人员派出为辅。

1979—1980年，我国政府与联合国开发计划署签署了关于“加强部分重点大学的人才培养和科学研究”等四个合作项目的相关文件；随后，双方又分别于1987年和1990年签署了有关高等教育合作的协议。

1980年成立的全国工业科学和技术管理中心（The National Center for Industrial Sciences and Technology Management Development），是中美两国政府的一项大规模的教育合作项目。该项目由我国国家经委、国家科委、教育部与美国商业部联合管理并提供经费。其建立的目的，主要是对我国各地选派来的企业管理人员和少数高校教师进行工商管理硕士水平培训，培训教师是来自美国19所大学的教授以及美国私人公司和政府部门人员。1980年12月，首期讲习班20名成员结业。中方认为，通过培训，学员们企业管理的素养得到了很大的提高。到1983年，已有600名中国管理人员学完这个课程。①

1981年9月，经国务院批准，在南京大学成立了南京大学与美国约翰斯·霍普金斯大学联合成立的南京大学中美文化研究中心，当时是作为政府间特殊合作计划成立的，1986年正式招生。它是我国改革开放后第一个中外合作办学机构，也是中外合作办学较富成效的机构之一，以培养从事中美两国和国际事务的高级专门人才为办学宗旨。迄今为止，两校间的这一创造性合作以及中美文化研究中心的运作方式，在全国仍是独一无二的。在南京大学中美文化研究中心成立20周年典礼上，时任江苏省委书记李源潮在致辞中说：“中

① 陈学飞主编：《高等教育国际化：跨世纪的大趋势》，福建教育出版社，2002，第257页。

美文化研究中心开创了中美合作办学的先河，为中外文化的交流作出了积极的贡献。”

1982 年上海交通大学与美国宾夕法尼亚大学沃顿商学院建立了全面校际合作关系。上海交通大学工业管理系与宾夕法尼亚大学沃顿商学院开始对口合作，旨在帮助恢复建立管理学院。宾夕法尼亚大学派出管理学科的 20 多名教师前来授课、指导论文，并合作开设计算机科学和工业管理双学位硕士班，两校设立合作基金 30 万美元。1983 年，首批双硕士学位学生毕业。1984 年，管理学院恢复。1990 年，两校合作举办首届高级管理人员进修班，由美国著名大学工商、金融、管理教授讲学，学员来自上海地区各区、办、局主管工商、经济的高级管理人员，每年 1 期，每期学员 40 人。[①] 这是改革开放后最早的非独立设置机构形式、进行学历教育的中外合作办学。

1983 年,德国与我国签署了“中德赛德尔基金会合作项目”,提供部分资助，在南京设立了建筑业培训中心。

1983 年，我国与加拿大国际发展署签署了“中加大学管理教育项目”，为了加强中方高校经济管理专业，规定中加大学间的合作内容包括双方高校在华合作培养工商专业硕士、双方高校联合培养博士。

1983 年，教育部、司法部及北京大学、中国人民大学等大学的代表同美国中美法学教育交流委员会、福特基金会的代表，签订了关于中美法学教育合作项目的相关文件。1984 年 11 月，在北京大学举办了为期两周的法学图书管理培训班，我方参加的学员为 20 人，美方选派了两名教授负责选择教材和授课。1985 年，在北京大学举办了“重大问题国际法研讨会”。

1984 年，中国教育部与美国福特基金会签订了“中美经济学教育项目”协议。其宗旨是通过中美双方少数大学之间进行合作的方式，加强中国高等学校经济管理专业建设，以提高中方学校的教师水平和中方学校自己培养人才的能力。

1979 年恢复了富布莱特合作项目。1985 年《中华人民共和国政府与美利

---

① 龚思怡：《高校中外合作办学模式与运行机制的研究》，上海大学出版社，2007，第 134—135 页。

坚合众国政府教育交流议定书》将富布莱特合作项目正式纳入双方教育交流的范畴。从1985年到1990年，在中国的富布莱特学者约有96人，分布在新闻、英语、美国文学、历史、法律、美国研究、管理学、社会学等领域。[①] 中国学者或者学生亦借助富布莱特项目由美国政府资助前往美国学习。受富布莱特项目资助的中国学者主要有三类：第一类是研究者（Research Scholar），年龄一般在30—50岁，要求有高级专业技术资格和从事独立研究的能力，在美从事学术研究；第二类是研修学者（Professional Associate），要求年龄在30—45岁，具有高级职称，在美以进修课程为主，兼做研究工作；第三类是研究生，赴美攻读硕士或博士学位。在1988—1989学年，中国派往美国的富布莱特学者和学生数达到32人，为历年之最。在改革开放早期，富布莱特项目的实施，对于增进中美两国之间的互相了解产生了积极的作用。直到2016年，富布莱特项目在中国高校，特别是重点高校中的影响力很大，现有项目院校、单位达28所：清华大学、北京大学、上海外国语大学、北京师范大学、南开大学、四川大学、北京外国语大学、华东政法大学、中国政法大学、外交学院、厦门大学、中国人民大学、南京大学、中山大学、华中师范大学、武汉大学、华中科技大学、东北师范大学、大连理工大学、兰州大学、西南师范大学、华东师范大学、天津大学、山东大学、浙江大学、吉林大学、对外经济贸易大学、中国社会科学院。

1987年天津财经学院（现天津财经大学）与美国俄克拉荷马州城市大学合作举办的MBA（工商管理硕士）项目，成为我国第一个被批准授予国外学位的中外合作办学项目。[②] 天津财经学院提出“吸收、消化和创新”的要求，通过合作办学，整体引进质量合格的国外MBA师资、原版教材、案例及教学方法，培养出了一大批急需的工商管理高级人才和高级管理类师资。

1988年4月，我国同加拿大签订了“中加大学及教学医院机构合作项目”，加方投入1500万加元的援助资金，资助中加各30所大学进行校际间的合作。[③]

---

① 顾宁：《评冷战的文化遗产：中美教育交流（1949—1990）》，《史学月刊》2005年第12期。

② 林金辉、刘志平：《中外合作办学中优质高等教育资源的合理引进与有效利用》，《教育研究》2007年版第5期。

③ 卫道治主编：《中外教育交流史》，湖南教育出版社，1998，第375页。

1988年9月，经国家教委批准，德国的歌德学院在北京外国语学院内建立了歌德北京分院。分院的主要工作是进行德语培训和就德国问题举行讲座等。因为歌德学院北京分院的教学内容牵涉教育和文化两方面，因此，歌德学院北京分院的工作由当时的国家教委和文化部协调管理。

20世纪80年代后，我国许多高校与国外建立了校际合作关系，加强了教师互访、资料共享等交流合作。据统计，1982年，我国共有115所高校与外国250所高校建立了校际交流关系。这115所高校中，直属教育部的33所，约占29%；中央其他部委管理的高校39所，约占34%；省、直辖市、自治区所属高校43所，约占37%。外国的250所高校中，亚洲国家的高校42所，约占17%；非洲国家的2所，约占1%；欧洲国家的高校71所，约占28%；北美国家的高校128所，约占51%；大洋洲国家的高校7所，约占3%。其中美国高校与中国联系合作最多。

进入20世纪90年代，国外高等教育机构与我国高校之间开展的合作项目增多，金融、财会、国家税法等市场经济需要的专业成为合作办学的首选和热点。其他的合作办学热点专业还有现代设计、艺术装潢等。对于外国在意识形态方面的宣传，我国保持高度警惕。1992年国家教委发出通知，规定原则上不能接受中外合作办学，特殊情况应报国家教委批准，因此在1992—1993年间，我国中外合作办学曾一度停滞。

截至1994年年末，对20个省、自治区、直辖市进行了大致统计，经批准设立的中外合作办学项目共计70多个（主要机构/项目参见表3–2）。其中，高等学历的教育项目就有20个，高等非学历教育项目20多个，中等专业技术学院和培训项目10多个。

表3–2　1978—1994年间主要中外合作办学机构/项目一览表

序号	合作机构/项目	项目合作单位	开始时间
1	中国工业科技管理大连培训中心	大连工学院与美国政府	1980
2	中法合作项目	武汉大学与法国政府	1980
3	南京大学–约翰斯·霍普金斯大学中美文化研究中心	南京大学与约翰斯·霍普金斯大学	1981

续表

序号	合作机构 / 项目	项目合作单位	开始时间
4	上海交通大学与美国宾夕法尼亚大学沃顿商学院重建管理学院	上海交通大学与美国宾夕法尼亚大学	1982
5	中美法学教育合作项目	北京大学、中国人民大学同美国美中法学教育交流会、福特基金会	1983
6	中加大学管理教育项目	中国人民大学、厦门大学等 8 校与加拿大的达尔豪西大学、圣玛丽大学等	1983
7	中德赛德尔基金会合作项目	北京大学德语中心、上海电子工业学校、天津中德现代工业技术培训中心等与赛德尔基金会	1983
8	中英技术合作项目	中英两国政府	1983
9	中美经济学教育项目	北京大学、中国人民大学、南开大学、复旦大学、厦门大学、武汉大学和吉林大学与美国高校	1984
10	中德企业管理干部培训班	上海交通大学与德国康茨坦斯大学	1984
11	中日教育合作项目：北京日本学研究中心	北京外国语学院与日本国际交流基金会	1985
12	天津财经学院与美国俄克拉荷马州城市大学合作项目	天津财经学院与美国俄克拉荷马州城市大学	1987
13	中法企业管理干部高级培训中心项目	南开大学与法国教育委员会	1988
14	德国歌德学院北京分院	北京外国语学院与德国歌德学院	1988
15	上海法语培训中心	上海虹口区业余大学和法国文化协会	1991
16	上海交通大学新加坡研究生院	上海交通大学与新加坡华夏管理学院	1993
17	上海大学悉尼工商学院	上海大学与澳大利亚悉尼科技大学	1994

续表

序号	合作机构 / 项目	项目合作单位	开始时间
18	上海交通大学中欧国际工商学院	上海交通大学和欧洲管理发展基金会	1994
19	上海水产大学爱恩学院	上海水产大学与澳大利亚国立塔斯马尼亚大学	2002

资料来源：根据卫道治《中外教育交流史》（湖南教育出版社，1998）、田正平《中外教育交流史》（广东教育出版社，2004）、余子侠“中外教育交流研究丛书”（山东教育出版社，2010）等多种教育交流史论著、报刊提供的资料整理而成。

二、加速发展阶段的中外合作办学（1995—2016）

（一）中外合作办学政策的不断完善

1995 年 3 月，第八届全国人民代表大会第三次会议通过的《中华人民共和国教育法》是我国教育的根本大法。该法规的颁布，标志着中国教育事业进入全面依法治教的新阶段，对我国教育事业的改革与发展，以及社会主义物质文明和精神文明建设，将产生重大而深远的影响。其中第一章的第七条、第八条分别规定：“教育应当继承和弘扬中华民族优秀的历史文化传统，吸收人类文明发展的一切优秀成果”；“教育活动必须符合国家和社会公共利益”[①]。这两条为中外合作办学提供了总的指导思想。该法第八章专门论述了中外教育交流与合作，高度彰显了国家对中外教育交流与合作事业的重视，这在中外教育交流史上具有重要意义。该法第六十七条和第六十九条分别规定：

> 国家鼓励开展教育对外交流与合作，支持学校及其他教育机构引进优质教育资源，依法开展中外合作办学，发展国际教育服务，培养国际化人才。教育对外交流与合作坚持独立自主、平等互利、

① 中国法制出版社编：《中华人民共和国教育法律法规全书》，中国法制出版社，2017，第 80 页。

相互尊重的原则，不得违反中国法律，不得损害国家主权、安全和社会公共利益。[①]

中国境外个人符合国家规定的条件并办理有关手续后，可以进入中国境内学校及其他教育机构学习、研究、进行学术交流或者任教，其合法权益受国家保护。[②]

该章不仅对开办中外合作办学的意义及如何开办做出了具体要求，而且，独立论述“依法开展中外合作办学”，不是笼统地被放在“中外教育交流与合作”里加以说明。中外合作办学这个概念在我国教育最高法里得到独立体现，这完全表明，中外合作办学已发展到一个独立的、专门的、被严格规范的教育活动及学术领域。这标志着中外合作办学正式进入不仅“有法可依”而且“有学可依”的发展新阶段。

1995 年 1 月颁布的《中外合作办学暂行规定》，是第一个专门的、正式颁布的中外合作办学法规。该文件对中外合作办学的意义、性质、必要性、遵循原则、审批标准及程序、办学主体及领导体制、证书发放及文凭和学位授予、监督体制等均作了明确规定。由是中外合作办学有了明确的政策引导和规范的管理保障，促进了中外合作办学朝着规模化、规范化向前发展。为了维护正常的中外合作办学秩序，1996 年国务院学位委员会办公室发布了《关于加强中外合作办学活动中学位授予管理的通知》，严格划分了非学历培训与学历教育、非学位项目和授予学位项目的界限。此外，政府还与其他部委有关单位采取了一系列的相应措施，促进中外合作办学的健康发展。如在 1997 年 12 月 29 日经国务院批准，国家纪委、国家经贸委和对外贸易经济合作部联合发布《外商投资产业指导目录》，将中外合作办学（基础教育除外）列入乙类限制服务业，允许投资；2001 年 12 月 5 日，国家外国专家局办公室印发了《社会力量办学和中外合作办学单位聘请外籍教师专业人员管理暂行办法》。

1998 年 8 月 29 日，第九届全国人民代表大会常务委员会第四次会议通

① 中国法制出版社编：《中华人民共和国教育法律法规全书》，中国法制出版社，2017，第 83 页。
② 同②。

过了《中华人民共和国高等教育法》。其中第三十六条规定："高等学校按照国家有关规定，自主开展与境外高等学校之间的科学技术文化交流与合作。"[①]从此，中外合作办学政策日渐完善起来。

随着中外合作办学的广泛发展，暴露出的办学问题也越来越多，相关的政策也相继不断出台。其中，《中外合作办学条例》是在中外合作办学多年发展历程的基础上，总结实践经验和教训，同时遵循国际惯例和做法，经过反复讨论和研究形成的，同时也是在党的十六大召开以后和我国加入WTO的背景下制定的。《中外合作办学条例》规定了中外合作办学的方针、办学性质、发展定位、行为准则及合作范围，对教育行政部门、劳动行政部门及其他一些有关部门的权责做出了规定，对中外合作办学的机构或项目的设置、组织管理、教育教学、资产和财务变更与终止以及法律责任等方面也作了规定，从根本上为中外合作办学中优质教育资源的引进提供了保障。这一文件是中国政府颁布的第一部关于中外合作办学的行政法规，它标志着中外合作办学政策经过一系列调整，进入了法治化的发展轨道。[②]

《中外合作办学条例》第一次提出了"扩大开放、规范办学、依法管理、促进发展"的方针，明确了高等教育中外合作办学引进优质教育资源的发展目标和具体要求。其中的制度规定，根本目的是确保中国教育方针的真正贯彻，保障中外合作办学的社会主义方向，同时也是依照国际惯例进行的。通过制度创新，促进中外合作办学进一步适应加入WTO的需要。

为了配合《中外合作办学条例》的实施，教育部于2004年6月签发了《中外合作办学条例实施办法》，作为《中外合作办学条例》的配套规章，进一步细化了相关管理制度和措施，对政策性问题做出了更加明确的规定，并实现了突破。如第六条规定：申请设立中外合作办学机构的中外合作办学者应当具有相应的办学资格和较高的办学质量。已举办中外合作办学机构的中外合作办学者申请设立新的中外合作办学机构的，其已设立的中外合作办学机构应当通过原审批机关组织或者其委托的社会中介组织进行的评估。第十二

① 中国法制出版社编：《中华人民共和国教育法律法规全书》，中国法制出版社，2017，第175页。
② 程良龙：《中外合作办学历史·政策·现状》，北京交通大学出版社，2014，第82—83页。

条规定：根据与外国政府部门签订的协议或者应中国教育机构的请求，国务院教育行政部门和省、自治区、直辖市人民政府可以邀请外国教育机构与中国教育机构合作办学。被邀请的外国教育机构应当是国际上或者所在国著名的高等教育机构或者职业教育机构。第二十九条规定：在每个会计年度结束时，中外合作办学者不要求取得合理回报的中外合作办学机构应当从年度净资产增加额中，中外合作办学者要求取得合理回报的中外合作办学机构应当从年度净收益中，按不低于年度净资产增加额或者净收益的25%的比例提取发展基金，用于中外合作办学机构的建设、维护和教学设备的添置、更新等。[①]这些规定既具有指导性，又具有可操作性，既规定其社会公益性，又承认其合理的回报。

为了进一步贯彻《中外合作办学条例》以及《中外合作办学条例实施办法》有关精神，也为了应对和解决中外合作办学过程中不断涌现的新问题、新情况，特别是为了加强对中外合作办学的质量监管，相关政策在继续跟进。

2004年8月出台的《教育部关于做好中外合作办学机构和项目复核工作的通知》（以下简称《通知》），具体规定了中外合作办学机构和项目复核工作的原则要求、复核内容等。《通知》对中外合作办学复核的目的、复核的对象范围、复核的重点等做出了具体规定。从此，"许可证和批准书是中外合作办学机构和中外合作办学项目的'合法身份证明'"[②]。

2004年9月10日，教育部颁发《教育部关于设立和举办实施本科以上高等学历教育的中外合作办学机构和项目申请受理工作有关规定的通知》。该通知根据《中外合作办学条例》和《中外合作办学条例实施办法》的相关规定，要求申请设立和举办实施本科以上高等学历教育以及颁发外国教育机构相应层次学历学位证书的中外合作办学机构和项目，必须分别经拟设立机构或者拟举办项目所在地的省、自治区、直辖市人民政府或者教育行政部门提出意见后，报教育部审批。

针对中外合作办学的突出问题，2006年2月颁发了《教育部关于当前中

① 《中华人民共和国中外合作办学条例实施办法》，中华人民共和国教育部中外合作办学监管工作信息平台。
② 程良龙：《中外合作办学历史·政策·现状》，北京交通大学出版社，2014，第84页。

外合作办学若干问题的意见》（以下简称《意见》）。《意见》重申了中外合作办学的基本原则，强调了应当“坚持中外合作办学的公益性原则”，“坚持依法办学，规范管理”，“坚持引进优质教育资源，加强能力建设的政策导向”……提出的七条政策措施具有较强的现实针对性。特别需要指出的是，《意见》中的第五条，提出了引进外国优质教育资源的“四个三分之一”的规定：

> 引进的外方课程和专业核心课程应当占中外合作办学项目全部课程和核心课程的三分之一以上，外国教育机构教师担负的专业核心课程的门数和教学时数应当占中外合作办学项目全部课程和全部教学时数的三分之一以上。以该外国教育机构名义在国际上招聘的教师，其水平应当获得外国教育机构和中国教育机构的认可。[①]

这里的“四个三分之一”对引进外国优质教育资源作了定量规定，成为中外合作办学的评审、日常管理、评估等重要指标依据。[②]

在上述《意见》的基础上，为了更好地加强对中外合作办学进行质量监控及项目管理，2007 年 4 月颁发了《教育部关于进一步规范中外合作办学秩序的通知》，引导各地教育行政部门和教育机构更加理性地看待中外合作办学，更加深化和增强引进高等教育优质资源的认识和自觉，重点实施“两个平台”和“两个机制”建设。所谓“两个平台”，一个是指依托教育涉外监管信息网开通的“中外合作办学监管工作信息平台”，另一个是指“中外合作办学颁发证书认证工作平台”。“两个机制”则分别指“中外合作办学质量评估机制”和“中外合作办学执法和惩罚机制”。这两个平台、两个机制制度的出台，对加强中外合作办学的质量监督起到了很好的推动作用，使中外合作办学的全过程有了严格规范的监督机制，对形成办学者自律、社会监督、政府监管相结合的中外合作办学管理机制，逐步建立具有较广泛社会公信力的中外合作办学质量标准和保障体系，起到了积极的推进作用。

为贯彻落实《教育部关于进一步规范中外合作办学秩序的通知》提出的要求，提高办学质量，规范办学秩序，2009 年教育部发布了《关于开展中外

① 《教育部关于当前中外合作办学若干问题的意见》，中华人民共和国教育部中外合作办学监管工作信息平台。

② 程良龙：《中外合作办学历史 · 政策 · 现状》，北京交通大学出版社，2014，第 115 页。

合作办学评估工作的通知》，开始执行“两个机制”中的评估工作机制。同时颁发了《中外合作办学评估方案（试行）》，对评估的目的、对象、性质、内容、方式、方法等进行了说明。

2010年7月，为了进一步提高中外合作办学质量、扩大中外合作办学范围、促进中外合作办学发展，国家颁布了《国家中长期教育改革和发展规划纲要（2010—2020年）》（以下简称《纲要》），对中外合作办学提出了新的目标与任务，我国中外合作办学进入新的历史起点和一个崭新的发展时期。

《纲要》在第十六章“扩大教育开放”里，明确了扩大教育开放的三大目标任务：即加强国际交流与合作、引进优质教育资源及提高交流合作水平。特别是提出了“办好若干所示范性中外合作学校和一批中外合作办学项目”“探索多种方式利用国外优质教育资源”等新的要求，对推动中外合作办学创新性发展有着切实的指导意义。

《纲要》关于中外合作办学的相关要求如下：

> 坚持以开放促改革、促发展。开展多层次、宽领域的教育交流与合作，提高我国教育国际化水平。借鉴国际上先进的教育理念和教育经验，促进我国教育改革发展，提升我国教育的国际地位、影响力和竞争力。适应国家经济社会对外开放的要求，培养大批具有国际视野、通晓国际规则、能够参与国际事务和国际竞争的国际化人才。……
>
> 吸引境外知名学校、教育和科研机构以及企业，合作设立教育教学、实训、研究机构或项目。鼓励各级各类学校开展多种形式的国际交流与合作，办好若干所示范性中外合作学校和一批中外合作办学项目。探索多种方式利用国外优质教育资源。吸引更多世界一流的专家学者来华从事教学、科研和管理工作，有计划地引进海外高端人才和学术团队。引进境外优秀教材，提高高等学校聘任外籍教师的比例。……
>
> 扩大政府间学历学位互认。支持中外大学间的教师互派、学生互换、学分互认和学位互授联授。加强与国外高水平大学合作，建立教学科研合作平台，联合推进高水平基础研究和高技术研究。……

加强国际理解教育，推动跨文化交流，增进学生对不同国家、不同文化的认识和理解。

推动我国高水平教育机构海外办学，加强教育国际交流，广泛开展国际合作和教育服务。支持国际汉语教育。提高孔子学院办学质量和水平。加大教育国际援助力度，为发展中国家培养培训专门人才。

《纲要》还把“教育国际交流合作”作为国家10个重大项目工程和改革试点工作之一。作为重大项目工程，与合作办学相关的任务主要包括：支持一批示范性中外合作办学机构；支持在高校建设一批国际合作联合实验室、研究中心；支持孔子学院建设；等等。作为10个改革试点工作之一的“深化办学体制改革试点”提出探索公办学校联合办学、中外合作办学、委托管理等改革试验。

《纲要》为中外合作办学提出了许多新理念、新要求、新举措，进一步加快了中外合作办学改革的步伐。

《纲要》要求合作办学不但要“引进来”，提高我国高等教育办学质量和人才培养质量，而且要“走出去”，扩大我国高等教育的国际影响力和竞争力，最终成为世界高等教育强国。为了切实贯彻落实《纲要》“走出去”战略，教育部2012年3月颁布了《教育部办公厅关于加强涉外办学规范管理的通知》。该通知要求高度重视对涉外办学的规范管理工作。涉外办学事关社会稳定和人民群众的根本利益，各地教育行政部门、各高校要切实提高对涉外办学规范管理工作重要性的认识。各地教育行政部门要做好对当地涉外办学的归口管理，增强政治意识、大局意识、责任意识和服务意识。要进一步加强涉外办学管理服务干部队伍建设，增强对内对外协调能力、服务能力和应急管理能力，为涉外办学的健康有序发展提供坚强的组织领导和人才保障。

现将1995—2016年颁布的中外合作办学政策、规章列表如下（详见表3-3）。

表 3–3　1995—2016 年中外合作办学相关政策一览表

颁布时间	名称	核心内容
1995 年 1 月 26 日	《中外合作办学暂行规定》	中外合作办学的意义、性质、必要性、遵循原则、审批标准及程序、办学主体及领导体制、证书发放及文凭学位授予、监督体制等方面
1996 年 1 月 22 日	《关于加强中外合作办学活动中学位授予管理的通知》	对在我国境内设置的中外合作办学机构授予中国相应学位和境外学位以及我国在境外设置的中外合作办学机构授予中国学位进行了规定。尤其对合作办学机构授予境内学生境外学位作了详细的规定
2001 年 12 月 5 日	《社会力量办学和中外合作办学单位聘请外籍教师专业人员管理暂行办法》	关于聘请外籍教师专业人员的管理规定
2001 年 11 月 10 日	《中华人民共和国加入世界贸易组织议定书》	中外合作办学被纳入世界贸易服务内容
2002 年 6 月 22 日	《关于加强中外合作办学管理的紧急通知》	为适应中国加入世贸组织后中外合作办学发展的新形势而出台的相关指导意见
2002 年 12 月 31 日	《高等学校境外办学暂行管理办法》	为高校境外办学提供了基本的法律支持和规范
2003 年 3 月 1 日	《中华人民共和国中外合作办学条例》	明确规定了中外合作办学的性质、方针和原则，并对申请的具体要求和过程、机构的领导和组织、教育教学的开展、资产与财务的管理以及监督机制和法律责任等进行了具体的说明和规定
2003 年 12 月 12 日	《关于中外合作办学机构登记有关问题的通知》	中外合作办学机构登记的有关具体要求

续表

颁布时间	名称	核心内容
2004 年 6 月 2 日	《中华人民共和国中外合作办学条例实施办法》	主要对中外合作办学机构的设立原则、中外合作办学机构的组织与活动的具体要求、中外合作办学项目的审批与活动程序和要求、监督与管理进行了规定
2004 年 8 月 12 日	《教育部关于做好中外合作办学机构和项目复核工作的通知》	具体规定了中外合作办学机构和项目复核工作的原则要求、复核内容等
2004 年 8 月 17 日	《教育部关于启用〈中外合作办学机构申请表〉和〈中外合作办学项目申请表〉等事项的通知》	中外合作办学主体必须按要求提交《中外合作办学机构申请表》和《中外合作办学项目申请表》，接受相关部门的监督管理
2004 年 9 月 10 日	《教育部关于设立和举办实施本科以上高等学历教育的中外合作办学机构和项目申请受理工作有关规定的通知》	明确了在设立和举办本科以上高等学历教育的中外合作办学机构和项目申请受理工作中申请材料、审查内容、送达时限等方面的要求
2004 年 10 月 12 日	《中外合作办学项目备案和项目批准书编号办法(试行)》	对中外合作办学项目备案和项目批准编号办法进行了具体规定
2004 年 12 月 16 日	《中外合作办学许可证编号办法（试行）》	对中外合作办学许可证的编号要求做出了规定
2005 年 7 月 21 日	《教育部关于若干中外合作办学机构和项目政策意见的通知》	对 2004 年 8 月颁布的《教育部关于做好中外合作办学机构和项目复核工作的通知》进行了具体补充
2005 年 10 月 13 日	《关于重申中外合作办学机构和项目申请文件送达时限等问题的通知》	对中外合作办学机构和项目申请文件送达时限等问题的具体要求

续表

颁布时间	名称	核心内容
2006年2月7日	《教育部关于当前中外合作办学若干问题的意见》	针对中外合作办学中存在的突出问题提出相关意见
2006年7月26日	《中外合作职业技能培训办学管理办法》	具体规定了中外合作职业技能培训机构的办学原则、方针、设立要求及管理与监督体制
2007年4月6日	《教育部关于进一步规范中外合作办学秩序的通知》	针对当前中外合作办学的突出问题，明确提出了进一步规范中外合作办学秩序的相关要求
2009年7月15日	《教育部办公厅关于开展中外合作办学评估工作的通知》	具体规定了评估的对象、目的、重点，详细制定了评估方案
2009年8月15日	《关于进一步做好申请举办实施本科以上高等学历教育的中外合作办学项目形式审查和实质内容初审工作的通知》	关于进一步做好申请举办实施本科以上高等学历教育的中外合作办学项目形式审查和实质内容初审工作的具体要求
2012年3月29日	《教育部办公厅关于加强涉外办学规范管理的通知》	针对涉外办学的问题，提出了加强涉外办学规范管理的具体措施
2013年7月31日	《教育部国际司关于近期高等学校中外合作办学有关情况的通报》	通报近期高等学校中外合作办学存在的主要问题，促进中外合作办学的更好发展
2013年9月5日	《教育规划纲要实施三年来中外合作办学发展情况》	对教育规划纲要实施三年来中外合作办学发展情况进行总结

续表

颁布时间	名称	核心内容
2013 年 12 月 10 日	《教育部关于进一步加强高等学校中外合作办学质量保障工作的意见》	明确质量保障建设总体目标；加强全面统筹，优化布局结构；完善优质教育资源引进机制；规范办学过程管理；完善质量评价体系；加强质量监管和行业自律；推动改革创新，加大示范性中外合作办学支持力度；强化分级管理
2014 年 9 月 16 日	《关于进一步做好 2014 年下半年本科以上层次中外合作办学项目申报工作的通知》	试行网上申报系统，规范办学核心内容，严把资源引进关
2015 年 8 月 27 日	《关于进一步加强中外合作办学监管工作的通知》	关于试行中外合作办学颁发境外学历学位证书注册认证新系统；关于试行本科以上层次中外合作办学机构或项目信息年度报告系统
2016 年 2 月 9 日	《关于进一步做好 2016 年中外合作办学有关工作的通知》	中外合作办学机构、项目申报工作；中外合作办学年度报告工作；中外合作办学机构、项目延期工作

资料来源：主要根据两个网站公布的相关政策法规信息整理而成：1. 中华人民共和国教育部中外合作办学监管工作信息平台；2. 中华人民共和国教育部教育涉外监管信息网。

（二）中外合作办学的实践情况

1. 总体发展情况

随着《中外合作办学暂行规定》的发布，中外合作办学在较短的时期内迅速发展，并在各方面取得了斐然的成绩，不仅办学水平逐步提高，而且由非学历教育向学历教育发展。尤其在高等教育领域和职业教育领域，短时间内就建立起了一大批高水平的中外合作办学机构和项目。

1995 年初期，全国经批准设立的中外合作办学机构和项目已超过 70 个，其中，实施高等学历教育的 20 个、高等非学历教育的 20 多个。截至 2002 年年底，全国共有中外合作办学机构和项目 712 个，与 1995 年年初相比，增加了近9倍，覆盖了除青海、宁夏、新疆、西藏等以外的28个省、自治区、直辖市（不计香港、澳门、台湾）。

据教育部的统计数据，截至2013年9月，全国中外合作办学机构和项目共计1988个。其中，由教育部审批和复核通过的中外合作办学机构和项目939个；由省级人民政府和教育行政部门审批并报教育部备案的中外合作办学机构和项目1049个。中外合作办学的地域又有了新的拓展——新疆、甘肃开始出现中外合作办学项目。至此，全国除青海、西藏、宁夏外，这种合作办学已覆盖了29个省、自治区、直辖市。在新疆，有新疆农业大学和俄罗斯国立太平洋大学合作举办交通运输（物流工程方向）专业本科教育项目；在甘肃，则有西北民族大学与美国犹他州立大学合作举办国际经济与贸易专业本科教育项目。其时，各级各类中外合作办学在校生总数约55万人，其中高等教育阶段在校生约45万人，占全日制高等学校在校生规模的1.4%。全国举办中外合作办学项目和机构的高校有577所，占全国高校总数的21%。普通本科和高职院校举办中外合作办学项目的有498所，所举办项目占项目总数的84%，这些院校通过合作办学提升实力的积极性高，已成为中外合作办学的主力。截至2015年12月31日，全国仅本科以上中外合作项目就有1084个，约占全部中外合作办学机构、项目总数的一半。在1084个项目中，本科项目877个，研究生项目207个（其中，硕士学位教育项目195个，博士学位教育项目12个），法人设置的中外合作办学机构11所，非法人设置本科及以上中外合作办学机构57个，高职高专中外合作办学机构和项目74个。①

截至2016年3月，全国经审批机关批准设立或举办的中外合作办学机构和项目已达2403家；其中，高等教育中外合作办学机构和项目约占总数的90%。全国中外合作办学在校生规模约56万人；其中高等教育中外合作办学在校生规模约46万人；高等教育中外合作办学毕业生已超过160万人。②在中外合作办学的管理机制上，也逐渐形成了准入评审、示范性机构评估、年度评估等质量监督和准入退出机制。

---

① 林金辉主编：《中外合作办学发展报告（2010—2015）》，厦门大学出版社，2016，第5、55、95、124页。

② 林金辉主编：《中外合作办学发展报告（2010—2015）》，厦门大学出版社，2016，第1页。

此外，此阶段的中外合作办学的发展不仅是数量上有很大的增加，而且办学模式上也更加多元化。依据合作者、合作办学方式和合作办学内容等具体情况的不同，中外合作办学模式主要分为三种类型：

其一，合作主体模式。就中外合作办学的合作者来看，此阶段参与高等教育中外合作办学的主要有政府、高校、企业、公司和其他社会力量。不同合作主体间形成了多种合作模式，主要有校校合作、政府间合作、学校与社会力量（包括企业、公司、个人和社会团体）之间的合作。其中校校合作是最主要的合作主体模式。西安交通大学和英国利物浦大学合办的西交利物浦大学就是此类模式。这种模式适应面广、可操作性强、合作方式多样灵活，既可以一对一合作，也可以一对多合作。这是这一时期最普遍的中外合作办学模式。政府与政府之间的合作是由政府之间达成合作协议，共同出资举办中外合作项目或机构。如上海的中欧国际工商学院就是由中国政府与欧洲联盟（EU）于 1994 年联合创立的。学校与社会力量办学之间的合作办学模式，如郑州大学和美国西亚斯集团公司及美国堪萨斯州富特海斯大学合办的郑州大学西亚斯国际学院，这种合作办学模式最大的优点是能直接吸纳国外公司或企业的大量资金投入，在硬件设施上通常有较高的标准，能减轻合作学校在启动资金方面的压力。

其二，独立设置组织机构模式。根据是否具有独立法人资格，中外合作办学机构（项目）可分为独立设置模式和非独立设置模式两大类。独立设置模式的中外合作办学机构，是由中外双方共同投资，形成合作学校独立、自由的法人财产，具备法定办学条件，能够独立承担办学责任，并获得国家教育行政部门批准的中外合作办学机构。但独立设置只是相对的，是相对于与申报合作办学的中方大学的分离关系而言。《中外合作办学条例》中明确规定，外国教育机构、其他组织或者个人不得在中国境内单独设立以中国公民为主要招生对象的学校及其他教育机构。独立设置的中外合作办学机构具有如下特点：办学经费由中外双方共同承担，或以民办机制筹措解决；具有独立法人资格；独立进行财务核算，独立承担民事责任；具有独立校园和基本教学设施，实施相对独立的教学组织和管理；独立招生和独立颁发学历证书。独立设置模式的高等教育中外合作办学机构日渐增多，起步比较早的如宁波诺丁汉大学、西交利物浦大学、长江商学院等，截至2016年，全国已发展到7家（不包含港澳台），其详情可见表3–4。

表3–4　全国独立设置的中外合作办学机构（不包含港澳台）一览表（截至2016年）

序号	独立设置的中外合作办学机构名称	建立时间
1	宁波诺丁汉大学	2004
2	西交利物浦大学	2006
3	昆山杜克大学	2013
4	上海纽约大学	2013
5	温州肯恩大学	2014
6	广东以色列理工学院	2016
7	深圳北理莫斯科大学	2016

资料来源：根据教育部中外合作办学信息管理平台网页公布的信息整理而成。

其三，非独立设置模式的中外合作办学。这类模式主要是指没有取得法人资格的中外合作项目和中外合作二级学院。这种模式的中外合作办学是这一时期中外合作办学的主体。截至2016年，全国设立或举办的、经教育部批准的仅本科层次中外合作办学机构和项目有1126个，其中中外合作二级学院及项目占94%。《中外合作办学条例实施办法》已把中外合作办学中采用“双校园”模式的教育教学活动，纳入中外合作办学项目实施管理。中外合作办学二级学院是相对于中方合作高校，即母体学校而言的，是指在母体学校领导下，由母体学校作为法人代表与国外高等教育机构共同实施的合作教育教学活动。中外合作二级学院本身不具有独立法人资格，是设置在中方母体学校内的中外合作办学机构。二级学院在一定程度上可以看作是中外合作办学项目和独立机构之间的过渡形式。如上海大学悉尼工商学院、吉林大学–莱姆顿学院等。

2. 各级各类本科高校中外合作办学情况的具体分析（截至2016年）

（1）全国“985”高校中外合作办学情况。全国39所“985”高校，截至2016年12月，数据显示，有31所开展了中外合作办学，占总数的73.1%，合作项目124个、合作机构18所。在18个地区中，“985”高校中外合作办学开办率为100%的高校分布在其中12个地区的21所高校，占“985”高校数的53.8%，占所开办数的67.7%。由此可以看出，绝大部分“985”高校重视中外合作办学（详见表3–5）。

表3–5　全国“985”高校中外合作办学情况一览表

地区	“985”高校数	合作办校数	占比（%）	合作项目个数	合作机构个数
北京	8	7	87.5	32	1
天津	2	1	50	6	0
辽宁	2	2	100	3	1
吉林	1	1	100	1	1
黑龙江	1	1	100	8	0
上海	4	4	100	28	6
江苏	2	2	100	2	2
浙江	1	1	100	8	2
安徽	1	0	0	0	0
福建	1	1	100	3	0
山东	2	2	100	4	0
湖北	2	2	100	2	1
湖南	3	1	33.3	2	0
广东	2	2	100	2	3
重庆	1	1	100	5	1
四川	2	2	100	7	0
陕西	3	1	33.3	6	0
甘肃	1	0	0	0	0
总计	39	31	73.1	124	18

资料来源：根据教育部中外合作办学信息管理平台网页公布的信息整理而成。

（2）不同类型高等院校本科以上层次中外合作办学的比较（见表3–6）。从数据看，截至2016年，非“985”高校和“211”高校之外的其他院校参与的中外合作办学项目占比76.5%，机构占比41.1%，高于“985”高校与“211”高校，这说明“985”高校和“211”高校之外的其他院校在引进国外优质资源方面更积极主动。这类高校基于教育资源相对不足的问题，采取了中外合作办学途径，引进优质资源，借此激活办学活力，提高教学质量和办学声誉，提升社会竞争力。他们是中外合作办学的主力。

表 3–6　不同类型高等院校本科以上层次中外合作办学比较一览表

层次	项目个数	占比（%）	机构个数	占比（%）
“985”高校	124	11.1	18	35.2
“211”高校	140	12.4	12	23.5
其他院校	862	76.5	21	41.1
总计	1126	100	51	100

资料来源：根据教育部中外合作办学信息管理平台网页公布的信息整理而成。

从上述统计来看，中外合作办学机构近年来发展非常迅速。其首要原因应该是国家改革开放政策及中外合作办学政策的积极推动，特别是 1995 年《中外合作办学暂行规定》、2003 年《中外合作办学条例》及 2010 年《国家中长期教育改革和发展规划纲要（2010—2020）》等政策的颁布与施行，极大地推动了中外合作办学的发展。这些合作办学机构的教学与管理及社会声誉也在不断提高。国家也加强了对中外合作办学的管理。“两个平台”和“两个机制”管理制度施行后，每一所办学机构的信息都在教育部中外合作办学信息管理平台公布。公布的内容主要包括办学机构名称、办学地址、中外合作办学者、办学层次和类别、开设专业或课程、招生方式、每期招生人数、颁发证书、审批机关、批准日期、发证机关、发证日期、批准书编号、批准书有效期、承诺是否合理营利等。中外合作办学机构按《中华人民共和国高等教育法》要求办学，每年招生计划均纳入全国招生计划，参加全国高考或硕士研究生统一入学考试，严格按国家相关招生政策要求执行。按照规定，实施我国高等学历教育的机构或项目，必须按照同地区同批次计划内录取，降低批次录取被视作违反国家规定。实施外国教育机构学历、学位教育的机构或项目，其录取标准不低于外国教育机构在其所属国的录取标准。各中外合作办学机构招生规模有大有小，每年计划有 30 人（一般为研究生培养机构）到上万人不等。如西交利物浦大学每年计划在校生数为 18 000 人（其中本科生不超过 14 000 人，外国硕士和博士学位教育学生 1000 人，境外学生 3000 人）。

对中外合作办学进行规范管理，有利于引导人们对中外合作办学的正确认识，增强对中外合作办学机构的信任度，也有利于引导中外合作办学机构自觉接受社会监督，不断提高办学质量。应该说，中外合作办学机构虽然受到了严格的监督管理，但实际上也因此有了更好的生存发展环境。因为此前，许多社会人士对中外合作办学机构并不是很了解或很信任，认为其是营利性机构、办学质量也不高的人不在少数。当然，在中外合作办学发展过程中，特别是初期阶段，难免会鱼龙混杂，一些劣质办学机构给整个中外合作办学的健康发展带来了诸多不利的影响。

第三节　境外中外合作办学的初步开拓

高等学校境外合作办学是高等教育国际化发展到一定水平后的新生事物，是高等教育“走出去”的重要形式，也是教育对外开放、提升国际化水平的重要途径之一。

根据《中外合作办学条例》的规定，中外合作办学是指外国教育机构同中国教育机构在中国境内合作举办以中国公民为主要招生对象的教育机构的活动。从这一界定不难看出，我国这一时期中外合作办学主要是以中国境内的、“引进来”的中外合作办学为主，前面介绍的中外合作办学主要也都以此类为主。

随着时代的发展，特别是进入 21 世纪之后，中外合作办学的空间范畴不断拓展，已不仅仅局限在中国境内的发展，境外中外合作办学活动在不断拓展。因此，应适时把境外的、“走出去”的合作办学纳入高等教育中外合作办学的理论视野和实践发展框架，实施高等教育中外合作办学“走出去”发展战略。中外合作办学“引进来”与“走出去”、境内与境外相结合是其必然趋势。正如学者林金辉指出：“高校境外办学标志着中国高等教育向‘引进来'与'走出去'相结合的战略转型。"①

一、境外中外合作办学的特殊背景

（一）国家发展战略的新需要

1. 基本国策的需要

对外开放是我国的基本国策。对外开放，不仅仅是"引进来"，更要"走出去"。在中华文化"走出去"方面，党的十七大、十八大都有相关论述。在全球化和相互依存时代，任何一个国家的生存与发展都离不开与世界的互动，试图封闭起来，仅仅靠自身资源发展，绝非长久之策。我国长期坚持对外开放，主动推出中华优秀传统文化，推动国际社会向"百花齐放、百家争鸣"的充满理性的全球化方向发展。这是我国这一基本国策的内在要求。

在教育交流与合作中，我们可以弘扬传统文化的精华，开发体现中国文化特色的国际课程，提高宣扬中国优秀文化的能力。境外中外合作办学产生的价值也体现于此。

2. 建设和谐世界和人类命运共同体的现实需要

和谐世界和人类命运共同体两种理念是我国面对复杂的21世纪国际局势，为了全人类的共同利益而提出来的综合性国家战略，但其本质上是一种文化外交，带有思想文化的特点。

2005年2月19日，胡锦涛在省部级主要领导干部提高构建社会主义和谐社会能力专题研讨班上，强调了构建社会主义和谐社会的理念。同年9月15日，胡锦涛在美国纽约联合国总部举行的联合国成立六十周年首脑会议上进一步提出了建设和谐世界的理念。2006年4月21日，胡锦涛在美国耶鲁大学演讲时继续指出："中国坚持实施互利共赢的对外开放战略，真诚愿意同各国广泛开展合作，真诚愿意兼收并蓄、博采各种文明之长，以合作谋和平、以合作促发展，推动建设一个持久和平、共同繁荣的和谐世界。"

2013年9月和10月习近平先后提出共建"丝绸之路经济带"和"21世

① 张烁：《不出国也能圆"留学梦"》，《人民日报》2016年7月21日第17版。

纪海上丝绸之路”（以下简称“一带一路”）的重大倡议。“一带一路”是一个国家级的顶层合作倡议。它旨在充分依靠中国与有关国家既有的双多边机制，借助既有的、行之有效的区域合作平台，高举和平发展的旗帜，积极发展与沿线国家的经济合作伙伴关系，共同打造政治互信、经济融合、文化包容的人类命运共同体。“一带一路”成为将建设人类命运共同体理念转化为实践的具体战略措施，是建设人类命运共同体的生动实践。接下来，习近平在多种场合多次强调建设人类命运共同体的重要性及具体建设措施。他指出，建设人类命运共同体，“符合求和平、谋发展、促合作、图共赢的时代潮流，符合亚洲和世界各国人民共同利益，具有广阔发展空间和巨大发展潜力。”①

正是国家的这些发展战略需要，一定程度上推动了境外中外合作办学的发展。这些发展战略要求我们的教育要加快走向世界中心。在新时代，中外合作办学要更加主动服务于国家外交大局，助力中国教育快步走向世界中心，向世界提供中国智慧、中国方案，与世界共享成功经验。

（二）我国跨境高等教育发展的新需要

合理的跨境高等教育应该是双向的。我国的跨境高等教育不仅仅是境外高等教育进入我国的一个单向过程，也是境内高等教育输出境外的过程。实施高等教育“走出去”是促进我国高等教育跨越式发展的战略选择。高等教育“走出去”在这里有两个方面的含义：一是指通过中国境内的高等教育机构积极吸引和招收海外留学生来华学习；二是指中国高校境外办学，即高等学校独立或者与境外具有法人资格并且为所在国家（地区）政府认可的教育机构及其他社会组织合作，在境外举办以境外公民为主要招生对象的教育机构或者采用其他形式开展教育教学活动，实施高等学历教育、学位教育或者非学历高等教育。本文主要指后者。在政府的推动下，我国高等教育境外合作办学取得了突破性进展。

高等教育境外中外合作办学，将进一步促进境外优质高等教育资源的引进，形成我国高等教育在经济全球化和高等教育国际化条件下参与国际合作

① 习近平：《习近平谈治国理政》，外文出版社，2014，第 295 页。

与竞争的新优势，其具体表现如下：其一，进一步拓宽我国高校的全球化视野，推进我国高校国际化课程体系的建设和管理体制改革，为我国提高中外合作办学的层次和水平、引进优质教育资源提供基础。其二，通过境外中外合作办学，可以扩大我国的外国留学生规模，增加合作办学机构收入，促进合作办学机构的国际化建设，增强办学后劲和活力，提高优质教育资源的引进率和利用率。其三，境外中外合作办学可以起到窗口作用，一方面可以帮助我国政府和高等教育机构更全面深入地了解境外高等教育资源，合理选择合作伙伴，引进我国急需的优质高等教育资源；另一方面，也可以提高我国高等教育在国际上的影响力和知名度，增进国外人士对我国高等教育及传统文化的了解，吸引更多国外优秀高等教育机构、师资及留学生来华。①

总之，推进境外中外合作办学，是我们的文化自觉和文化自信，更是我们义不容辞的责任和使命。加快高校境外中外合作办学成为当今我国高等教育改革和发展的时代诉求。

（三）境外教育市场的新需要

随着全球化进程的不断推进，中国需要世界，世界也更需要中国。特别是改革开放四十多年来，中国的社会经济经历一个快速发展的时期，取得了举世瞩目的伟大成就，国际地位显著提高。同时，我国加入了世界贸易组织以后，与世界上很多国家在经济、文化、教育等各个领域的交流日益扩大。中国成为不少国家的贸易伙伴，旅居国外的华人子女也越来越多，而这些华人希望其子女在境外也能接受一定的中国文化教育。外国与我国经济方面的合作日益频繁，他们需要培养懂中国文化、精通汉语言的国际化人才。我们国家在国际舞台上也发挥着越来越重要的作用。世界范围内希望了解中国经济、历史与文化以及学习汉语的需求日益高涨。尤其是我国一些高校的办学水平有了一定的国际影响力。一些极具中国特色的专业已经显示出优势，刺激着境外人士的求知需要，如音乐、戏剧、中医、武术等特色学科已具备参与国际竞争的优势。

---

① 林金辉、刘志平：《高等教育中外合作办学研究》，广东高等教育出版社，2012，第129页。

二、境外中外合作办学的实践概况

（一）境外中外合作办学相关政策的出台

境外办学自近代伊始，其有助于将中国的文化传播到世界各地，扩大中国在全世界的影响。高校境外办学主要集中在两大领域：一是汉语、中医药等有绝对优势的学科，随着国门的开放和高校加强国际合作与交流开始走向世界，如孔子学院；二是中国一流大学开始输出自己的管理、法律等专业教育到华人居住地区，如新加坡等地。

在这一时期的中外合作办学政策里，还没有将境外办学纳入中外合作办学体系之中。专门针对境外合作办学的文件，只有教育部在2002年颁布的《高等学校境外办学暂行管理办法》。这一文件对境外中外合作办学进行了简单的界定和规定，并提出“积极探索、稳步发展、量力而行、保证质量、规范管理、依法办学”的方针，对学历教育及非学历教育、申请方式、证书等作了初步规定。但此文件于2005年废止。

2004年3月，由国务院颁布的《2003—2007年教育振兴行动计划》里，对境外办学也作出了支持：“把扩大教育对外开放、加强国际合作与交流作为国家教育战略的关键环节。实行‘政府与民间并举、双边与多边并行、兼顾战略平衡、保证重点、注重实效’的方针，推进教育国际合作与交流向全方位、多领域、高层次发展。完善教育涉外政策法规和监管体制……积极实施‘汉语桥工程’，加强境外‘孔子中文学院’建设，大力推进网络和多媒体汉语教学项目，丰富对外汉语教学资源，全面推广汉语水平考试（HSK），培训对外汉语教学教师，推动各国教育机构开设汉语课程。加强其他中国特色学科和优势学科的对外教学工作，鼓励有条件的教育机构赴境外办学。”

在2010年颁布的《国家中长期教育改革与发展规划纲要（2010—2020）》里，进一步明确提出：“推动我国高水平教育机构海外办学，加强教育国际交流，广泛开展国际合作和教育服务。”大力鼓励和支持我国高等教育积极开拓国外市场，促进中外合作办学“走出去”，提升我国教育的国际化水平。

（二）境外中外合作办学的实践

1. 孔子学院的发展

孔子学院是中外合作建立的非营利性教育机构，是这一时期境外中外合作办学的主要形式，主要致力于适应世界各国（地区）人民对汉语学习的需要，增进世界各国（地区）人民对中国语言文化的了解，加强中国与世界各国教育文化交流合作，发展中国与外国的友好关系，促进世界多元文化发展，构建和谐世界。

为保证孔子学院健康发展，以增进世界人民对中国语言文化的了解，发展中国与外国的友好关系，促进世界多元文化发展，为构建和谐世界贡献力量，国家汉语国际推广领导小组办公室（以下简称“国家汉办”）分别于2006年、2007年先后颁布《孔子学院中方资金管理办法（暂行）》和《孔子学院章程（试行）》（以下简称《章程》），用来规范孔子学院的活动。其中《章程》对孔子学院的办学宗旨、办学原则、申办程序及条件、业务内容、经费管理等作出了明确规定。2007年4月在北京举行了孔子学院总部成立揭牌仪式。它是全球孔子学院的最高管理机构。2010年开始进行“全球先进孔子学院”评选。“全球先进孔子学院”是孔子学院工作领域的最高荣誉。该评选活动旨在加强对孔子学院的质量监督，促进孔子学院的可持续发展。2013年，国家汉办发布《孔子学院发展规划（2012—2020年）》（以下简称《规划》）。《规划》对孔子学院发展的指导思想、基本原则、发展目标、主要任务、重点项目、保障措施等进行了具体要求。虽然这些规章制度在实际工作中还显得捉襟见肘，但在一定程度上规范了孔子学院的办学活动。全球孔子学院的监管，步入了法制化探索阶段。

自2004年11月，全球首家“孔子学院”在韩国成立，到2006年，落户全球的孔子学院（孔子课堂）已达128所，国内51所高校参与了孔子学院的合作办学，国外承办院校和机构已达126所。[①] 据孔子学院总部／国家汉办官网统计，截至2016年，全球140个国家（地区）建立了512所孔子学院和1073个孔子课堂。孔子学院在130国（地区）共设有512所，其中，亚洲32

① 林金辉、刘志平：《高等教育中外合作办学研究》，广东高等教育出版社，2012，第129页。

国（地区）115 所，非洲 33 国 48 所，欧洲 41 国 170 所，美洲 21 国 161 所，大洋洲 3 国 18 所。孔子课堂 74 国（地区）共 1073 个（科摩罗、缅甸、马里、突尼斯、瓦努阿图、格林纳达、莱索托、库克群岛、安道尔、欧盟只有课堂，没有学院），其中，亚洲 20 国 100 个，非洲 15 国 27 个，欧洲 29 国 293 个，美洲 8 国 554 个，大洋洲 4 国 99 个。就国别而言，美国最多。美国的孔子学院 110 个，孔子课堂有 501 个，其中大部分是校际合作办学模式，国内有 77 所高校与美国 99 所高校合作开办孔子学院。非校际合作办学模式的孔子学院不在本表统计之类。

总的来说，孔子学院在全球的设置主要集中于经济相对发达、人口密集、教育水平较高的地区；在经济相对发达地区，孔子学院大多自发形成，其设立的驱动力主要来自学校发展需求、师资培训的需要，也受到社会力量以及企业的推动。在经济相对落后地区，孔子学院的设立主要来自政府驱动。

2. 其他形式的境外中外合作办学

境外中外合作办学起源于近代，缓慢发展于 20 世纪 70 年代末期。直到进入 21 世纪，境外中外合作办学取得了较大的发展。20 世纪 80 年代初至 90 年代末，境外中外合作办学主要以进修班、课程班、教学点等模式为主。如 1983 年的广州中医学院与日本中医学院合办了首届函授针灸进修班，次年双方又增加函授中药进修班。这一阶段的境外中外合作办学比较零星、松散，专业以具有中国特色的中医药学为主。进入 21 世纪初的前 10 年期间，境外中外合作办学主要以项目模式为主，并且出现了分院模式。此阶段的境外中外合作办学数量有所增加，专业领域也有所扩大。2011 年后，境外中外合作办学开始探索建立境外分校模式。境外中外合作办学得到了各方面的重视，办学规模有所扩大，办学层次也有所提高。

截至 2015 年 12 月 31 日，全国经审批机关批准设立或举办的我国教育机构境外办学机构和项目共有 103 个，分布在 14 个国家和地区，其中机构 5 个，分别是老挝苏州大学、厦门大学马来西亚分校、云南财经大学曼谷商学院、北京语言大学东京学院和北京师范大学—英国卡迪夫大学中文学院。总体上看，我国高校境外办学还处于起步和探索阶段。截至 2016 年，除了孔子学院，我国其他境外中外合作办学机构、项目仍数量不多，主要有如下一些（不包含港澳台地区）：

1991 年，北京中医药大学与日本中医振兴协会在日本东京试办中医培训班。1992 年，中医培训班升格为北京中医药大学继续教育日本分校。这是国内中医药大学最早在国外开设的正规中医药教育合作项目，也是第一所由国家中医药管理局批准的中医海外分校。

2001 年，北京中医药大学与英国米顿锡斯大学联合开办五年制中医本科教育，是中华人民共和国教育部批准的第一个在海外授予中国学位的合作项目。合作方式是：由米顿锡斯大学负责当地的招生工作，教学计划和教学大纲由双方共同制定，北京中医药大学提供全部中医药教材，并负责派遣中医教师去该校执教，所有西医课程则由米顿锡斯大学的教师承担。在学生学习的最后一年，学生来北京中医药大学进行为期半年的临床毕业实习。学生毕业后，获两校联合颁发的毕业证书，并分别获得两校的学士学位证书。

2002 年，上海交通大学在新加坡成立了中国在海外的第一个研究生院。新加坡政府将上海交通大学作为其引进世界一流大学战略的大学之一，标志着上海的高层次教育开始走向海外。

2002 年，北京语言大学与泰国易三仓大学联合创办了北京语言大学曼谷学院，主要培养汉语言专业（经贸方向）本科生，是泰国唯一一所可以提供学位课程的华语高等学校。2006 年 3 月，双方又签订了举办硕士学位课程教育的协议。

2003 年，北京中医药大学与新加坡中医研究院签署了合作办学协议，在新加坡开展中医学硕士研究生培养。

2004 年，上海中医药大学利用学科优势，与泰国华侨崇圣大学合作，在泰国开设了中医本科专业。同年还在美国、德国、法国、韩国等地，开设了以西医学生为主的中医教育培训班，大大拓展了中医在国外的影响。

2005 年，华东政法学院与新加坡国立大学在新加坡共同设立了法学硕士项目。

2011 年，上海海事大学 - 加纳中西非地区海事大学“物流管理”专业理学学士学位项目在加纳开班。该项目是上海海事大学首个境外办学项目，是上海市高等教育首次实现非汉语类专业对外输出。

2011 年，老挝苏州大学成立。这是获得老挝、中国两国政府批准与支持的中国在海外创建的第一所高等学府，开创了中国赴国外开办独立设置的合作性大学之先河。老挝苏州大学作为一所综合性高等学府，承担着大学的教学、科研和社会服务三大功能。其借鉴世界一流大学的办学模式，充分利用国际优质资源，举办全日制本科生和硕博研究生教育、各类高级培训，构建先进的课程教学体系，全面实行学分制，其中本科教育 4 年、研究生教育 3 年。

2013 年，浙江大学与英国帝国理工学院建立合作办学协议，浙江大学在英国帝国理工学院西校区建立海外校区。这是中国高校首次在世界名校建设海外校区。双方致力于在伦敦和浙江两地办学并开展深度合作，联合培养硕博研究生，针对共同感兴趣的国际前沿重大研究领域建立联合实验室，除了开展高层次人才培养、高质量科学研究合作，科技成果产业化将成为核心工作之一。

2013 年，云南财经大学曼谷商学院经中华人民共和国教育部批准设立。云南财经大学曼谷商学院由云南财经大学与泰国兰实大学共同创办，是云南省昆明市高校在国外设立的第一家海外学院。云南财经大学曼谷商学院开展本科生和研究生交换项目，即“2+2”“3+1（研究生 2+1）”模式，云南财经大学和泰国兰实大学相互认可学生在对方学校学习期间所取得的学分，成绩合格，修满学分者，能同时获得云南财经大学的学位证和泰国兰实大学的学位证。云南财经大学曼谷商学院的成立标志着该校教育国际化由“引进来”迈向“走出去”的新阶段，是云南财经大学发展历程中的又一个里程碑。

2014 年，厦门大学在马来西亚设立分校，这是中国第一所在海外设立的中国知名大学分校。该分校开设 5 个学院：人文学院、医学院、经济学院、计算机学院、工学院；招收 5 个专业：中文、中医、计算机、经济、电子工程。分校招收中、马两国的学生。2016 年 7 月，该分校首次面向河北、江苏、浙江、福建、江西、山东、河南、湖北、湖南、广东、广西、四川、贵州、云南、陕西、甘肃、宁夏、青海、海南、辽宁等 20 个省区招收 440 名中国留学生。该分校招收的中国学生应参加全国统一高考，并在各招生地的本科一批（重点本科）录取。除中文和中医外，其他都采用英语教学。学生学习期满并达到有关培养要求的，颁发厦门大学相应的毕业证书及学位证书。证书得到两国教育部的认证。该分校是两国高等教育合作办学的新里程碑，为当地社会培养急需的优秀人才、深化中马两国友谊作出了积极贡献。

2015 年，北师大 – 卡迪夫中文学院在英国卡迪夫大学成立。该学院由北京师范大学(以下简称“北师大”)文学院与卡迪夫大学现代语言学院共同承办，是北师大文学院在海外合作办学的一次新尝试。中文学院主要招收欧洲学生，学生在北师大和卡迪夫大学两地完成学业，成绩合格者将核发北师大毕业证书。中文学院的成立得到了中英两国政府的关注和支持，并被纳入中英高级别人文交流机制。

3. 境外中外合作办学的成效及面临的挑战

通过较长时间的努力探索，境外中外合作办学取得了一些可喜的成绩。主要表现在：其一，专业设置从单一逐渐走向多元。我国大多数境外办学机构和项目开设的是具有中国传统特色的专业，如中医药、汉语言文学。但在近年发展中，一些境外办学机构、项目也开始发挥自身的专业特色和优势，比如西南大学与越南国立教育管理学院开展教育管理硕士项目，大连海事大学在斯里兰卡开展航海技术、轮机工程等学科合作。根据对近五年（2010 年—2015 年）的相关情况统计，我国高校境外办学机构、项目开设的学科、专业分布情况大致是: 中医药专业占比 25%，汉语教学类占比 16%，管理类占比 9%，法学占比 5%，MBA 占比 4%，体育学占比 3%，教育学占比 3%，计算机占比 3%，心理学占比 2%。其二，办学形式、层次比较多样。办学形式有独立设置的办学机构，如老挝苏州大学，也有非独立设置的海外分校，还有一些项目合作形式。办学层次多元，涵盖了从本科到博士研究生的各阶段教育。据统计，2010—2015 年期间，我国高校境外办学层次分布大致是：硕士项目占机构项目总数的 29.1%，本科项目占机构项目总数的 48.6%，专科及高职类项目占比 20.4%，基础教育占比 1.9%。[①] 其三，我国的一流大学开始积极探索优势教育资源的输出，并开始在世界名校建立海外分校。其四，办学成效得到一定的认可。境外中外合作办学为合作双方培养了国际化人才，极大地促进了

① 林金辉主编：《中外合作办学发展报告（2010—2015）》，厦门大学出版社，2016，第 213 页。

合作双方的人文交流，增进了双方人民的了解与友谊。

但由于境外中外合作办学尚处于初步发展阶段，难免存在着一些问题，面临着许多挑战。首先，规模不大，合作对象国过于集中。境外中外合作办学还只是集中在较小的专业和地域范围。已有的境外中外合作办学机构或项目，除孔子学院已有较大规模外，其他办学机构或项目不是很多，由于地域相邻、文化相近等原因，境外合作办学主要集中于亚洲国家和地区（亚洲占比 82.2%，欧洲占比 8.9%，美洲占比 3.9%，非洲占比 5.0%[①]），如新加坡、泰国、日本、斯里兰卡、越南、加纳等，还有少量外方合作者来自葡萄牙、德国、意大利等。其次，缺乏可以输出的优质教育资源。很显然，除了汉语、中医这样的特色专业，中国的高校比较缺少值得其他国家特别是教育发达国家引进的教育资源。其三，由于语言的障碍，高校的国际化程度还不算高。中国高校要走出国门、走向世界，首先应具有与世界各国交往的能力，教师、学生的国际化程度，开设的课程是否符合国际市场需求，学校的管理体制是否与世界接轨，都是影响高校境外合作办学的因素。其四，高校对国际化规则、标准、市场及所在国政治、经济、社会的熟悉程度不高，而不同国家政策与法律的限制，会影响到境外合作办学的实施。其五，高校资金不足。国际教育交流需要一定的资金支持，我国许多高校办学经费有限，对于境外合作办学显得力不从心。其六，生源、师资及教学等问题。生源问题是境外合作办学面临的较大问题。境外合作办学最大的问题就是生源不稳定。如何吸引更多国际学生，是境外合作办学中亟待解决的问题。同时，国际化师资队伍建设有待加强，教材本土化问题需要进一步探索。其七，相关政策支持滞后。我国唯一针对境外办学的管理办法是 2002 年颁布的《高等教育境外办学暂行管理办法》（以下简称《办法》），《办法》没有将境外办学纳入中外合作办学体系之中。《中外合作办学条例》同样也未将境外中外合作办学纳入管理范围之内。而且由于《办法》难以适应境外办学发展的现实需要，于 2015 年 9 月 10 日被教育部下令废止。因此，这一时期关于境外中外合作办学的相关管理制度极为欠缺，政策支持严重

① 林金辉主编：《中外合作办学发展报告（2010—2015）》，厦门大学出版社，2016，第 211 页。

滞后。

4. 境外中外合作办学的现实启示

（1）完善境外中外合作办学的相关政策

我国关于高等教育境外合作办学的政策环境还很不完善，已有的政策较多针对高等教育境内的中外合作办学，较少涉及境外的中外合作办学。

首先，应制定我国高等教育境外中外合作办学的战略规划。这是完善我国高等教育境外中外合作办学政策的首要前提。战略要素在中外合作办学发展中起着引领和撬动的关键性作用。政府是否从战略的角度考虑境外中外合作办学，将会直接影响到境外中外合作办学将来的走势。由于缺乏跨国办学的战略规划，因而使得我国高等教育在走向世界方面远远落后于其他一些国家。①而像美、英、法、澳等教育输出国近年来积极推行教育输出政策，整体规划跨境高等教育输出，在国际上获得了较好的政治、经济利益。借鉴教育输出国的经验，我们应从战略高度规划我国高等教育境外合作办学，并明确高等教育境外合作办学的政策导向。根据中国的国情，我国高等教育境外合作办学主要应强调提高高等教育的现代化和国际化水平及促进高等教育的跨越式发展，而非市场化、产业性运作。因此，在制定高等教育境外合作办学战略规划时，应突出国家战略需求，正确处理跨境高等教育服务的营利性与高等教育的公益性之间的关系。在实施高等教育境外合作办学战略中，应加强组织领导，一是发挥政府、民间组织的力量，发挥中国留学服务中心在教育服务和推广方面的作用，完善中国教育推广工作的协调机构，创新中国教育国际推广的管理模式；二是充分利用国际性、区域性政府间合作机制和双边自由贸易协定（FTA）谈判，为我国教育机构和公民参与国际教育服务创造条件和机会，鼓励和支持我国教育机构和公民赴境外参与国际教育服务。

其次，应完善高等教育境外合作办学管理政策。2002年12月31日教育部发布了《高等学校境外办学暂行管理办法》（教育部令第15号），但该文件已于2015年11月废止，目前各高校可根据自身发展实际和国际化发展战略自主“走出去”办学。当前，我国高等教育境外合作办学的监督和管理体

① 张秋萍、谢仁业：《跨国合作办学的国际比较》，《教育发展研究》2002年第9期。

制还很不完善，对高等教育境外合作办学的教师管理问题、学生管理问题、财务问题和税收问题、教学质量评估问题等，都还缺乏有效的管理办法。因此，我们应进一步完善高等教育境外合作办学管理政策，建立与境外合作办学相适应的管理体制和运行机制。

（2）提升我国高等教育的国际拓展能力

高等教育境外中外合作办学能否成功实现"走出去"，主要取决于其是否具有竞争优势。增强竞争优势的途径有两种：一是低成本，二是差异化。在竞争激烈的国际市场，低廉的价格是赢得市场的第一步。但从长期看，低价格竞争并非长久之计。要想真正在国际教育市场立足，关键在于提供差异化的教育服务。与发达国家相比，虽然我国高等教育的竞争力在一定程度上还较弱，但作为有着悠久历史的大国，在国际高等教育服务贸易市场中，我国所能提供的高等教育服务还是具有一定优势的。我们应充分发挥比较优势和后发效应，走差异化道路，提升我国高等教育的国际拓展能力。其对策主要如下。

一是主动向外推出有中国特色的汉语言文化和中医药学。汉语言文化教育是我国教育的一大特色，在向外输出方面具有强大的资源优势。我国的中医药学科在世界上处于领先地位，其在国际高等教育服务贸易市场中具有绝对优势。美国食品药品管理局（FDA）已认可中医药学的独立学科体系。随着中医药在世界上的影响不断扩大，我们应抓住海外中医药学历教育正迅速起步的时机，加快中医药教育国际化发展进程，支持和鼓励中医药院校走出国门，通过形式多样的合作办学方式，打响中医药教育品牌。

二是建设以英语为授课语言的教育课程，提升我国教育机构的市场能力。英语已成为国际交流中使用最普遍的语言，也是被最广泛学习的第二语言。无国界高等教育观察组织首席执行官邓·奥尔科特博士认为，英语很明显是开展跨境高等教育的主流语言，这一点在可以预见的将来不会有所改变。他建议有意进入跨境高等教育的中国高校应该建设以英语为授课语言的教育课程，并在海外教育市场使用英语授课，这将对中国有益。[1] 一些非英语国家按

① 魏奇、魏志慧：《跨境远程高等教育的现状及发展趋势——访无国界高等教育观察组织首席执行官邓·奥尔科特博士》，《开放教育研究》2009 年第 4 期。

照国际的市场价，积极出售以英语教学的跨境高等教育课程，高等教育已成为这些国家以英语为基础的服务业。如荷兰高校超过1500门课程采用全英文授课。为显著提升我国教育服务的国际市场竞争能力，我们应借鉴这些国家的经验，积极建设以英语为授课语言的教育课程，有选择有步骤地开拓国际教育服务市场。

三是不断拓展高等教育境外中外合作办学的模式。我国高等教育境外合作办学形式比较单一，主要以办孔子学院为主。为了更有效地实施高等教育境外合作办学，我国高校，特别是“双一流”建设高校，应积极利用自身的办学优势，多增设海外教育机构，推进境外合作办学模式多元化，提高海外教育机构的办学层次和办学质量，使之真正成为在海外有广泛影响、对弘扬中华文化有功、对高等教育服务贸易有贡献的办学类型和教育模式。

四是积极整合资源，搭建境外中外合作办学多样化平台。其一，积极与境外政府、教育机构、企业合作办学。其二，鼓励我国高等教育机构与境内企业合作，实施境外合作办学。其三，可整合海外华人华商资源进行境外合作办学。世界华人华商已成为国际资本中一支不可忽视的重要力量。因此，我们应积极依托华人华商铺路搭桥，积极与华侨多、“汉语热”的国家合作办学，如开设中国语言学校、举办短期培训班等，加强国际交流与合作。待条件成熟时，就在境外开办分校。

（3）努力提升境外中外合作办学质量

提升办学质量是确保合作办学持续发展的关键所在。其一，我国高等教育还不具备大规模推行跨境高等教育输出的实力和条件。在高等学校探索和起步阶段，应从小规模、高质量入手，鼓励先办项目。学者林金辉指出：“质量是高校境外办学的灵魂与生命线，建议建立一支高素质国际化的师资队伍，调整学科专业布局，提高课程质量和办学层次，建立中国特色、世界水平的境外办学质量评价标准和质量监测体系。”①

孔子学院是我国境外中外合作办学的主要形式，其办学质量是影响我国境外合作办学声誉的关键因素。为了境外中外合作办学的继续扩大，我们应

① 张烁：《不出国也能圆“留学梦”》，《人民日报》2016年7月21日，第17版。

高度重视孔子学院的办学质量。这主要应从以下三方面来做：一是建立相对一致的质量和评价标准。面对全球已经建立的几百所孔子学院在师资、生源、教材、教法等方面存在的差异，如何在考虑到各个孔子学院的不同基础、所处的不同国情的基础上建立相对一致的质量和评价标准，是急需解决的问题。二是加强孔子学院的师资培养。师资是影响孔子学院办学质量的关键因素。要建设一支数量足够、质量较高的师资队伍，就应进一步加强师资队伍建设，组建专职院长，重视培养培训本土教师，以适应孔子学院的长远发展要求。三是不断优化孔子学院的办学功能。孔子学院的功能主要有：开展汉语教学，培训汉语教师，提供汉语教学资源；开展汉语考试和汉语教师资格认证；提供中国教育、文化等信息服务；开展文化的对外交流等活动。在承担宣传中国文化和提升中国文化的影响力这一重任上，孔子学院发挥着不可替代的作用。其创新的办学模式为我国高校提供了更多的机会与海外高校相互交流与合作，也为世界打开了一扇了解中国高等教育的窗口，从而对我国高等教育的开放起到了积极的促进作用。我们应进一步拓展孔子学院功能，把孔子学院建成加快汉语走向世界、推进中华文化走出去的重要平台。

（4）加强境外中外合作办学的研究

对于我国来说，境外中外合作办学还是一个新生事物，它的长远、健康和稳定的发展又面临许多复杂的问题，这就给它提出一个很重要的研究课题。笔者在写作本节内容的过程中发现，尽管当今关于中外合作办学的理论与实践研究成果已有不少，但是关于境外中外合作办学的研究还很薄弱。有些关于境外中外合作办学的论述夹杂在中外合作办学的相关研究中，但大多也只是略有提及，缺乏专门而深入的研究。比较专门而深入的研究要数林金辉、刘志平的《高等教育中外合作办学“走出去”发展战略探新》一文，该文对于境外中外合作办学的基本内涵、战略意义及具体设施建议等方面进行了比较深入的论述，是为数不多的专门论述境外中外合作办学的力作。尽管境外中外合作办学的规模还较有限，但其不断发展是历史的必然趋势。我们需要历史的自觉，加强对境外中外合作办学的前瞻性研究，以引导和推动境外中外合作办学的良性发展。

关于孔子学院的研究成果相对较多，但大多也只是介绍性的。关于孔子学院的研究还需要在如下几方面加强：其一，世界范围内和具体对象国家与地区对学习了解中国语言、历史和文化的愿望和需求的研究。其二，汉语作为一种第二语言教学方法的研究。这一点尤为重要，我们在这方面的相关研究还很薄弱。同时在孔子学院的教学对象中，绝大多数人的母语与汉语差异很大，研究他们如何能更好地接受和学习汉语这门“外语”就显得格外重要。开展这方面的研究，对孔子学院的师资培养和教材开发也具有很重要的意义。

总之，教育国际化不仅需要“请进来”，也需要“走出去”，而作为“走出去”——跨境教育重要组成部分的境外中外合作办学，更是新时期推动我国教育走出去、扩大人文交流、共建“一带一路”、服务党和国家工作大局的重要环节。因此，全面梳理我国境外中外合作办学的演进历程和发展现状，深入分析我国推进境外中外合作办学的内外动因和存在的问题，客观研究其他国家境外合作办学的已有经验和教训，科学研判稳妥推进新时期境外办学的新机遇、新挑战、新路径，是我们做好对外教育开放工作亟须研究的重要课题。

第四章

个案窥豹：中外合作办学案例透视

中外合作办学作为经济全球化、教育国际化现象影响下的必然产物，如今主要呈现出不同区域发展水平（例如各地发展的不均衡）、不同组织类型（例如独立设置模式、二级学院模式、项目合作模式）、不同发展路径（例如境内路径与境外路径）的多元并存的特点。透过各具特点的个案可以折射出中外合作办学的发展与变迁，通过微观个案和宏观社会之间的联系，进一步阐释中外合作办学发展的普遍性及特殊性规律。

第一节　区域性中外合作办学案例透视

浙江是华夏文化的发祥地之一，耕读文化绵延昌盛，素有“人文渊薮”“文教名邦”之美誉。悠久的浙江历史文化开启了我们研究浙江省中外合作办学发展史的户牖。中外合作办学史作为研究浙江省教育现象的空间与时间的组合，不仅是对中外合作办学历史作富有地域色彩的诠释或新的挖掘，同时，也是对浙江历史文化研究的延伸与加强。

随着我国的改革开放和浙江省经济、文化的发展，浙江省中外合作办学应运而生，相伴着我国高等教育国际交流与合作的扩大而不断发展。作为一种深具个性和生命力的发展模式，它有着独特而丰富的内涵与价值。

一、浙江省中外合作办学发展概况

（一）浙江省中外合作办学的初生状态（1949 年之前）

1. 育英书院——之江大学

现代意义的浙江高等教育，最早可以追溯到 19 世纪末育英书院和求是书院两所新式书院的成立。20 世纪初期，清朝为培养各类新式知识人才，在各地创办各类专门学堂，育英书院改称之江学堂，求是书院逐步变迁为浙江高等学堂，专科性质的学堂开始成为浙江高等教育的主角。这两所书院标志着浙江高等教育现代化的开始，也体现了浙江省最早的中外合作办学引进优质教育资源的核心特点。

据《杭州志 · 教育篇》对于育英书院的记载，该书院的前身是 1845 年美国基督教北长老会差会设于宁波的崇信义塾。1845 年，美国长老会的传教士在宁波创立了浙江省第一所新式学校，名为崇信义塾。1867 年秋该校迁至杭州，改名育英义塾。育英义塾分正、预两科，学制各四年。1880 年由美国传教士裘德生（Judson）任校长[1]，他在学校开设了许多新课程，并增聘了三位中国教师，系统地开设了西方近代科学的相关课程。以英文课为主。除了四书五经等传统课，还按照美国高中的标准，开设了哲学、代数、几何、历史、地理、化学、作文、辩论、音乐等课程。以美国同类学校的标准，严格要求学生，“学校工作水准提高，纪律也变好，毕业考试更加严格”。除了文化学习，裘德生还十分注重培养学生的动手能力，开始注重理科，搞科学实验，举办通俗科学知识讲演，传授西洋科学知识。他从美国进口了先进的实验室设备，使学生在做实验的过程中掌握有用的知识。他还在学校里开办了手工课程，让学生掌握木匠等实用的技艺。正是在裘德生的精心管理下，育英义塾取得了长足发展，从小学升格为中学，并改称为“育英书院”。1887 年秋天，育英义塾举行第一次毕业典礼，1897 年更名为育英书院，开始设英文、化学两专科，学制正科六年、预科五年。是年年初，北长老会华中传教使团正式将育英书院的英文名称从“Hangchow Boys’ School”（杭州男子学校）改成了“Hangchow Presbyterian College”（杭州长老会学院），标志着它成为浙江省内第一个新式的高等学府。

1911 年育英书院迁至新校址秦望山办学，因地处钱塘江（之江）畔，故改名为之江学堂，之江学堂进入了发展的黄金时期。1911 年开始，校园建设陆续进行，校园变得很有层次，也很饱满，特别是在秦望山建成了一座天文台，被称作费城观象台（因由费城的特纳夫人捐献 1000 美元建成而得名），成为当时高校第一座天文台。之江学堂正科（大学）学制四年，预科（中学）学制也是四年。1911 年 2 月，之江学堂有 117 名学生报到，其中正科学生（大学生）只有 31 名，86 名是预科学生（中学生）。王令赓当校长，裘德生为学校自助部的监督。教员由 12 名中外人士组成。[2] 当时华籍教员有方桐生（中学部主任兼自然科学老师）、徐鲁山（物理老师）、周梅杨（算术老师）、李升堂（化学老师）等。之江学堂课程中西结合，注重西式人才的培养，开设有英语、历史、地理、逻辑、国文、经济、生物、物理、化学、几何、生理、

① 沈弘：《“求是”岂能忘“育英”——兼论杭州育英书院的文化遗址保护》，《文化艺术研究》2011 年第 2 期。

② ［美］队克勋：《之江大学》，刘家峰译，珠海出版社，1999，第 14—25 页。

心理、体育、圣经等课程，大多选用英文教科书。另设英语专修班，加强英语教学。1912 年孙中山先生曾到校讲话，他非常感激传教士在他们所创办的学校里所做的工作，并同师生合影留念。[①]1914 年，之江学堂改名为之江大学（Hangchow Christian College），大学学制四年，时有中西籍教员 12 人，学生增至 140 人，美国人王令赓牧师任校长，除增设军操为必修课、开始实施军国民教育外，其余一概沿承旧制。

1916 年，校董会推举司徒雷登的弟弟司徒华林（Warren H. Stuart）代理校长职务。司徒华林在之江大学的发展史上是一位颇有影响、深受爱戴的校长。在他主持校务后，学校开始向更为正规化的方向进一步迈进。首先，改革学制，学制由四年改为三年。其次，学费及教职员薪水开始提高。再次，校园建设有条不紊地继续进行，办学条件进一步改善。最后，改革课程教学。之江大学的办学宗旨是："以培植教牧人才为宗旨……异日或可为国家之柱石。"[②]学校开设的课程主要依赖传教士在美国教派学院的教育经历，并适当注意中西结合。1919 年，五四运动发生，除美籍教员外，广大师生纷纷投入反帝爱国斗争中，他们不顾当局阻挠，参加示威游行，并高呼"打倒帝国主义""打倒卖国贼"等口号。

1920年司徒华林赴美国添聘教师，征募捐款，并向美国哥伦比亚特区立案，获准立案后，他开始大刀阔斧的改革：施行新学制，分文理两科，设天文、地理、生物、化学、中国语言与文学、英文、教育、数学、现代欧洲语言、哲学、物理、宗教、社会学等 15 个学系。开始以美国教育模式为蓝本，施行教育改革，大力推行很有创意的"学分・绩点制"。该绩点制以美国高等教育学分制、绩点制为蓝本，结合中国实际情况加以改良，最终形成"学分・绩点制"，并以此来考核学生完成学业的情况。"学分・绩点制"严格按照五等划分，91 ~ 100 分者为一等，以此类推，60 分以下者为五等无学分。没有获得学分的课程如系必修课程，须重修。学期成绩以平日成绩、月考成绩和期考成绩各三分之一组成，设计及实验课程专注学生平日之成绩。"绩点制"规定各

① 浙江省档案馆馆藏档案《之江大学档案》，卷宗号 L052-1-78。
② 浙江省档案馆馆藏档案《之江大学档案》，卷宗号 L052-1-75。

科成绩凡在 70 ~ 79 分之间者，得 1 个绩点，以此类推，若不及格，不给学分并倒扣绩点。学年终了，除应获得或超过规定的学分总数外，还须获得超过规定的绩点数，不足部分由课外活动所得学分补充。“完成了预定学习课程的学生可获得文凭。完成全部大学课程的毕业生可获得适当的学位”。[①] 相对于当时其他教会大学甚至美国大学而言，之江大学对学生的成绩考核可谓是别出新意。它摈弃了单纯学分制的弊端，在促使学生摒弃自满懒惰，养成竞争意识与积极向上的人生态度方面具有重要的意义。因此，这一制度的引入，使得之江大学学术氛围甚浓，教学质量有了质的飞跃，学生认真听课，教师严格教学，学风务实严谨，著名教授前来任教和学子认真求实的学习态度，更为其后期课程改革和学科建设快速发展奠定了基础。

在之江大学的办学过程中，值得一提的是，之江大学还注重与美国高校的合作办学。1919 年，之江大学与美国西方大学及泰维森大学约定，每年由两校派教员来校任教，以资联络。此后，之江大学与美国本土高校之间的联系日渐增多，在师资共享方面，享受了更多的便利，直接增强了师资力量，提高了教学水平。

1922 年中国发起非基督教运动并随之发展为收回教育权运动，教会大学开始向“中国化、专业化、世俗化”转型发展，逐渐向中国政府注册立案，归属中国主权。1928 年 6 月，之江大学向浙江省政府教育厅提交了立案申请。

1931 年 7 月，大学部经教育部核准立案。立案后的之江大学由李培恩为校长。根据国民政府的相关法律法规，学校立案后，由原设立人（美国南北长老会差会托事部）移交给现设立人（中华基督教会总会执行委员会）接管。其时，董事会做了调整，孔祥熙任名誉董事长，聘李培恩为校长，并聘请吴文蔚、夏晋麟、张信培、曹之竞、邱金陵、诸星华、邝光林、明思德、宋美龄及梅立德等政、商、学、宗教各界人士担任董事。

立案后的之江大学很快呈现出蓬勃发展的新面貌，“校园气氛由不安定转向平静，大家对未来充满了信心”，“新生注册人数猛增。春季有 500 人

① ［美］队克勋：《之江大学》，刘家峰译，珠海出版社，1999，第 43 页。

申请……秋季人数又多了 300”。[①] 从此，中国人的捐款在之江大学总收入中的比例从 24%提高到 53%，校内大多数的行政职务也开始转由中国人担任。教师中增加了李笠、郁达夫、夏承焘、胡才甫、王箴、顾世楫、王寿宝、严寿松、唐庆永、孙宗钰、熊文敏、张文昌等。惠理生担任女生指导师。1932年的教师队伍构成了战前最强大的阵容。[②] 教师队伍中，仅理学院就有 57.1%的教师拥有外国硕士学位，23.8% 的教师拥有外国博士学位（按人次重复计算）。是年共有在校学生 579 人，在职教员 70 人，开设课程 89 种。校董会制定新的学校组织大纲，设文理两院，下分设国文、英文、政治、经济、教育、哲学、化学、生物、物理、土木工程等学系，废除大学预科，改定校名为私立之江文理学院。南京国民政府在培养宗旨、课程设置、教学标准、教科书、预算及教育过程的其他许多方面，逐渐地加强了对学校的控制，由是学校办学宗旨有了改变：“创立者经办之江大学的目的是执行国民政府总的教育目标……培养具有崇高品质、智慧和实践能力的人才来适应社会需要。”[③] 宗教课改为哲学课，另增设党义和军训课，开始男女兼收。这一年，又添建东、西膳厅两座，同学会发起募捐兴建图书馆。

总之，立案后的之江大学以中国化和为中国社会服务作为自己的基本目标，从事了大量的研究和服务项目，尽量使西方技术知识适应中国国情及使教会大学中国化，从而在更广的范围内促进中西文化交流，为中国培养出多方面的人才，为中国建筑设计、土木工程和教育文化作出贡献，推动中国社会的近代化进程，其办学成效得到了社会各界的承认。1931 年春，蒋介石偕宋美龄参观之江大学校园，对之江大学取得的各项成就给予肯定。1936 年，在庆祝之江大学迁入新校址 25 周年纪念会上，李培恩认为至少有三项成就值得庆祝：其一，学生人数增加了 3 倍，教职员人数增加了 1 倍；其二，成功地实行男女同校；其三，成功地向政府立案，在财政上消灭了赤字。[④] 之江大学的毕业生因学历高、专业性强、外语水平高等特点，就业情况也一直很好。

---

① [美]队克勋：《之江大学》，刘家峰译，珠海出版社，1999，第 68 页。
② 张立程、汪林茂：《之江大学史》，杭州出版社，2015，第 39 页。
③ [美]队克勋：《之江大学》，刘家峰译，珠海出版社，1999，第 67 页。
④ 浙江省档案馆馆藏档案《之江大学档案》，卷宗号 L052-1-7。

有不少学生在上海、南京等大城市工作，还有很多毕业生在杭州落户。毕业生从事教育职业的人最多，第二为工程，第三为政治，第四为商业。

在抗日战争、解放战争期间，之江大学度过了近10年的流亡岁月，经历了多次内迁，在上海、安徽、福建、贵州、重庆等地辗转迁徙。虽然一路颠沛流离，历经千辛万苦，可谓筚路蓝缕，但之江大学始终没有半途而废。相反，经历了战火的洗礼后，之江大学的办学实力已被社会各界所认可，特别是在上海通过合作办学的模式顽强地维持着自身的生存。同时，在教育模式上，也适应了时局形势的巨大变化，满足了社会需求，之江大学以其独特的应用性学科教育享誉海内。之江大学在近100多年的时间里，为近代中国培育了许多人才。在这里工作的杰出教师及从这里走出的许多杰出学子，对近代及现代中国作出了杰出贡献。之江大学这颗钱塘江畔的明珠，正是因为他们而发出夺目光彩。他们主要有孙智敏、徐履谦、臧承宣、钟泰、舒鸿、吴文俊、夏承焘、王箴、胡继瑗、张强邻、王善业、任铭善、马叙伦、赵泉澄、王华彬、顾惠人、陈植、孙宗钰、谭垣、蒋礼鸿、吴芷芳、杨纪琬、徐次达、林汉达、慎薇之、胡士莹、李笠、严群、应尚才、王驾吾、吴其玉、谢贻权、陈望道、郁达夫、胡山源、萧炳实、施蛰存、章文才、陆蠡、金仲华、吴晗、朱生豪、裘法祖、曹大铁、琦君、陈从周、袁鹰、杨嗣信等。历任校长、部分外籍教师主要有裘德生、王令赓、司徒华林、费佩德、朱经农、李培恩、黎照寰、队克勋、明思德、司徒雷登等。[①]

2. 求是书院——浙江大学

求是书院诞生在清朝政府甲午战争战败、维新思潮风起云涌的时代背景中，是官方办理的新式书院，是浙江乃至全国最早的高等学校之一，为今日浙江大学的前身，是浙江省早期中外合作办学的渊源之一。1896年，调任杭州知府的林启认为，杭州已有的书院“只空谈义理，溺志词章”，不能适应革新与建设的需要，力主创办新式学堂，振兴实学，培养人才。当时的浙江巡抚廖寿丰十分支持林启的主张，共同决定就寺兴学，开办新式教育机构。经清政府批准，以林启为总办（即校长）的求是书院，于1897年5月21日

① 张立程、汪林茂：《之江大学史》，杭州出版社，2015，第99—145页。

正式开学，借蒲场巷（现杭州大学路）普慈寺为院址。随着时代的更替，求是书院几经更名。1901年改名为浙江求是大学堂。1902年，又改称浙江大学堂。1903年，再改称浙江高等学堂。辛亥革命后，南京临时政府教育部于1912年1月19日公布《普通教育暂行办法》，其规定“从前各项学堂均改称为学校”。浙江高等学堂也遂改称浙江高等学校，同时又奉命停止招生，至1914年维持到最后一届学生毕业，学校完全停办。后几经变迁，浙江省高等学校相继演变为浙江中等工业学堂、浙江公立中等工业学校、浙江省甲种工业学校、浙江公立工业专门学校。1927年，浙江试行大学区制，在浙江高等学校原址上设立第三中山大学。原浙江公立工业、农业专门学校成为第三中山大学的工学院和劳农学院。学生数达174人。1928年4月，第三中山大学更名为浙江大学，7月起改称国立浙江大学，大学下设文理、工、农3个学院16个学系。中华民国时期，国立第三中山大学在竺可桢老校长的带领下，崛起为民国最高学府之一，被英国学者李约瑟誉为“东方剑桥”。自1927年学校重建到1949年，浙江大学共有五任校长即蒋梦麟、邵裴子、程天放、郭任远和深受师生爱戴的竺可桢。

求是书院是为培养新式人才而建立的，因此在办学模式上体现出鲜明的中西结合的特点：效仿西方教育制度，实行“中西结合”，秉持“中学为体，西学为用”的办学方针，开设数学、物理、音乐等现代课程，传播新知识、新思想。同时，以国文为必修科，于内院设中、西学正教习各一人。[①]其办学模式主要参照当时的教会学校育英书院。因此，求是书院在创办之初与育英书院之间存在着合作关系，也蕴含着中外合作办学的些许因子。求是书院在筹办和创建过程中，主事者把当时进行西式办学的育英书院作为一个具体榜样和赶超目标。在筹办时，他们就多次前往参观育英书院[②]。求是书院的全称是“求是中西书院”。其名称之所以用上“中西”二字，就是因为把自己定位于效法西方学制和传授西学知识的新式教育机构，而当时杭州最有名的新

① 朱之平、张淑锵、金灿灿：《国难中诞生的求是书院——浙江大学溯源（1897—1927）》，《浙江档案》2011年第1期。
② 沈弘：《“求是”岂能忘“育英”——兼论杭州育英书院的文化遗址保护》，《文化艺术研究》2011年第2期。

式学校恰恰就是育英书院。于是，他们聘请正主持育英书院工作的北长老会传教士王令赓作为求是中西书院总教习，管理全校的教学工作。也就是说王令赓同时监管着两个书院的教学工作。孙智敏在《浙江高等学堂年谱》(1957) 中的记述：清光绪二十三年丁酉（1899）春正月，浙江巡抚廖寿丰创设求是中西书院，派杭州知府林启为总办，举人陆懋勋为监院，延聘美籍教士王令赓为正教习，侯官陆叔英、康华，湖州卢子纯、保仁分任英、算各科，谓之“求是中西书院”，于夏四月二十二日开学。从求是中西书院创办伊始，育英书院就当仁不让地担当起了帮助它建立西学课程的重任。学校创办初期，犹如一张白纸，从设计课程、聘请教员、购买教学和实验设备、管理教学，一直到选派优秀学生担任助教和留洋，等等，各项事务千头万绪。而王令赓作为育英书院的校长，还得抽身去照顾自己的学校，并同时在两边兼课，其工作量之繁重是可想而知的。但是他坚持了下来，使求是中西书院的各项教学事务进展得相当顺利，除了用以应付科举考试的四书五经等“中学为体”的课程，还开设出了数学、物理、化学、史地、博物、音乐、英语、日语等“西学为用”的课程。“跟育英书院一样，求是中西书院也购置了相应的现代化教学实验设备和西学图书。”[①] 从《浙江高等学堂年谱》的记述中，得知育英书院校长王令赓兼任浙江高等学堂的正教习前后长达 10 年之久。在这 10 年当中，不仅新建的浙江高等学堂已经站稳了脚跟，完成了正教习本土化的关键性转变，就连育英书院本身也有了长足的进步并成长为著名的教会大学。

抗日战争期间，浙江大学被迫辗转西迁贵州遵义、湄潭等地办学 7 年，谱写了一部可歌可泣的学校西迁史。在中国著名气象学家、地理学家，校长竺可桢先生领导下，浙江大学历经艰辛，筚路蓝缕，崛起为当时国内有影响的几所著名大学之一，被英国著名学者李约瑟称誉为“东方剑桥”。在这场历时数年，涉及我国绝大部分高校的西迁运动中，浙江大学面对恶劣的环境，在竺可桢校长的卓越领导和西迁途中各地民众的大力支持下，艰苦奋斗、求是创新，成为在艰难困苦中崛起的“东方剑桥”，为中国抗日战争的胜利作

---

① 沈弘：《“求是”岂能忘“育英”——兼论杭州育英书院的文化遗址保护》，《文化艺术研究》2011 年第 2 期。

出了特殊贡献。

求是书院在长期的办学中形成了独特鲜明的"求是精神"。竺可桢以"求是"定为浙江大学的校训，并对其基本含义作了多次明确的阐述，认为这两个字既是中国传统文化的精髓，又是西方近代科学的真谛，欲在继承传统文化的基础上学习先进的科学技术，必须把握住这个共同点。更为重要的是，他把"求是"精神切实贯穿于办学理念、人才培养和学风建设之中，使之成为全校师生所追求的共同境界。在接任浙江大学校长时就明确地表示了自己这种"无分中外，惟求其是"的立场：

> 大概办理教育事业，第一须明白过去的历史，第二应了解目前的环境……我们应凭借本国的文化基础，吸收世界文化的精华，才能养成有用的专门人才；同时也必根据本国的现势，审察世界的潮流，所养成人才才能合乎今日的需要。[①]

正是抱着这种实事求是的态度，竺可桢对中西教育之精华兼收并蓄，既强调办中国的大学，当然须知道中国的历史，洞明中国的现状，又始终关注着以哈佛大学等为代表的世界一流大学的发展动态及改革举措，建构起创办有中国特色的一流大学的办学理念。

由于生源质量较好，中西结合办学质量较高，求是书院时期培养了何燏时、蒋尊簋、蒋百里、许寿裳、钱家治、汤兆丰、李垕身、赵乃传、朱其辉、陈仪、邵元冲、蒋梦麟、许祖谦、堵福诜、黄学龙、张行简、程万里、邹铨、何敬煌、徐永祚、徐守桢、杨景桢、朱起蛰、祝文白、冯贻箴、潘渊、马公愚、陈仲陶、蒋絅裳、赵廷炳等一大批杰出人才，为近现代中国学术进步与社会变革作出了重要贡献。[②]无怪乎张宗祥先生将求是书院誉为"吾浙教育开山之祖"，并认为求是书院"名人辈出，迄于今，两浙文化循流溯源，此为星宿积石矣"，实在不算过分。[③]至1948年3月底，浙江大学已发展为拥有文、理、工、农、师范、法、医7个学院，25个系，9个研究所，1个研究室的综合性大学。

---

① 竺可桢：《竺校长答词》，《国立浙江大学校刊》1936年第250期。
② 朱之平、张淑锵、金灿灿：《国难中诞生的求是书院——浙江大学溯源（1897—1927）》，《浙江档案》2011年第1期。
③ 万佳、刍真：《求是书院在我国近代教育史上的地位及其办学经验》，《杭州师院学报（社会科学版）》1987年第3期。

（二）浙江省中外合作办学的曲折发展（1949—1994）

1. 之江大学的改造与消亡

中华人民共和国成立后，国家建设需要大量的工业、经济、医学、教育人才。为此，之江大学响应教育部令，围绕新民主主义教育政策积极接受改造，调整课程内容，仿照苏联的教育模式，以辩证唯物史观来引导和培养有利于国家工农业建设及教育文化发展的知识人才。从1951年开始，为彻底肃清帝国主义文化影响，浙江省政府根据政务院《关于处理接受美国津贴的文化教育机构及宗教团体的方针决定》和教育部《关于处理接受美国津贴的教会学校及其他教育机关的指示》的要求，接管了美国长老会（基督教）经办的之江大学的教育主权。在接管过程中，认真贯彻"维持现状、立即开学"的方针，团结一切可以团结的力量，开办民族的、科学的、大众的人民教育，并发动群众进行控诉帝国主义进行文化侵略的罪行，结合抗美援朝运动，深入地进行了反对帝国主义的爱国主义教育，以提高广大师生员工的政治思想觉悟，并按照党和国家根据《关于实施高等学校课程改革的决定》[①]，中央交通部委托之江大学办理自动车、公路运输管理、建筑设备及建筑工程四种专修科。[②]除建筑设备专修科因缺乏师资设备无法承办外，之江大学工学院土木系还代办土木测量水利专修科[③]，财经学院拟开办财经专修科，设会计、统计及保险三种训练班。其目的在于强化学生的社会责任感，最大限度地培养社会所需人才。这也说明科技型学科和技术型学科在当时是高地位的学科，它与当时的社会经济结构密切相关。

至1952年院系改革时，之江大学已逐步形成了分科课程、活动课程、融合课程、隐性课程及社会中心课程的课程类型结构，各科系围绕国家建设、经济发展，开设相当数量的专业课、公共选修课及自由选修课；各科之间还有一定比例的交叉学科，学科结构及学科知识间的连贯性和紧密性日趋合理。宗教教育学科被一系列有关国学、教育学、工程制造、经济贸易等有利于解决社会问题的学科所取代。

---

① 浙江省档案馆馆藏档案：《之江大学档案》卷宗号L052-2-3。
② 浙江省档案馆馆藏档案：《之江大学档案》卷宗号L052-2-62。
③ 浙江省档案馆馆藏档案：《之江大学档案》卷宗号L052-2-56。

1952 年全国高等学校院系调整，在该校原址由文理学院部分系与浙江大学文学院组建成浙江师范学院，其他院系分别并入复旦大学、华东财经学院、中央航空学院、浙江大学等，至此，之江大学宣告结束。

2. 以俄为师：积极学习苏联教育模式

从 1952 年开始，根据国家建设需要，浙江省成立高等学校调整委员会。在教育部统一部署下，高等学校调整委员会参照苏联按行业、单一学科组建高等学校的教育经验，对高等学校进行院系调整工作。浙江省高校调整工作，按照“以培养工业建设人才和师资为重点，发展专门学院”的精神，为本省高等教育的进一步发展打下基础的要求，对高等院校院系进行全面调整。经过调整，浙江省共建立了 5 所高校——浙江大学、浙江师范学院、浙江医学院、浙江农学院、浙江美术学院，设置了 35 个专业。浙江省结合自身实际情况和即将到来的社会主义建设高潮对人才的需要，积极学习苏联先进教育经验，在教育教学方面进行了一系列改革，一定程度上革除了旧的教学制度对新中国教学制度的影响，初步构建了新的教学组织模式和教学研究组织，加强了教师队伍建设。

3. 与其他国家的合作办学

以 1978 年恢复高校统一招生考试制度为契机，浙江省于高等教育领域，大力调整专业结构、积极开展多种形式办学。至 1984 年，全省高校已从 1978 年的 20 所发展到 27 所，本专科在校生数由 2.4 万余人提高到 4.5 万人，是 1978 年的 1.9 倍；招收研究生 443 人，是 1978 年的 1.4 倍。[①] 随着规模的扩大和办学水平的提高，全省高等教育中外合作办学也开始呈现新的活力。

宁波高等专科学校是一所年轻的高等学校，创建于 1983 年。1985 年，学校成为联邦德国与中国政府合作建设的四所应用型高校之一。学校十分重视国际交流，早在 1985 年就与德国亚琛高等专科学校建立了友好合作关系。此外，还先后与加拿大、英国等国家和地区的高等院校建立了校际交往关系。

1988 年 1 月 27 日，浙江省和巴伐利亚州（由巴伐利亚州教育、文化、科学和艺术部代表）商定建立“中德翻译与信息中心”（以下简称“中心”，

① 刘希平主编：《千秋大业教育为基：浙江教育 60 年》，浙江人民出版社，2009，第 66 页。

该中心于 1995 年并入“杭州大学德国文化研究所”），旨在促进相互间的了解和友谊，加强合作，交流中华人民共和国和德意志联邦共和国在教育与人文科学方面的情报和资料。此项目由项目领导委员会领导。项目领导委员会根据中华人民共和国国家教育委员会、浙江省、巴伐利亚州和“中心”本身的需要来确定“中心”的任务。

通过对浙江省各相关高校的校史爬梳整理，现将改革开放后至 1995 年前浙江省部分高校中外合作办学情况整理简介如下：[①]

浙江大学：学校积极开展国际科技文化交流和合作，努力适应高等教育国际化的发展趋势。与美国、英国、德国和日本等国家和地区的 50 多所院校及研究单位建立合作关系，派遣了 600 多名教师赴国外著名大学讲学和进修。

中国美术学院：学校不断推进和扩大对外交流活动，采取多种形式选派教师去国外考察、访问、讲学、进修。学院在法国、意大利、西班牙等国家建立了 5 个画室，供教师出国进修与深造。学院还建立了对外教学和外事管理机构，招收外国学生，举办各类美术短训班，邀请外国专家来院讲学，举办校际交流展。与之同时，该校还与美国、法国、加拿大、意大利、日本、德国、澳大利亚等国的十几个高等艺术院校和艺术团体建立了经常性的联系。这些交流活动不仅推动了学校的教学和创作，还促进了各国人民间的相互了解，增进了友谊，增进了对对方的文化艺术的理解。

杭州大学：学校积极开展国际文化交流与合作，努力适应高等教育国际化的趋势。学校先后与 11 个国家 43 所大学签订了合作协议，建立了校际交流关系。自 1986 年以降，学校共派遣出国留学人员和高级访问学者 450 人，先后聘请了 160 多位外国专家和外籍教师。1989 年，杭州大学被国家教委批准为对外开放学校，建立了德国文化研究所、日本文化研究所、韩国研究所、英国研究中心等学术文化交流机构。

宁波大学：该校十分重视国际学术交流，已与英国、美国、法国、加拿

---

① 浙江省教育委员会、杭州大学中德翻译和信息中心编：《浙江高等教育》，杭州大学出版社，1996，第 74–115 页。

大等国的大学建立了正式的校际合作关系，并聘请海内外学者担任学校顾问、客座教授，有计划地选派教师赴国外进修和参加学术会议。

浙江农业大学：积极开展国际学术交流与合作，已与美国、德国、日本、菲律宾等国家的25所大学和研究机构建立了校际协作关系。同时，经常派教师出国进修和进行学术交流。

浙江医科大学：学校十分重视在教学和科研方面进行国际交流与合作，先后与美国、日本和德国等国的11所知名大学建立了长期稳定的校际交流关系，开展了科学研究和人才培养等领域的协作。

浙江工业大学：近年来，学校对外交流活跃，先后与美国、日本、德国、英国、俄罗斯等国家的70多所高等学校建立了校际协作关系，并广泛开展学术交流、科学研究、教师进修、联合办学等活动。

浙江师范大学：自1985年以来，学校聘请了10余批外籍教师来校任教。此外，还与美国、乌克兰、喀麦隆等国家的有关大学建立了友好交流关系。学校不仅选派学生出国留学，还积极招收外国留学生。

杭州应用工程技术学院：学院对外交流频繁。众多的外国专家、学者先后来学院工作和讲学。学院有常驻德国专家组，负责政府级合作项目的管理与专业咨询工作。学院与十几所德国技术学院、多家德国企业及研究所建立了友好合作关系。在合作交流中，学院先后派遣了70余名访问学者、教师和管理人员去国外进修和考察，大大提高了教师的专业水平和管理人员的业务能力。

综上实际，浙江省此时期的中外合作办学，还不是严格意义上的、正式的合作办学，主要是高校间的教育合作与交流，但大部分合作与交流活动已初具中外合作办学的行为特点。

（三）浙江省中外合作办学的快速推进（1995—2016）

1. 中外合作办学政策的完善

中外合作办学发展离不开政策的支持。1995年后，中外合作办学逐渐走上了有法可依的发展轨道。对此，前文已作交代。与不断完善的全国中外合作办学政策相配合，浙江省也出台了一些相应的政策来进一步强化、规范本省中外合作办学的健康发展。

在国家“积极鼓励、大力支持、正确引导、加强管理”方针指导下，浙江省提出，只要符合国家法律、法规，有利于增加教育投入，有利于扩大教育规模、提高教育质量，有利于满足社会的教育需求，各种形式都可以大胆试验、积极探索。为推进社会力量办学，1998 年浙江省政府专门召开了全省社会力量办学现场经验交流会，当年年底还在全国率先出台了《关于鼓励社会力量参与办学的若干规定》和一系列扶持政策，包括可以按生均成本确定学费和住宿费收费标准、在征用土地和减免建设配套等有关规费方面享受与公办学校同等的优惠政策、可自主面向社会招聘教师等，鼓励社会力量以多种形式参与办学，引导社会力量举办高中段以上教育特别是中高等职业教育。浙江发展社会力量办学的着眼点，是变一元投入为多元投入，变一个办学积极性为多个办学积极性，逐步形成社会化办学格局。[①] 优惠的政策措施，激发了社会力量投资兴学的热情。

2012 年颁布的《浙江省高等教育国际化发展规划（2010—2020 年）》（以下简称《规划》）对浙江省中外合作办学的发展做了进一步的推动和指导。《规划》提出了浙江省高等教育国际化的五大基本原则（也可看作是中外合作办学的基本原则）：坚持为浙江省经济建设和社会发展服务的原则，坚持致力于提高高等教育发展水平的原则，坚持“引进来”与“走出去”相结合的原则，坚持统筹兼顾与重点推进相结合的原则，坚持点面结合、以点带面的原则。《规划》还对接下来 10 年中外合作办学目标与任务进行了规定：

> 全省中外合作办学机构（含非独立设置的二级学院）2015 年不少于 7 所，其中高水平大学 2—3 所、二级学院 5—8 所；2020 年增加到 10 所以上。中外合作办学项目 2015 年增加到 200 个，其中博士层次 5 个，硕士层次 20 个，本科层次 40 个，专科层次 110 个，非学历项目 25 个。

《规划》同时拟定了近 10 年内合作办学的任务：

> 本着学习借鉴国际先进教育思想、办学理念、管理经验和人才

① 侯靖方主编：《日出江花红胜火：1998—2002 年浙江教育发展报告》，浙江教育出版社，2004，第 5 页。

培养模式的宗旨，积极利用国外优质教育资源，重点加强与世界知名高校、国外高校强势学科以及同类高水平高校的合作办学。加强评估和监管，不断提升我省中外合作办学质量和水平。

认真总结宁波诺丁汉大学办学经验，大力支持和促进宁波诺丁汉大学和现有中外合作办学项目不断提高合作水平，充分发挥示范作用。

加大我省高校与国外同类高水平高校的合作力度，积极开发各种双联课程、学分互认课程、外部学位课程、外国考试机构课程等。有计划地引进国际通用职业资格证书。

随着浙江省中外合作办学的不断发展，对加强中外合作办学质量监管，也提出了新的要求。2012年，浙江省教育厅颁发了《浙江省教育厅关于做好本科及本科以上高等学历教育中外合作办学项目审批工作的通知》（以下简称《通知》），进一步规范了进行中外合作办学的指导思想：

我省普通高校举办中外合作办学，应坚持“扩大开放、规范办学、依法管理、促进发展”的原则，通过学习引进国外先进的教育理念、教育资源、办学模式、教学方式、教学手段、质量评价体系、管理经验，不断提高高校的办学水平和育人质量，努力为我省经济社会发展培养大批通晓国际规则、具有国际视野和国际交流能力的高素质人才。

我省高校在合作办学过程中要做到两个“坚持”，一是坚持党的教育方针、坚持社会主义办学方向不动摇；二是坚持把合作办学的目的放在提升自身办学水平上。

《通知》还就加强中外合作办学项目管理提出了10条具体措施，包括合作办学机构管理人员要求、合作办学专业与课程设置重点、合作办学招生与收费、合作办学的财务管理、合作办学的质量监管等。其中提出要增设中外合作办学专门管理机构与人员的具体要求，明确了本省中外合作办学专业重点“应满足国家和浙江经济社会发展对各类人才的需求以及学校学科建设的需要，优先支持与我省战略性新兴产业相关的急需紧缺专业开展合作办学，如新材料、新能源、高端装备制造、信息技术、生物技术、海洋技术、农业科技、环境保护、现代交通运输、工业设计、金融保险、物流管理、创意文化等。”《通知》成为浙江省政府第一个专门的中外合作办学规范性文件。

根据2012年颁布的《浙江省教育厅办公室关于开展浙江省示范性中外合作办学项目评选的通知》，当年有8个中外合作办学项目被评选为“浙江省示范性中外合作办学项目”。

2014年，浙江省教育厅在转发《教育部关于进一步加强高等学校中外合作办学质量保障工作的意见》的通知里，进一步强调了本省中外合作办学质量保障的五条具体措施：高度重视质量保障工作；严把资源引进入口关；规范办学过程管理；加强信息公开和质量监管；推进高水平示范性建设。这些措施对规范浙江省中外合作办学具有更明确的指导意义。

2016年，浙江省教育厅颁发《关于开展示范性中外合作办学项目建设的通知》（以下简称《通知》），《通知》以“四个全面”战略布局和五大发展理念为指导，着眼于提高整体办学水平和教育质量，全面实现浙江教育现代化，通过树立先进典型，共享成功经验，鼓励引进国外优质教育资源，创新人才培养机制，强化课程融合提升，打造卓越教师团队，提高合作办学质量，为加快浙江省高等教育国际化发展和高校内涵建设发挥积极推动作用。当年，浙江省教育厅遴选了16个中外合作办学项目作为示范性建设项目，建设周期一般为3年。

浙江省非常重视中外合作办学的质量提升，所以特别重视示范性中外合作办学机构或项目的建设。浙江省的相关计划是：到2020年，建成20个示范性中外合作办学项目（10个本科以上层次中外合作办学项目，10个专科层次中外合作办学项目），在国内具有较高知名度，在浙江省内起到示范引领作用。

示范性项目评选，对推动浙江省中外合作办学的质量建设有着积极的意义。为了完成这一计划，2016年开始，浙江省教育厅每年都要开展示范性中外合作办学建设项目立项，每年遴选10～20个候选项目进行建设立项，建设周期一般为3年。这是从2012年开始的示范性中外合作办学项目评选的基础上，又一项推进中外合作办学质量提升的有力措施。

2. 中外合作办学的实践

从1995年开始，浙江中外合作办学走向了正规化发展。浙江工业大学和澳大利亚北墨尔本职业技术与继续教育学院合作举办的国际贸易非学历高等教育中外合作办学项目，是浙江省1995年后第一个中外合作办学项目。该项目采取了中方管理，三分之一的核心课程由外籍教师担任，全英文授课等中外合作办学模式的有益尝试。

1998年至2002年，全省社会力量对教育的总投入达440.51亿元，占同期教育经费总投入的39.4%。截至2002年，浙江省已有44个中外合作办学项目，其中有16个实施学历教育。

据《浙江省中外合作办学（含港澳台地区）项目信息一览表》统计，2015年全省共有8所高校经批准设立了9个中外合作办学机构，比2014年增加了2个；其中4所硕博授权高校设立了5个中外合作办学机构，1所普通本科院校和3所高职高专院校各设立了1个中外合作办学机构。共有43所高校经批准设立了112个中外合作办学项目，比上年增加了7项；其中硕博授权高校52项，其他本科院校6项，高职高专院校54项。境外办学正在起步，少数高校已开始在国外设立中外合作办学机构或办学项目，不少高校在规划中有配合“一带一路”建设赴国外设立办学机构或办学项目的设想。此外，孔子学院也新增了3所。截至2015年年底，浙江省已有14所高校在20个国家共建了24所孔子学院。

从中华人民共和国教育部中外合作办学监管工作信息平台上得知，截至2016年12月，浙江省由地方审批报教育部备案的专科层次的中外合作办学机构共4个，中外合作办学项目68个。本科层次的中外合作办学机构6个，项目43个。硕士以上的中外合作办学机构4个，项目19个。

从合作国家上来看，本科及本科以上教学层次的合作国家主要集中在欧美等发达国家和地区，涉及了10个国家，现具体展示如次：美国最多（16个），其次是澳大利亚（14个）、英国（10个）、法国（4个）、加拿大（3个）、德国（4个）、新西兰（3个）、瑞典（2个）、丹麦（1个）、俄罗斯（1个）。由此可见，浙江高校为了引进优质的教育资源，在合作办学的对象上，主要选择教育资源相对丰富，教学经验更为充足，师资力量更为雄厚的发达国家和地区。

从浙江省内合作高校来看，截至2016年12月，在17所大学中，举办中外合作办学的达到16所，所占比率94.5%，其中浙江大学11个、浙江工业大学 6 个、温州大学 6 个、宁波大学 4 个、杭州电子科技大学 4 个、浙江师范大学 3 个。由此可见，各大学特别是硕博授权高校都很重视中外合作办学，更加注重优质教育资源的引进及输出。其他本科院校及高职院校也在积极通过中外合作办学来引进优质教育资源，提高办学质量。现将 2016 年不同类型高校的中外合作办学项目数排名情况列表示下（详见表 4-1、表 4-2、表 4-3）。

表 4-1　浙江省硕博授权高校经批准设立的中外合作办学项目数前 10 位一览表

排名	高校名称
1	浙江大学
2	宁波大学
3	浙江工业大学
4	中国美术学院
4	浙江师范大学
4	杭州电子科技大学
4	温州医科大学
4	浙江财经大学
4	温州大学
4	浙江科技学院

资料来源：浙江省教育厅：《2016 年浙江省高等教育国际化年度报告》。

表 4-2　浙江省其他本科院校经批准设立的中外合作办学项目数前 7 位一览表[①]

排名	高校名称
1	宁波工程学院
1	宁波大红鹰学院
1	浙江传媒学院
1	浙江水利水电学院
5	湖州师范学院
5	丽水学院
5	杭州医学院

资料来源：浙江省教育厅：《2016 年浙江省高等教育国际化年度报告》。

① 该类其余学校没有中外合作办学项目。

表 4-3　浙江省高职高专院校经批准设立的中外合作办学项目数前 10 位一览表

排名	高校名称
1	金华职业技术学院
2	浙江机电职业技术学院
3	浙江经贸职业技术学院
4	杭州科技职业技术学院
4	浙江旅游职业学院
4	浙江商业职业技术学院
4	浙江金融职业学院
4	浙江工贸职业技术学院
4	浙江经济职业技术学院
10	浙江交通职业技术学院
10	温州职业技术学院
10	浙江工商职业技术学院
10	浙江纺织服装职业技术学院
10	湖州职业技术学院

资料来源：浙江省教育厅：《2016 年浙江省高等教育国际化年度报告》。

从办学类型上看，浙江省大部分本科层次的办学机构和项目均属于计划内招生，属于学历教育；而所有的硕士项目都是非学历教育，在招生上有很大的自主性。从颁发的文凭上看，浙江省大部分本科层次的办学机构和项目在学生毕业后颁发双文凭，即中方和外方合作院校都颁发文凭。所有的硕士、博士项目，都有外方院校颁发的学位证书。

从办学形式来看，主要是以项目的形式。但本科院校的中外合作办学机构（含非独立设置）共有 6 个，在全国处于前列，仅次于上海与江苏。宁波诺丁汉大学作为全国为数不多的几个中外合作办学机构，其办学声誉日益扩大。从办学层次来看，专科层次有 72 个项目（含 4 个中外合作办学二级学院），本科层次有 43 个项目，6 个中外合作办学机构（含三个二级学院），硕士有 19 个项目，博士有 2 个项目。

从合作专业上看，所有中外合作办学机构和项目开设的专业，排在前三位者分别是管理类（项目管理、旅游管理、工商管理等）、外国语言文学类、电气信息类（电子商务、计算机科学与技术等）。这和全国整体的专业分布大体相同，既有社会热门发展领域，也有地方的特色突破。温州医学院与美国托马斯大学合作举办护理学专业的本科教育，这是中国首个护理学专业的中外合作本科教育项目。温州医科大学与美国新英格兰视光学院合作举办眼视光学博士研究生教育项目，也是中国最早的眼视光学专业的中外合作办学项目。还有宁波大红鹰学院与台湾昆山科技大学合作举办视觉传达设计专业本科教育项目、浙江师范大学与澳大利亚伊迪斯·科文大学合作举办广告学专业本科教育项目等，都是中外合作办学中比较有特色的专业。

从中外合作办学的发展速度与水平来看，浙江省中外合作办学起步较早，且有逐年增长之势，在全国中外合作办学机构和项目的发展方面居于中上水平。特别是 2010 年《国家中长期教育改革与发展规划纲要（2010—2020）》出台以后，浙江省中外合作办学增长快速，其中 2013—2014 年是一个增长高峰期。浙江还是高等教育综合改革试点，即浙江省拥有中外合作办学的自主审批权，省内所有高校的中外合作办学项目，只需通过浙江省审批即可。浙江省拥有的国内知名高等院校不多，以省属院校为主，但是浙江还是依据自身经济、文化和地理上的优势，积极拓展中外合作办学的渠道。

浙江省职业教育发展很快，高等职业院校的中外合作办学也发展迅速，是浙江省中外合作办学的一股强大力量。2006 年 2 月 17 日，省委教育工委副书记、省教育厅副厅长蒋胜祥为浙江机电职业技术学院、浙江旅游职业学院、浙江金融职业学院、杭州职业技术学院等 4 所高校的 7 个中外合作办学项目，颁发了项目批准书。浙江省由地方审批报教育部备案的职业学院的中外合作办学机构共 4 个，中外合作办学项目 68 个。据初步统计，在现有的 49 所职业院校中，有 37 所举办有中外合作办学项目。

二、中外合作办学的案例分析[①]

（一）宁波诺丁汉大学基本概况

宁波诺丁汉大学（The University of Nottingham Ningbo China）位于浙江省宁波市，是经中华人民共和国教育部批准，由英国诺丁汉大学与浙江万里学院合作创办，在中国设立的第一家引进世界一流大学优质教学资源、具有独立法人资格和独立校区的中外合作大学。2006 年，时任浙江省委书记习近平在宁波诺丁汉大学校园落成典礼上，称宁波诺丁汉大学是“一颗希望的种子”。2005 年 5 月 20 日，教育部正式批准设立宁波诺丁汉大学；2008 年 12 月，该校获教育部批准开展博士研究生教育。

截至 2016 年，宁波诺丁汉大学占地面积 887 亩，在校生 6000 余人，教职员工 600 余人；开设 15 个院系，开办 28 个本科专业、19 个硕士专业。各院系、研究中心开有博士研究生项目，还设有国际金融研究中心、应用语言学研究中心、可持续能源技术研究中心（CSET）、可持续制造研究中心、国际博士创新研究中心、创意与数字文化研究所、亚太研究所、国际金融研究中心（宁波市政府与中国社会科学院合作共建）、诺丁汉全球化与经济政策研究中心（宁波）、中外合作大学研究中心。

英国诺丁汉大学在 1881 年始建于英国诺丁汉市，于 1948 年荣获皇家特许状。学校是国际顶尖研究型大学团体 U21 的创始成员之一。同时，也是英国一流研究型大学组织罗素大学集团成员之一。在全球高等教育机构中，英国诺丁汉大学跻身百强。英国诺丁汉大学在各项审核中，一直以其丰硕的学术成果名列前茅。英国诺丁汉大学也是唯一一所拥有海外校区的英国大学，与中国的关系尤为密切。学校的当代中国学学院声名卓著，被认为是英国研究中国问题的智囊机构。更重要的是，英国诺丁汉大学校长曾由著名的中国科学院院士、复旦大学前任校长杨福家教授担任。英国诺丁汉大学始终致力于国际化发展，已得到了各界的高度认可。2006 年，学校荣获英国高等教育

① 两个案例的资料来源主要有以下四个方面：一是实地考察，二是访谈师生，三是学校官网，四是文献资料。

最高奖项国际贸易事业女皇奖。由于在合作创建宁波诺丁汉大学所取得的巨大成功，学校还被中英贸易协会评为2006年度最佳对外投资者，并在美国荣获年度国际商务奖。英国诺丁汉大学还被英国高等教育界最具权威的《泰晤士报高等教育增刊》评为年度最佳大学。

在管理方面，在《中外合作办学条例》为指导与英方建立起了尊重、信任、负责、协同的“协约式”校务管理模式。学校成立了大学理事会作为最高决策机构，具体负责发展规划、制定预算、筹措资金等事宜；成立了校务委员会，具体负责执行理事会决议，制订教学计划，安排教学活动，做好教师管理等事务。与此同时，学校还成立了中共宁波诺丁汉大学委员会，从而保障社会主义办学方向。

（二）宁波诺丁汉大学的办学定位、专业及课程设置

宁波诺丁汉大学的办学定位是：绝不参与国内教育行业的竞争。一不谋利，二求平衡，三求卓越。目的只有一个，实现中国人的梦想，办一所进入世界200强的大学。

作为一所中外合作大学，其核心是引进国外一流教育资源为本国人才成长服务，所以，宁波诺丁汉大学的专业与课程设置的基本原则是：既是英国诺丁汉大学的优势学科、特色专业，又是21世纪中国经济社会发展的急需。学校设置的专业及课程是横向移植英国诺丁汉大学的品牌学科和特色专业，主要包括国际商务、财务管理、国际文化交流、计算机科学与技术、商务经济学、国际事务与国际关系、欧洲事务与欧洲关系、东亚事务与东亚关系、英语等。

宁波诺丁汉大学为了给学生的终身发展打下坚实的基础，还特别重视博雅教育。博雅教育具有“博”“雅”“学生中心”“鼓励质疑的小班教学”和“丰富的第二课堂”五个要素。一流大学的标准在于学校能够改变学生的人生，并且能够给予教师足够的自由空间，培育学生广阔的国际视野，关键在于给予他们足够的国际化机会，培育学生厚重的传统文化底蕴和爱国心，在教育中重视中国元素，基础在于构建亲人般的“校生”关系。所以中外合作大学的课程设置，除了引进最优国外课程资源，更重要的是思考如何做好中国传统文化教育。宁波诺丁汉大学在引进英国诺丁汉大学优势专业课程的同时，也十分强调校本人文课程的开发和建设。学校的思想政治理论课和文体课，由中方教师负责讲授。学校鼓励教师自编教材，在教学中侧重中国传统文化教育和中外文化交流教育，注重发挥教师的专业特长、创造性、主动性和集体合作力量。宁波诺丁汉大学还侧重在中外合办的学校里增加中国文化底蕴，专门设有中国文化课，并成立了中国文化课教研组，并经过几年的摸索逐步形成了以中国文化为主线的、有特色的“国情、国史、国学”教育系列课程。关于培育学生爱国情怀的问题，不是简单几门课程就能做到的，更应该注重校园隐性课程的支持。校长杨福家曾说：“我很放心宁波诺丁汉大学的学生，他们每年都到英国去，回来之后更加爱国了。我们做学生思想工作的方法与国内其他大学不一样，我们的党委与学生像亲人一样，我们依靠信任和关怀来建立学生与学校之间的良好关系。”[①]

（三）宁波诺丁汉大学的教学模式

宁波诺丁汉大学原汁原味地采用英国诺丁汉大学教育模式，以小班化教学、合作式学习为特点，培养学生自主学习、科研及团队协作能力，进而掌握研究、分析与表达所学学科的核心内容，并能触类旁通，提高知识转化的能力。

上课前，教师要做好充分的准备。任课教师在本门课程开始之前，需要根据学校、院系的相关规定和学生的特点制订出课程的教学计划，包括教学目标、教学组织方式、教学工具、教学内容、学生的学习成果等。在课堂教学前也要为学生分配选题、准备参考资料、为学生指定书目清单等。

宁波诺丁汉大学的核心教学理念是让学生成为学习的主体，让学生不仅掌握知识，更要学会主动学习、主动思考与主动创新。所以诺丁汉大学主要采取以下四个方面的教学策略：

其一，采用小班化教学及强化英语学习。宁波诺丁汉大学班级的规模比世界上公认的每班 20 ~ 30 人还小，以 15 ~ 16 人为一个班，每个班级均以一个诗人或城市命名。宁波诺丁汉大学会对刚入学的学生进行一次英语考试，主要目的就是想了解一下学生的英语水平，并据此进行初步的分班。随后，

---

① 蔡连玉、苏鑫、王玉明：《博雅教育与领导力培养——宁波诺丁汉大学校长杨福家院士访谈录》，《高校教育管理》2015 年第 3 期。

根据学生的学习情况和考试成绩的变化，学生的编班将不断进行调整，使同等学力的学生能够进入到同一个班。教师会根据每个班学生的特点和能力，制订出不同的教学计划及学习项目，使学生能够在短时间内适应全英文教学，并且能够在课堂上多使用英语，提高英语口语技能。

其二，采用讨论式教学。学生从二年级开始进入专业学习，教师不会“满堂灌”，而是会提出一些问题，用相当多的时间和学生讨论，鼓励每个学生积极发言和踊跃提问，通过讨论来分享自己的思想和意见。学生才是课堂上的主角，教师只是起引导作用。

其三，采取项目式的教学方法。项目任务教学法是指教师在具体的教学过程中设计一些独立的项目或者活动，让学生单独或者集体去完成任务。学生需要通过不同的途径去查找资料、通过参加社会实践来验证理论等，然后将自己的研究成果整理成一篇论文。在完成任务的过程中，学生不仅增强了实践技能，而且学会了与同学们的友好相处。

其四，采取多样化的考试与测评形式。宁波诺丁汉大学非常重视学生的考核和测评，考评形式多样，注重平时测评，学生的学业成绩由多项指标综合决定。每学期各科教师都会给学生布置课外作业，包括用 3 ~ 4 周完成一篇论文和分阶段写学习反思和体会等；每周还有不同形式的小测验，分数都作为总成绩的一部分。

（四）宁波诺丁汉大学教育教学的质量和监管

宁波诺丁汉大学的教育教学活动受中英双方共同监管。学校专业与课程的开设与英国诺丁汉大学执行同样的标准，定期接受来自英国诺丁汉大学本部及英国高等教育质量保障局的评估检查。宁波诺丁汉大学也严格按照《中外合作办学条例》及《中外合作办学条例实施办法》组织开展教育教学工作，并接受教育部组织开展的评估、复核和检查。学校对教师的要求也非常严格，每学期通过学生评教、教师成果总结展等多种形式对教师进行评估考核。

宁波诺丁汉大学实行“严进严出”的教学质量和监管制度。其教学制度，充分结合了英国大学和中国大学的优势和特色，实现了国际化和本土化的有效结合。选择就读宁波诺丁汉大学的学生，其高考录取分数线必须达到生源地一本线，而且英语分数要在 115 分以上，这就为后续的全英文教学提供了保障，避免出现像有些合作办学项目那样由于生源质量差导致引进的教育资源难以被学生理解和消化的问题。宁波诺丁汉大学对学生的要求非常严格，对那些在课程考试中不及格的考生，学校将给予一次补考机会，如果补考仍不及格的话，学校会对其进行留级处理，也就是让这些学生通过重新学习课程来补足学业上的不足，直到能够达到考试的要求为止。据了解，学校每年在一年级结束时都会有几十名学生留级，可见该校的校风十分严谨。

宁波诺丁汉大学还实行学位的四等级制度，学位等级制度的评判标准和英国诺丁汉大学一样。有四个等级的荣誉学位分别是一等荣誉学士学位、二等上荣誉学士学位、二等下荣誉学士学位、三等荣誉学士学位。也就是说，学校最终颁发给学生的学位等级证书，由学生在每个模块的学习成绩所决定。学生如果想在毕业的时候拿到较高层次的学位等级证书，就必须每个课程模块的成绩都达到优秀。这样，用人单位看到学生的学位等级证书，就会知道学生在校的表现如何。所以，这种四级划分的学位等级制度，从客观上也督促着学生自觉主动开展学习活动。

（五）宁波诺丁汉大学的学生管理

其一，本科生导师制。学校将学生分成不同的小组，每个小组包括一名导师和 4 名学生。导师主要负责指导学生的专业学习和论文写作。学生有任何学习上的疑问，都可以通过向导师咨询得到耐心讲解和指导。导师制获得了学生和家长的一致认同。与此同时，学校为了监督导师们的工作，专门设计“导师个体学术记录表”，表格里的内容包括指导老师姓名、指导时间与地点、指导内容、解决的主要问题、学生签名。这项措施很好地督促了导师的工作开展，导师们就算平时教学任务再忙，也必须抽出时间来为学生解答疑惑，真正地做到了“以学生为中心”。学期结束，学校还要对导师的课外指导进行评价。另外，宁波诺丁汉大学的各个院系都设立了学习社区论坛，这种论坛由学生代表和教师构成。学生代表首先要搜集学生的需求和关注的问题，然后及时向教师进行反馈，最后再将教师的处理结果公布给学生。这样，该论坛就起到一个很好的学习平台作用，一方面帮助学生解决问题，另一方面拉近了教师与学生的关系。

其二，课外活动。课外活动是拓展学生综合素质的重要途径。宁波诺丁汉大学非常重视通过这一途径来提升学生的综合素质。在课外活动的管理方面，宁波诺丁汉大学建立了一套非常完善的学生服务系统。首先，学校成立了学生会、俱乐部和各种类别的社团，并且为学生提供了其他种类的服务设施，这些社团和服务设施为学生综合能力的提高创造了条件。学校拥有社团50多个。多样化的社团活动满足了学生多样化的需求，促进了文化间的交流理解，增强了地域、民族间的尊重与认同。在宁波诺丁汉大学众多学生社团中，已有一部分社团活动跨出国门，如“创行”（国际大学生企业家联盟）、AIESEC（帮助青年人探索和发展领导力潜能的全球化平台）等，成为学生开拓国际化视野、锻炼实战能力的课堂延伸。尤其是创行团队，在洛杉矶举行的2010年赛扶（2012更名“创行”）世界杯上，取得了全球亚军的好成绩。此外，学校还设立了学生事务办公室，专门处理学生在学习、生活和就业过程中发生的各种问题。其次，宁波诺丁汉大学还设置了宿舍监理员。但这种宿舍监理员与一般高校宿舍管理员的职能有些不一样。宿舍管理员的职能更多的是体现在生活方面的管理，而宁波诺丁汉大学的宿舍监理员更多的是引导学生开展课外活动，设立专门的活动小组来帮助学生开展课外活动。如成立各类体育和社会活动俱乐部，组织学生会创办发行学生自己的刊物等。学生会等组织也会组织一些课外活动，例如向中小学、孤儿院派送志愿者等项目。这些课外活动，一方面锻炼了学生的能力，丰富了他们的经历，另一方面也使学生将课堂上学到的知识内容与社会实践有效地结合起来，提高了学生的学习兴趣。

（六）宁波诺丁汉大学的办学成效及其启示

宁波诺丁汉大学的建立，标志着国外优质高等教育资源在中国整体性实践的开始，同时也标志着中国高等教育体制上的一次创新。自创办以来，截至2016年，已有本科、硕士、博士共10 000多名毕业生从宁波诺丁汉大学走向世界。宁波诺丁汉大学继续求学的毕业生中超过20%的学生被牛津、剑桥、斯坦福等全球排名前十的大学录取，选择就业的毕业生中超过60%的学生进入世界500强企业、中外知名企业或机构，并受到广泛认可。在伦敦金融街顶级投行、全球四大会计师事务所、大型跨国公司、尖端技术实验室、各国顶尖名校，到处都能见到宁波诺丁汉大学学子的身影。作为一种新颖的中外合作办学模式，宁波诺丁汉大学所拥有的英国优质高等教育资源以及与英国诺丁汉大学同步的课程设置、教学内容和教学组织形式对推进21世纪中国高等教育发展的进程具有积极的启迪与借鉴意义。

其一，政府的支持是中外合作办学成功的关键要素。宁波诺丁汉大学自创办之日起就受到从中央到地方各级领导的亲切关怀，这是办学成功的重要政治保障。宁波诺丁汉大学是在时任浙江省委书记习近平同志、浙江省人民政府省长吕祖善同志的关心指导下筹建的。2006年2月，国务委员陈至立与英国副首相约翰·普雷斯科特在学校落成典礼上共同为宁波诺丁汉大学揭牌，并期望宁波诺丁汉大学认真贯彻国家教育方针，坚持质量第一，办出特色、办出水平。2010年7月，中共中央政治局委员、国务委员刘延东来到宁波诺丁汉大学考察并与师生亲切交谈。温家宝总理在访英期间两次问及宁波诺丁汉大学项目，并于2011年4月8日晚亲临学校，看望老师和学生，与师生亲切对话，希望学生们胸怀祖国，放眼世界。领导们的关怀，不仅是对中国师生和外籍员工，而且是对诺丁汉大学英国本部的极大鼓舞，使他们坚定了把宁波诺丁汉大学办成世界一流大学的信心。

其二，中外合作办学的核心是引进国外优质教育资源。宁波诺丁汉大学开创了中国高等教育与国外优质高等教育资源相结合的先河。宁波诺丁汉大学在引进英国诺丁汉优质教育资源方面是全方位的，包括物力资源，更包括人力资源。物力资源方面，如学校的生活小环境（学生公寓）、学习环境（教学楼和行政楼）都按照英国诺丁汉大学的风格布置。每个教室都是欧式吊顶，采用诺丁汉大学的标准颜色和大学标志，教室里安放了可折叠桌椅，安装了白板、电脑投影仪、现代通信设备和语言实验装置，使学生能够享受现代信息技术带来的好处。同时，宁波诺丁汉大学为所有的在校学生提供了良好的住宿条件，所有的房间都配备有基本家具、空调、电话、热水，以及方便学生在宿舍里登录学校网络的因特网接口。本科生为四人间，研究生为单人间。学校设有24小时服务的学校医务室，帮助学生解决一般的健康问题。学生的生活区内设有商业街，方便学生的日常生活。这条商业街集娱乐、休闲、购物功能于一体，有小型超市、水果店、邮局、咖啡吧等设施。人力资源方面，宁波诺丁汉大学成立了专门的教育发展基金会。通过这个基金会，校友、朋友、支持者、员工、企业和社会合作伙伴可以进行慈善捐助。宁波诺丁汉大学的师资，大约一半来自英国本部，另外一半是由英国诺丁汉大学面向国际社会招聘而来。

其三，特色创新与质量保障是中外合作办学的生命线。宁波诺丁汉大学在中国办学，虽不过10余年的历史，但其办学声誉已经得到了广泛认可。起初，人们对于中外合作办学这种新生事物持怀疑态度，但宁波诺丁汉大学以其独特创新及高质量办学赢得了广泛的社会声誉。即使在资金比较困难的情况下，也不降低标准扩招学生。宁波诺丁汉大学始终贯彻落实"以学生为中心""学生至上"的教育理念，无论是学习还是生活，都处处体现着以学生的利益作为根本出发点。在学习上，学校采用多种教学方法和能力评价方式，为的就是能够最大限度地发挥学生的潜能；在生活上，学校尽可能地为学生提供便利，学生的居住环境安全，配套设施完善。学生是学校的根本，学校若要得到持续长久发展，必须要坚持以学生为中心。

其四，大力拓宽教育经费来源。宁波诺丁汉大学的办学成本很高，仅仅依靠学生的学费远远不够，所以学校一直坚持争取国家、地方政府和企业的支持和资金补贴。一方面，中英两国领导人对宁波诺丁汉大学的创办投入了高度关注；另一方面，地方政府也为学校的稳定发展注入了资金。2011 年，宁波市政府规定，学校每招收一个理工科学生，政府每年给这个学生补贴 1.8 万元。理工科学生规模的扩大，相应的实验室规模也要随着增加，于是，宁波市政府在宁波诺丁汉大学的实验室建设上又投入了 3.5 亿元。因此，高校应积极拓宽教育经费来源渠道，争取各方支持，促进自身的稳定发展。宁波万里集团更是宁波诺丁汉大学的坚强后盾，为宁波诺丁汉大学提供了雄厚的资金来源保障。

其五，注意本土化与国际化的有机结合。宁波诺丁汉大学在这一方面也做得比较成功。在校园环境建设、专业设置与课程教学等方面，完全与英国诺丁汉大学标准相同，同时极力扩展学生的国际学术视野。宁波诺丁汉大学的教师来自全球 30 多个国家和地区。在其选聘教师时，坚持从英国诺丁汉大学选派高水平的教师精英，面向全球公开招聘优秀教师。选聘的要求包括具备扎实的专业功底、卓越的学术成果、成熟的教学经验、丰富的领导阅历。

学校依托国外母体高校的学术优势，聘请诸多知名学者讲学。学校先后开设了“诺贝尔大讲堂”“全球名人讲座”“中国院士讲坛”“诺丁汉大学教授讲座”等，聘请到李政道、韩启德、徐匡迪、艾伦·麦克德尔米德等知名人士莅临讲演。学校还分别采取了“短期互访”“交流式留学”等形式，来加强国际交流。在其高速提升的几年间，学校派出部分同学到加拿大、英国、澳大利亚、俄罗斯等国家的高校进行了“交换互动学习”，开阔了学生的国际视野，加强了学校的国际化办学色彩。但在学生思想管理方面，则更多的是结合中国的实际，但又不囿于中国的实际，做了许多积极有益的探索。如学校成立了中共宁波诺丁汉大学委员会，从而保障社会主义办学方向；重视中国传统文化课程的开设，注重通过导师制、学习社区、课外活动、就业指导等方式，加强亲密师生关系的建立等。

三、浙江省中外合作办学经验总结

（一）中外合作办学的基本特点

1. 具有良好的社会经济基础

进入21世纪以来，浙江高等教育实现了跨越式发展，办学规模迅速扩大，办学形式日趋多样，办学条件不断改善，教学改革深入开展，人才培养质量稳步提高。进入普及化阶段的浙江高等教育，为社会培养了大量各类人才，比较好地满足了经济社会和人民群众对高等教育发展的需要。今后一个时期，浙江高等教育的主要任务是优化结构，提高教育质量和办学水平，不断扩大优质教育资源覆盖面。

优化结构，提高高等教育质量和办学水平，既要立足省内国内，又要着眼世界。推进高等教育国际化，是世界上许多发达国家提升高等教育质量的重要途径。高等教育国际化，已成为全球高等教育改革发展的基本趋势之一，其形式更加多样，内容更加丰富，程度更加深入，对各国高等教育的影响也更加显著。

浙江是文化之邦，是经济大省。改革开放以来，浙江人民艰苦奋斗，创新创业，创造了辉煌的业绩。20世纪90年代以来，浙江地方生产总值、城镇居民人均可支配收入、农村居民人均纯收入等主要经济指标，一直位居全国前列。持续发展的经济态势、和谐稳定的社会环境，为浙江开展教育国际交流与合作奠定了良好的物质基础。更重要的是，经济快速增长，尤其是对外贸易规模扩大、外商在浙投资和浙商对外投资规模扩张，富裕起来的人民群众对高水平教育的期盼，都对浙江高等教育国际化提出了更为强烈的要求。

2. 省委、省政府的高度重视

浙江省中外合作办学的发展，得到了浙江省各届省委、省政府领导的高度重视与大力支持。2005 年，浙江省委书记习近平在省委十一届八次全会上的报告中特别提到了重视中外合作办学的必要性："突出引进国外优质高等教育资源，开展合作办学，进一步推动浙江教育对外开放。"[①] 在浙江省的"十五""十一五""十二五""十三五"教育发展规划中，中外合作办学都受到了高度的重视。

3. 源远流长的发展历史

从浙江省中外合作办学时间上来看，浙江省中外合作办学的历史亦渊源久远。1897 年成立的育英书院（其前身为 1845 年设立的崇信义塾）是浙江省中外合作办学的滥觞，已经有了合作办学的萌芽，可以说是中国中外合作办学开始最早的省份之一。

4. 规模稳定增长、质量较有保障

从数量规模上看，浙江省的中外合作办学逐年增加，从增幅看，在 1995 年前增速缓慢，1995 年以来急速增加，特别是 2010 年之后，增加更为快速。截至 2016 年 12 月，浙江省由地方审批报教育部备案的专科层次的中外合作办学机构共 4 个，中外合作办学项目 68 个。其中本科层次的中外合作办学机构 6 个，项目 43 个，硕士以上的中外合作办学机构 4 个，项目 19 个（不含港澳台地区）。与全国其他省份比较，浙江省中外合作办学水平仅次于上海、北京、江苏、黑龙江等地区，在全国处于中上水平。

从办学质量来看，由教育部中外合作办学信息管理平台发布的评估信息可知，许多项目均继续审批获准，浙江省至今停办的合作项目不多。2009 年《浙

① 习近平：《干在实处　走在前列——推进浙江新发展的思考与实践》，中共中央党校出版社，2006，第 338 页。

江省教育厅办公室关于开展高等专科教育中外合作办学项目办学质量调查的通知》，根据《浙江省高等专科教育中外合作办学项目办学质量评议指标体系》加强了对高等专科教育中外合作办学项目的质量调查。调查进一步规范了中外合作办学活动，加强了建设质量。

5. 注重示范性建设，在全国有一定的示范性影响力

从办学的影响来看，浙江省中外合作办学有许多亮点。如专业设置、课程设置、资金筹措等，都在全国有一定的影响。特别是宁波诺丁汉大学影响最为广泛，不仅开创了独立设置中外合作办学机构的先河，更是全国中外合作办学模式的典范，其办学经验已经成为中外合作办学研究乃至我国整个高等教育改革研究的一大热点。据 2015 年 10 月底中国知网提供的信息，以“宁波诺丁汉大学”为研究对象的相关文章近 400 篇。

浙江省教育厅先后颁布了《浙江省教育厅关于开展示范性中外合作办学项目建设的通知》《浙江省教育厅关于实施“浙江省国际化特色高校建设工程”的通知》等通知，非常重视中外合作办学的示范性建设。这在全国也是属于开创性的做法。

（二）中外合作办学的突出成效

1. 推进了浙江省高等教育的国际化

高等教育的本质特征，决定了高等学校在发展过程中必须走开放式道路。中国现代高等教育发展，与开放紧密联系在一起。中外合作办学在推进高等教育对外开放过程中起着极其重要的作用。通过中外合作办学，可以在办学理念、管理体制、科学研究、学科建设、师资水平的提高等方面激活相互碰撞、相互竞争的力量。浙江省中外合作办学的发展历程也与中国改革开放全局的进展相吻合。浙江省中外合作办学不仅引进和充分利用了国外优质教育资源，而且有力地推动了浙江省高等教育的对外开放。《浙江省中长期教育改革和发展规划纲要（2010—2020 年）》明确要求：“教育要发展，根本靠改革靠开放。只有坚定不移地推进改革开放，才可能真正解决经济社会发展对高质量多样化人才需要与教育培养能力不足的矛盾、解决人民群众期盼良好教育与优质教育资源相对短缺的矛盾、解决增强教育活力与体制机制约束的矛盾，才可能全面加快浙江教育现代化进程。”为此，如果要积极扩大高等教育的

对外开放，就应该大力推进中外合作办学。中外合作办学已成为浙江省高等教育对外开放的外在动力。

中外合作办学是推动高等教育国际化、提升学校国际化办学水平的重要手段与途径，是培养国际化、复合型人才的重要平台。推进高等教育国际化，旨在提高浙江省高等教育的办学水平和办学质量，满足广大民众对高质量的高等教育的需求，提高浙江省高等教育服务浙江和国家经济社会发展的能力，就要求高等学校根据国家和浙江省经济社会发展的方向和重点，确立自身的发展目标和发展特色，并以此为依据来规划、推进本校的国际化工作。中外合作办学在其中起到了积极的推动作用。

2. 助推了浙江省高等教育总体水平的提升

在多年的中外合作办学过程中，浙江省各高校不断更新办学理念、积极引进优质教育资源，加强教育管理体制创新，不断提高教育教学水平。根据教育部学位与研究生教育发展中心公布的 2012 年全国高校学科评估结果，浙江省普通本科院校的部分学科评估成绩处于同类院校前列。在《2017 中国大学评价研究报告》公布的最新大学排名 700 强中，浙江有 4 所进入全国 100 强。总体来看，浙江省普通本科院校举办中外合作办学专业所属的相关学科评估成绩较好，且提升了所属院校的核心竞争力，助推了浙江省高等教育整体水平的提升。《浙江省高等教育“十三五”发展规划》总结浙江省“十二五”期间高等教育发展成就时指出：“‘十二五’期间，我省高等教育突出内涵为主建设，获得了蓬勃发展。结构布局明显优化，杭州、宁波、温州高等教育中心和其他设区市‘一本多专’或‘一本一专’格局进一步完善，本科教育和高职教育协调推进，研究生教育尤其是专业学位研究生教育发展迅速，利用国外资源建设高水平大学取得很大进展。教育质量明显提高，办学条件明显改善，教师队伍建设整体水平大为提高……发展能力和服务水平不断提升，学科、专业建设得到有效加强，与经济社会发展联系更为密切，产学研合作广泛活跃，科研成果推广运用取得明显成效。办学活力不断增强，深化高等教育办学体制和管理机制改革，下放高校专业设置权、教师专业技术职务评聘权，推进高校章程建设，扩大高校办学自主权。2015 年，我省高等教育毛入学率达到 56%，在全国省区中率先进入普及化阶段，成为全国高等教育水平、竞争力、国际化程度提升最快的省区之一。”

在这些成就的取得中，浙江省中外合作办学功不可没。

3. 为全国中外合作办学提供了学习参考经验

从纵向发展看，浙江省中外合作办学有长足进步，取得了许多可喜的成就。中外合作办学逐步规范，中外合作办学机构和项目不断增加，规模逐步扩大，学科和专业设置与地方经济发展需求相结合，中外合作办学层次逐渐完整，形成了从专科、本科、硕士到博士层次的完整教育层次，包括学历教育和非学历教育、普通教育和职业教育以及各类培训教育等多种教育类型，形成了一支非常具有活力和生机的新型教育力量。

概而言之，可供借鉴的浙江省中外合作办学成功经验主要体现在如下两个方面：

一是省委、省政府高度重视。自改革开放以来，省委、省政府对高等教育给予高度重视，从时代的高度和战略布局出发，对浙江省高等教育做出了一系列重大决策，使浙江省高等教育这块牵动全局、举足轻重的“蛋糕”迅速做大，实现了超常规、跨越式发展，成为浙江省人才、智力科技“构架”中一座巨大的“平台”，成为代表先进生产力、先进文化和人民群众根本利益的一个重要领域。

二是以发展为主题，解放思想，与时俱进，开拓创新。浙江省始终以“发展是硬道理”为指导思想，把是否有利于浙江高等教育发展和社会的进步，是否最大限度地满足人民群众日益增长的对高等教育的需求，作为思想和行动的指南。针对高等教育长期存在的“规模、结构和素质”的不适应，浙江省冲破传统僵化的思想观念和体制的束缚，与时俱进，坚持创新，通过积极开展中外合作办学来提高本省高等教育在全国乃至全世界的综合竞争实力。

（三）中外合作办学的主要问题

1. 政策方面的不足

作为地方性政策，浙江省中外合作办学政策既是国家政策的具体化，又体现了地方特色。浙江省中外合作办学政策具有自己的特点，但还存在一些不足之处：一是政策自身不够科学、合理，缺乏可操作性。二是政策的执行力度不够，部分政策尚未落到实处。无论是《浙江省高等职业教育中外合作办学五年发展规划（2009—2013年）》《浙江省高等教育国际化发展规划

（2010—2020 年）》，还是《浙江省高等教育“十二五”发展规划（2011—2015 年）》，都提出了政策的保障措施。但是，这些措施对于提高管理水平还远远不够。提高管理水平需要各方面的支持与努力，需要更为具体的、细致的政策措施。比如引进国外优质教育资源，但是，浙江省并没有出台相应的关于国外优质教育资源的引进标准。又如提出要增加经费投入，鼓励高校设立专项经费或从事业收入中提取一定比例专项用于国际交流合作，加快国际化课程和专业建设，但是，高校提取一定经费比例专项用于国际交流合作这一规定在具体操作过程中存在一定的灵活性，各高校难以把握经费的比例，并不利于国际交流与合作。再如，浙江省教育厅转发的《教育部关于进一步加强高等学校中外合作办学质量保障工作的意见》的通知，提出对省示范性中外合作办学机构和项目，省教育厅将在招生计划、教师学生培养、对外交流等方面给予倾斜和支持，但于省教育厅的政策倾斜与支持的幅度是多少，没有具体说明，较为宏观，在具体操作过程中存在较大波动范围，对不同高校可能存在不同支持力度。诸如此类在中外合作办学政策保障措施方面存在一些较为宏观的表述，对于高校来说，比较难以把握政策的支持尺度，这不利于提高浙江省中外合作办学的规模与质量。

2. 合作办学层次、结构不尽合理

从办学层次看，本科以下的比例大，本科以上的比例小，特别是博士层次的比例更小。截至 2016 年，浙江省只有两个中外合作办学博士项目。从专业结构看，同层次的专业设置过于集中。同全国情况一样，中外合作办学的专业多集中于语言、管理、商务、计算机等专业，其他专业比较少。随着该省产业结构调整，急需一批高水平的教育心理类、机械类、医药化工类、新材料类专业，中外合作办学如果能在这方面引进优质资源，将是一件很有意义的事情。然而这方面的合作非常少，如学前教育专业只有湖州师范学院通过审批开办。2014 年 2 月，浙江省教育厅转发《教育部关于进一步加强高等学校中外合作办学质量保障工作的意见》的通知中提到，优先支持与本省战略性新兴产业相关的急需紧缺专业（如新材料、新能源、高端装备制造、信息技术、生物技术、海洋技术、农业科技、环境保护、现代交通运输、工业设计、金融保险、物流管理、创意文化等）的合作办学。同时严控已有相当规模的商科、管理学科及国家控制布点学科的合作办学。浙江省教育厅多次提到要发展省内急需紧缺专业的合作办学，然而，浙江省中外合作办学仍然停留在一些商科、管理学科、护理学专业上，新材料、生物医学、环境保护、现代物流等专业还未开展合作。从合作国家和地区来看，集中于澳大利亚的现象特别明显，其主要原因当然在于澳大利亚较早推行了高等教育产业化政策，教育产业对外输出有政府推动力，所以在中外合作办学方面，澳方处于主动地位，而我方处于被动地位。虽然外方合作学校也有像英国诺丁汉大学这样的名校，但总的来看，与浙江省合作的外方高校绝大多数都不是世界知名的学校。就连浙江大学这样在全国有影响的重点高校，也未能与哈佛大学、剑桥大学、牛津大学这类世界一流大学建立合作办学关系。

3. 少数合作机构办学认识存在偏差，重申报轻办学

少数合作机构对合作办学的办学理念、办学目的理解存在偏差，把合作办学作为学校招揽学生的金字招牌；把合作办学作为获取经济利益的手段。这些情况在机构提交的中外合作办学协议中表现得十分明显。基于这种认识，在办学过程中存在重视审批通过而轻视办学过程的现象，不执行制订的教学计划，教学管理松散，与外方和学生约定的相关实践实习环节得不到很好履行，违规收费等情况屡有发生。

4. 部分高校认识上不到位，中外合作办学发展缓慢

在推进中外合作办学进程中，浙江高校的适应能力还有待进一步提高。在诸多国际化规划指标中，中外合作办学项目、主办或承办国际学术会议这两项指标的完成情况相对较差，这与国内相关政策的变动存在很大的关联，高校显然缺乏应对政策变动的有效策略。另一方面，自 2012 年以来，国家发展战略产生了较大变化，以鼓励创新创业为基础的产业转型升级和新业态培育战略，以人民币国际化、“一带一路”倡议和高端制造业发展为基础的经济战略，已成为中国经济保持中高速增长、迈向中高端的两大核心战略。这两大战略直接关系到中国经济能否实现可持续发展，中国“两个一百年”的发展目标能否逐步实现。面对关键时期的战略调整，浙江一些高校在推进中外合作办学进程中缺乏相应的战略布局。从调查的情况来看，许多高校在推进中外合作办学过程中还没有将其与学校总体工作密切联系

起来，有些高校没有明确的国际化目标和可行性较高的实施计划；有些高校分管国际化的机构，与教学、科研机构之间的分工不明确、协同性较差；有些高校始终处在“等米下锅”状态，真正有目标、有计划、有重点，根据学校发展、学科建设需要开展中外合作办学工作的高校，在现阶段还并不多。虽然全省中外合作办学机构数与项目数在全国排名中处于中上水平，但这些中外合作办学机构和项目主要还只集中在部分高校。有些高校至今还未开展任何中外合作办学活动。

科学技术的发展、经济社会的变革与加入世界贸易组织，都要求浙江省中外合作办学肩负起培养复合型国际化创新人才、探索全球性教育合作与改造新世纪高等教育的时代使命。由于历史原因，浙江省高等教育确难仅凭借自身力量走出困境，必须借助中外合作办学率先垂范、推动促进“涅槃重生”。

第二节　境内高校中外合作办学案例透视

从前面章节的内容介绍中我们可以得知，如果按中外合作办学的合作模式来分类，现行的体系中存在独立设置模式、二级学院模式及项目合作模式三种类型。三种办学模式在实践中各有其优劣性。现就每种模式择一案例进行分析，祈能更具体细致地探索不同模式的运行规律及特点，为中外合作办学的实践提供范式参考。

一、独立设置模式——西交利物浦大学

（一）基本概况

西交利物浦大学是经中华人民共和国教育部正式批准，由西安交通大学和英国利物浦大学合作创立，于 2006 年 5 月，在苏州工业园区诞生。西交利物浦大学是具有中华人民共和国学士学位和英国利物浦大学学位授予权的中

外合作大学，具有独立的法人资格和鲜明的办学特色。西交利物浦大学面向全国招生，本科录取分数线皆高于生源地一本线，拥有颁发中国及英国双学士学位的权力，是苏州乃至中国对外开放和教育全球化展示的重要窗口。经过十几年发展，其独特的办学理念、高水准的人才培养质量和浓厚的国际化特色，得到社会各界的广泛关注和认可，被誉为“中外合作办学的标杆”和“中国高等教育改革的探路者”。[①]

利物浦大学始建于1881年，是英国久负盛名的研究型大学，英国六所“红砖大学”之一，以及包括牛津大学、剑桥大学、帝国理工学院在内的高校联盟“罗素大学集团”成员之一。利物浦大学曾培养出9位诺贝尔奖得主。西安交通大学是中国最早兴办的高等学府之一，肇始于1896年创建于上海的南洋公学。它是国家“七五”“八五”重点建设单位，是首批进入国家211和985工程建设学校。2017年入选国家“双一流”建设名单A类建设高校，8个学科入选一流建设学科，是国家教育部直属重点大学。因此，西交利物浦大学按照世界知名大学标准选聘师资，专业课教师来自世界50多个不同的国家和地区，皆拥有全球知名大学和研究院所的博士学位，是一支兼备国际化背景、前沿学科科研能力与丰富教学经验的高水平教学团队。

（二）办学愿景与理念

西交利物浦大学以“研究导向、独具特色、世界认可的中国大学和中国土地上的国际大学”为办学愿景。其办学使命是：培养具有国际视野和竞争力的高级技术和管理人才；积极为经济和社会发展提供科技和管理服务；在人类面临严重生存挑战的领域有特色地开展研究；探索高等教育新模式，影响中国甚至世界的教育发展。西交利物浦大学的核心价值理念是：教师和学生拥有幸福的生活和成功的人生。西交利物浦大学以发展和保护人们的生存能力为核心目标，凸显多元发展、创新思维、学术自由、信任、规则、进取等价值理念，面向世界、面向未来，融合东西方的文化差异，吸收东西方教育精粹，整合世界优质的教育资源。探索高等教育新的发展模式，培养国际性人才。

---

① 西交利物浦大学官网。

（三）人才培养模式

其一，人才培养目标。将研究与育人相结合，以改善人类生活质量为研究己任；以学生素养、能力和竞争力的提升为核心任务，使学生通过几年的学习和训练，形成国际化的视野和参与国际竞争的实力。通过扎实和整合性的知识体系，积极的探索和创新精神，互动与合作的行为方式，主动的态度和坚实的执行力，使他们成为精通英语，诚信为人，富有创造性，具有强烈的个性和良好的团队精神，集学术知识、职业知识和职业道德于一体的国际化高级管理和技术人才。

其二，“五星育人模式”。通过“三种研究”“三种生态”，培养学生“三个体系”是西交利物浦大学探索出的独具特色的“五星育人模式”，其包括知识体系、能力体系、素养体系、教育策略和支撑系统五个方面。

“三种研究”主要包括以下几方面。一是研究性学习。学校不提倡学生仅以知识的获取为目的，而是希望学生运用学到的知识，通过自己的研究和探索解决实际问题，通过研究的过程拓宽视野，积累经验。二是研究性教学。学校重新定位教师在课堂教学中的角色，打破传统课堂中以教为主的方式和教师的核心地位，认为教师的主要工作首先是设计“问题”，然后激发学生去思考、设计、总结和报告。因此，教师不是课堂的操纵者、控制者，而是学生学习的促进者、推进者和辅导者，真正实现以学生为中心的教学模式。三是研究性管理。学校在领导和管理中不断探索管理模式，在治理层面形成学术权力与行政权力良性互动的机制；管理层面构建网络式组织结构；运用和谐管理理论作为管理哲学和方法论。

学校努力将自身营造成为一个生态系统。一是构建“自然生态”，实现大学的物理校园与自然环境的良性互动。大学在大楼建设中提倡环保理念，采取能源节约措施和技术，并向学生和社会宣传环境保护理念。二是在知识经济时代努力构建促进知识传播、转移和发现的“知识生态”，使之成为知识传播、转化和发现的平台。野中郁次郎等曾在知识管理研究中提出“场（Ba）”的概念来描述知识传播与发现的场所，西交利物浦大学通过制度、机制和文化的塑造，形成这样一种“场”，促进知识的发现和流动。如建立开放式校园，加强学者之间的互动网络，大学教学与研究的虚拟化，以及在教学中注重学生的实践和实验等。此外，学校作为社会系统的一员，与社会政治、经济、文化、科技等有广泛的互动，因此努力与其他社会组织（如政府、产业界组织）共同构成“社会生态”。学校与其他组织构建一定的互动和联系，并通过这种互动进行物质或精神的交换，如学校与地方政府建立合作关系共谋地方经济社会发展，与众多企业建立联系推进人才培养和技术成果转化，以及与其他大学和科研院所合作开展人才培养和科学研究等，这种交换关系推动了大学与社会之间的和谐共存与共生共荣。

其三，培养制度。截至 2016 年的数据，西交利物浦大学有 14 个院（系），分别为生物科学系、商学院、土木工程系、城市规划与设计系、计算机科学与软件工程系等。此外该校还设有中国文化教学中心、语言中心、数理中心、体育教育中心这四个教学中心，用来为各个专业提供相关专业的学分课程。其本科专业已有 32 个，分别是工业设计、传播学、应用英语研究、数学与应用数学、环境科学、电子科学与技术、应用化学、建筑学、土木工程、信息管理和信息系统等。设研究型硕士学位点 4 个、全日制授课型硕士学位点 24 个、非全日制授课型硕士学位点 9 个，14 个院系均开设有博士生项目。

西交利物浦大学按专业大类招生。2016 年招生专业分为数学类、生物科学类、电子信息类、工商管理类、建筑类和外国语言文学类六个大类。学生入校后只要选修了所选专业要求的课程就可以在被录取的专业大类内外自由选择专业（建筑学、会计学、经济与金融以及金融数学专业除外）。

由于西交利物浦大学是全英语教学，在招生的时候，该校非常重视学生的英语水平。西交利物浦大学的考试有期中考试和期末考试，一般由任课教师独立出试卷，在阅卷教师阅卷完毕之后，还要有专门的成绩考核人员考核。最后，还要经过考试委员会和相关部门的审批之后，才能被公示。相对普通大学的考试，西交利物浦大学的监考更加严格，阅卷流程也更加复杂。从该校毕业，需要 165 个单元的学分，其中必须有 25 个学分来自第三单元（选修学分）。得到学分为 160 到 164 之间的学生，可能需要满足一个公开的“通过”学位的要求。

在学生管理方面，西交利物浦大学遵循“学生自治，学校引导与服务”的原则，要求学生学会独立承担责任，学校提供引导、服务和帮助，并围绕育人的中心地位构建相应的组织架构和支撑体系。在引入英国严格的教学质量保证体系的基础上，整合美式教育的灵活性、中国教育的扎实基础，探索制定了融合东西方教育最优实践的“五星育人模式”。同时，积极探索与社会互动的机制，建立校外导师制度，为每位高年级学生聘请社会成功人士为校外导师，帮助学生参与和理解社会，汲取人生经验并设立职业和人生规划。

（四）管理体制

其一，制定大学章程并严格按照章程办学。西交利物浦大学成立时，就依据《中外合作办学条例》制定了大学章程，详细规定了大学的内外部关系、大学决策机构的议事程序、大学运行的规则和程序。章程作为规范不同利益相关者行为的“基本法”，对学校办学理念与特色、发展目标与战略、治理结构、领导体制、学术权力、学位授予、学生事务、经费来源、财产与财务制度等重大事项做了规定，并根据发展需要依照程序不断完善章程，如在章程中明确西交利物浦大学非营利办学机构的定位。

其二，西交利物浦大学采用董事会领导下的校长负责制和社会共同治理的模式。根据《中外合作办学条例》的规定，两所合作母校选派代表共同组成学校董事会，董事会依据章程在股东推荐和遴选基础上选拔和任命校长。在分工上，董事会负责领导任命、投资决策、办学思路和方向等；校长领导高管团队负责战略决策的实施和日常运作。董事会和校长之间的权责及关系界定清晰，校领导选拔和退出机制健全。西交利物浦大学视教师为股东，视学生为关键主体，在学校的各级委员会中设立代表席位接受他们直接参与决策。此外，学校还成立了由社会各界人士组成的发展咨询委员会、工业咨询委员会、校外导师团队、家长联谊会，建立社会参与学校办学与管理的机制。

其三，构建起学术权力与行政权力良性互动的运行机制。在西交利物浦大学，行政权力和学术权力各负其责。涉及学术判断和发展的事务，如学科建设、学术评价、教师升迁、学生升级、学术违纪处罚等均由专门的学术组织或委员会处理。如果师生认为有不公之处，可以向行政部门申诉，行政部门负有监督责任。如果学术决策所依据的事实成立并且程序合法，行政权力会全力支持学术权力的判断和独立性，不会干预学术事务。学校所有职能部门不是权力部门，它们的主要职责是提供服务和支持。

其四，规范制度、规则建设，保障教职工权利和义务。西交利物浦大学除了将教师看成股东参与大学治理，还严格按照国家相关政策法规，制定了一套系统的教职工聘任和管理制度，依法办理教职工入职前后手续，依法制定和履行合同义务，制定并严格遵循员工手册、章程、条例，注重教职工遵法守法的教育和培训。学校尊重教师的专业权利，不干预学术自由，通过成立教师广泛参与的学术决策结构来保障教师权利。

其五，财务支撑体系。多样化的经费来源和地方政府的大力支持，为学校的发展打下了坚实的经济基础。在西交利物浦大学建校过程中，苏州市人民政府和苏州工业园区管理委员会在校园建设、实验室建设以及高层次人才引进方面，给予了很多支持，并给予学校项目建设资金补贴等。西交利物浦大学已建立起“五根支柱”的财务支撑体系，即学费收入、研究经费、教育发展基金会、地方政府支持和国家支持这五方面的经费支撑。

（五）经验总结

西交利物浦大学经过几年的努力探索，取得了许多成绩，办学声誉也日益提高。在前六届毕业生中，出国深造比例高达 80% 以上，其中约 10% 进入世界排名前 10 的学府，约 50% 进入世界排名前 100 的名校，70% 以上进入世界排名前 200 的大学深造。近 20% 的本科毕业生选择直接就业，就职于世界 500 强、中国财富 500 强等企业，部分毕业生已开始在国际就业市场展露出自身的实力。

作为国内成立较早的具有独立法人资格的中外合作办学机构，西交利物浦大学已经积累了丰富的办学经验和模式，在模式创新方面具有较大的借鉴意义。西交利物浦大学“以学生为中心”的育人体系，其特色是紧紧围绕“培养什么人”和“怎么培养人”这两个核心问题的探索，将办学理念、育人目标以及课内外的教育策略，统一到“以学生为中心”的主线上。同时提出了西交利物浦大学所承载的其他办学模式，其中包括：引入国外知名大学的管理制度，明确自身发展定位，与国际高水平大学接轨；围绕培养国际化人才的目标，结合国外大学的优势学科与中国经济发展的需求来设置专业和课程，积极为经济和社会发展服务；实质性地引进世界知名大学的教学管理制度和教学评估体系，并结合中国的特殊国情进行改革；多样化的经费来源和地方政府的大力支持为学校的发展打下了坚实的经济基础；按照世界知名大学标准面向全球招聘教师，通过建设高水平师资队伍实现学校的国际化发展战略。但是，在看到西交利物浦大学办学优势的同时，也应当意识到该校还存在一些国内外教育融合过程中所暴露的问题，其中包括专业设置所导致的人才培养不对称，中外教育模式的适应问题，高额费用问题以及中国人才的流失问题等。

二、二级学院模式——上海大学悉尼工商学院

（一）学院的创办与基本情况

上海大学悉尼工商学院（以下简称悉尼工商学院）成立于1994年，是上海大学和澳大利亚悉尼科技大学（简称UTS）以合作办学形式创办的新型学院，在地域（上海）、合作国家（澳大利亚）、办学层次（高等教育）、专业领域（经济管理）等方面都具有较强的代表性，是一所办学时间长、办学质量高的中外合作办学机构。

进入20世纪90年代，上海的开发和开放进入了一个崭新的发展阶段。随着外资引入、外资企业建立，上海市急需一批会使用英语、动手能力强、了解中西方文化的经贸管理人才。1993年，澳大利亚悉尼科技大学主动接洽中国驻悉尼总领事馆教育处，表达了准备在中国寻求合作伙伴的意愿，并最终选定上海工业大学（1994年5月并入上海大学）为合作伙伴，双方于1994年3月签订了合作办学协议，在办学启动、课程设置和招生原则方面达成一致，并得到上海市教育主管部门的大力支持。1994年7月20日，悉尼工商学院被正式批准成立，性质为上海大学所属的非独立设置的二级学院，同年8月正式招生。这是国内成立最早的合作举办的中外合作商学院。从1994年学院开办至今，悉尼工商学院走过了从非学历到学历、从专科到本科的逐步探索和稳步发展的过程，办学层次不断提升，办学领域不断扩展。学院已经形成“以本科教育为主体，硕士研究生教育和国际学生教育为两翼”的办学格局。学院依托合作双方大学的综合优势，积极引进海外大学的优质教育资源，建立

完善的质量保障体系，始终走在国内中外合作办学领域的前列。2006 年被上海市教委推荐为中外合作办学认证的首家试点单位，成为全国第一家通过国家教育评估机构质量认证并获得证书的中外合作商学院。

（二）管理体制

悉尼工商学院实行董事会领导下的院长负责制，学院党委接受上海大学党委的直接领导。董事会的澳方成员由悉尼科技大学校领导和相关学院的主要负责人组成，中方成员由上海大学校领导、校方有关人员组成，董事会的其他成员还包括悉尼工商学院的主要负责人。董事会决定学院的办学方向、发展规划，制定修改章程，审核学院财务运作，对学院重大战略做出决策。学院院长执行董事会的各项决议，并具体负责学院的日常运行，还充分体现了决策权与执行权分离。在董事会授权范围内对外代表学院，对内行使董事会授予的职权。悉尼工商学院的主要办学人员，都是管理与研究双肩挑。他们把合作办学作为自己的发展事业，具有良好的国际交往能力，在长期的办学实践和探索中形成了良好的领导作风。

悉尼工商学院在人事制度上有一定的自主权，除学院领导经董事会提名、学校党委任命外，其余教师员工的招聘、解聘、薪酬等在董事会决议的框架下自主决定。学院人员编制和管理部门，根据学校发展和办学实际需要灵活设定。学院的财务实行独立核算制，采取自筹经费、自负盈亏的模式运作。中方和澳方发生的一切办学开支均列入成本，办学节余作为发展基金，为学院的继续发展做资金积累。学院实行财务预、决算制，学院每年向董事会提交年度预、决算报告，经董事会讨论批准实施。学院每年聘请上海市资信度高的会计师事务所对学院财务运作进行审计，规范管理。

（三）人才培养

其一，办学理念。悉尼工商学院以“追求卓越，致力于应用型教育与研究的知名国际化商学院”为办学愿景，以“荟世上精萃 树天下英才”为办学宗旨。以此为宗旨，确定了人才的培养目标：通过中外合作办学形式加强国际间的教育交流，引进国外优质教育资源，学习借鉴成熟的教学管理经验和教学方法，在国际化的环境中培养学生具有国际意识、国际通用语言交流能力和紧跟世界潮流的专业知识，养成坦诚开放、适用性强和主动进取的风格，为我国的经济建设服务。

其二，课程设置。本科教育阶段的课程设置具有如下特点：一是设置中外融合的课程。学院的教学体系建立在双方的学位核心课程基础之上，全英语教学，选用国际最新教材，采用中澳大学共同拟定的教学大纲和国际通行教学模式，课程教学与课外培养兼收并蓄，使学生不用出国即可获得高水平的国际商科教育。二是实施学分制。开设以学生为本的教育教学实践内容。学分制的实施实现了学生自主安排学习进程，选择课程、教师和上课时间，从而鼓励学生自主学习、个性发展，体现文理渗透和适度竞争；在学分制模式下，还推行了免修和免考勤制度，做到了严格管理，因材施教。三是选课制。目的是把学习的主动权交给学生，学生可以根据自身的特点和需要构造自己的知识结构，教师“人尽其才”，学生“择其所好”。四是短学期制。该学制的施行旨在加快培养节奏，强化实践环节。该制度把一学年划分为三个理论教学学期（秋、冬、春季学期）和一个实践学期（夏季学期）。其特点是缩短理论课程教学周期，增强学习紧迫感，增加实践教学时间的比重，培养学生的实践能力和适应社会的能力。五是学院的创新实践环节形成了应用型人才培养的生命周期管理。在外延建设上拓展渠道，建立特色实验室，开设讲座，开拓实习基地，专业教师带队实地调研等；在内涵建设上重新核定评分标准，量化指导教师的工作。六是积极引进国外先进课程。历年来学校系统地引进澳方课程，特别是一些专业的核心课程，引进的课程已覆盖整个本科教学过程。本科前两年除中国学位所规定的一些公共课、基础课之外，专业基础课主要对应于澳大利亚悉尼科技大学本科第一年的课程，其中英语和专业基础课都使用原版教材，本科后两年引进澳大利亚悉尼科技大学相关学院本科全部核心课程，每个专业各8门，双方共同进行全面质量监控。

其三，师资队伍。学院建设了一支适应合作办学的师资队伍。其中专任教师50余名，外籍教师40名，管理人员30余名，以及一批稳定的优秀兼职教师队伍。中方教师将近一半有博士学位，这个比例还在逐年上升。这些教师半数以上已接受过澳方大学的培训，其中大部分可以使用原版教材进行双语教学。学院注重对教师的培养，为他们创造了一流的工作和学习条件，并通过各种途径选送教师出国培训或短期跟班任教，增强他们对西方文化、教育制度以及合作方教学情况的了解，学习国外课堂教学模式等，取得了较好的效果。外籍教师占到了学院教师员工总数的三分之一，几乎所有的教师和工作人员都可以用流利的英语进行口头交流和书面报告。英语在成为教学语言的同时也是工作语言。学院的外籍教师来自澳大利亚、美国、英国、加拿大等多个英语国家，这种得天独厚的国际化环境，营造了良好的人际氛围，使学生生活在世界多元文化之中，了解了国际文化知识。在教学规划、教材编制、教学实施、实验室建设中，外籍教师也起到了积极的作用。

其四，教学模式与教学管理。教学模式突出学生是学习的主体，改变灌输模式，倡导学生的自主性学习。英语采用模块化教学，小班教学，因材施教，充分挖掘优秀学生的潜力，调动学生的学习积极性。采取分级分模块的方式组织教学，每一学期对应一种英语模块。每学期结束将对学生的英语总成绩进行全年级排名，并重新分班，然后进入下一模块的学习。分班教学主要是为了使教师能够因材施教，更有效地组织教学。学院的专业课程采取情境教学、案例教学和实践教学，师生互动式的教学方式使学生成为教学活动的主体，更注重培养学生的探究意识、自学能力和实践能力。通过启发引导学生，拓展他们的思维，培养学生主动寻找问题和独立解决问题的能力，锻炼他们的团队协作精神，使学生接触社会实际、开拓思路，以适应未来工作的需要。

学院专门成立教学管理部负责处理日常教学事务。教学管理部采取市场取向的教学管理，根据社会发展形势和学科发展动向开设课程，选择和引进国外课程及教科书，根据学生的层次和要求调整课程，及时跟上市场需求变化的步伐，保持课程设置的先进性，采用最新教材，对老旧教材做适时淘汰。学院还通过市场调查、毕业生跟踪、校友会等途径，及时了解市场变化和需求，听取学生的意见，改进教学方法和制订学院发展计划。这种以市场为导向的教学管理理念，使培养模式、教学内容、学生就业与市场紧密结合，为培养坦诚开放、适用性强和主动进取风格的人才提供了保障。教学管理部还要负责协调与上海大学教务部门以及合作方大学的教学安排，确保中外合作办学既强调合作又兼顾国情，使学生在四年学习过程中圆满完成合作双方院校的学分要求，最终获得中外合作双方院校的双学士学位。教学管理除了进行日常教务管理，更为重要的是国外优质教育资源的引进、使用和消化。优质教育资源包括教学大纲、计划、课程、教材、教学模式、管理模式等，这些都需要中方人员的积极争取。悉尼工商学院通过设立专门的专家评议小组，对外方的学科、专业进行综合研究和分析，并就办学发展趋势和我国市场对人才的需求进行预测，有针对性地提出引进方案。

其五，学生管理。推行以学生为本的教育理念，从学生角度考虑问题，尊重学生、理解学生、信任学生。构建以校规、服务、咨询、组织、社团、社区等组成的学生管理工作立体网络，成立了信息咨询服务中心，下设学术导师咨询室、学业咨询室、就业指导中心、心理咨询室等服务性机构，全面为学生提供帮助和服务，为学生的学习、生活、成长、就业等多方面提供人性化的咨询服务。各咨询中心采取师生面对面的平等、互动交流形式，以科学、现代的教育方法、教育生态环境促进每个学生的发展。

为鼓励学生成才，学院还设立了“英才计划”项目，这是学院优秀生培养的个性化做法之一，针对学生差异化的自身发展需求，经过师生双向选择，确定个性化培养机制，进行滚动循环，在学术科研、实践锻炼等方面给予必要倾斜，力求培养更多具有跨界思维和全面素养的未来商业精英。“英才计划”本着“严进严出”原则，“分层分类”地加强优秀生培养。随着学院各系别陆续开展的人才分类培养计划，“英才计划”从2013年10月开始实行变革，主要以项目制学习方式为依托，面向学院全体在读大一至大三学生，力求“宽进严出”地培养拔尖人才脱颖而出。

学院本着“不让一个学生辍学”的理念，制订了贫困学生帮扶计划。学院贫困学生工作主要分为三个方面：一是常规性的贫困生资格认定工作（每年的秋季学期）和经济困难学生送温暖活动（中秋、春节等传统节日）。二是学院勤工助学工作，通过岗位锻炼经济困难学生的责任心，提高与人沟通交流能力。三是成立学院嘉源义工队，为拓展经济困难学生的综合能力积极发挥作用。嘉源义工队通过实践活动平台，实现学生的自我管理、自我监督、自我提升。同时，培养他们感恩社会、回报社会的意识，通过挖掘和培养经济困难学生中的优秀励志典范，使学院“荟世上精萃，树天下英才”的育人理念得到完美体现。

心理健康教育是大学生工作的重要环节。学院有一支由专职辅导员负责、心理学博士教师兼任心理咨询师、骨干学生作为联络人的心理健康队伍，还成立了学业心理协会，共同关注学生的心理健康。近年来，学院不断创新心理健康工作模式，加强对班级心理委员专业能力的提升。除日常开放心理咨询室，每年学院还协助学校心理健康中心或者自行组织心理健康知识宣传，通过心理健康影片赏析、新生心理普测、心理健康宣传周、心理测试等一系列活动，加强对心理健康知识的宣传和普及。

学院还通过就业实习招聘、院企合作基地建设、生涯培训课程、职业导航活动等方式加强对学生的就业指导。学院把学生就业当作学院发展的生命线，非常重视对学生的就业指导，逐步形成了就业指导专业化、职业拓展系统化、职业活动品牌化、校友活动常规化、就业工作数据化的常规工作机制。职业培训课程、职业导航月、就业咨询室、专场招聘会等，是其行之有效的工作抓手。

（四）办学成效

其一，培养了大批有用人才。学生毕业后在涉外领域和跨国企业就业或赴海外一流大学深造，均具有明显优势。学院毕业生就业率接近 100%，每年约有 30% 应届毕业生进入世界 500 强企业工作，10% ~ 20% 进入四大会计师事务所工作。每年约有 30% 应届本科生进入海外高校继续攻读硕士研究生，其中约 90% 进入世界排名前 200 位的高校学习。他们出色的英语能力和对中西文化的深入了解使其在涉外企事业单位工作的优势更为明显，受到用人单位的关注和青睐，并在社会上树立了良好的声誉。学生的主要择业领域为国家政府机关、各类外经贸公司、三资企业、中外商务机构和金融机构等。经过 20 多年的严谨治学，海外一批优秀的大学和学院承认并高度认可悉尼工商学院的课程，与学院签订了各种类型的合作协议，其中大洋洲、美洲、欧洲、亚洲的多所高校分别与学院达成合作协议，实现了悉尼工商学院学生“2+2”“3+1”“4+1”等多种灵活的留学模式，使学生有更多的机会出国学习及继续深造。

其二，引进了优质教育资源。有效引进了悉尼科技大学的课程、教材、师资、教学模式和管理经验等优质教育资源，并在中澳双方合作基础上开辟向世界其他优秀高校延伸合作项目的空间，不断引进全球更多、更优质的教学和科研精品。

其三，营造了浓厚的国际化学术氛围。学院聘有众多外籍教师和管理人员，中方教职员亦多接受过外方专业培训或具有海外留学经历，中西交融的多元文化环境使学生在熟练掌握国际交流能力的基础上，积累涉外交流经验，锻炼坦诚开放、主动进取、勇于实践等国际化人才必备的素质。众多的外籍专家、海外学成归国教师、同堂学习的外国留学生、中西融合的课程、一流的教学设施、先进的管理理念和学生培养模式，共同营造了良好的国际化学术氛围。

其四，探索了创新性教学法体系。坚持“授之以渔”（着力培养学生的自主学习能力，而不仅仅注重知识灌输式的传授）的教学目标。教学体系建立在双方的学位核心课程基础之上，全英语教学，采用模块化，逐级训练，根据学生实际水平因材施教，有效地提高学生英语能力。学院的专业课程采取案例教学和实践教学，以“理论＋辅导＋研讨”的形式，辅以社会实践和企业模拟训练。教师在课堂上或授课时提出问题和案例，学生进行讨论和分析，最后由教师点评和总结，改变了教师单一授课的模式，使学生主动融入学习，积极思考和灵活运用知识，培养团队合作精神。

其五，建设高水平的师资队伍。专业教师中具有博士以上学历者占半数以上，不仅具备过硬的专业理论知识和较强的教学能力，还具有很强的英语阅读和国际交流能力，双语和全英语教学已成为学院教学活动的一个亮点和特色。外籍语言教师均具有硕士学位或获得国际英语教学资格证书，并有两年以上教学经历；外籍专业教师则须具有博士学位或有丰富教学经验。学院全职外籍教师基本稳定在 30 名左右，悉尼科技大学每年向学院派遣 10 名以上专业教师。

其六，成为首家通过全国中外合作办学质量认证单位。上海大学悉尼工商学院自 2005 年 12 月向上海市教育评估院递交办学认证申请，被选为该次认证工作的首家试点单位。

认证专家组一致认为：悉尼工商学院坚持以中方为主引导办学发展方向；人才培养目标切合经济社会发展的要求；专业建设突出对国外优质课程资源的

引进和本土化改造；课程建设注重原版教材的使用和教学模式的创新；师资队伍国际化程度较高，教师专业发展机会较多；管理干部队伍专业化水平较高；形成了教学管理、学生管理、财务与资产管理等方面的有效制度；注重内外部双重办学质量保障等。[①]

专家组希望学院进一步加强办学理念、教学理念、管理理念的消化吸收，在引进—吸收—创新的道路上继续前进。建议学院能够结合合作办学的特点，争取政府更大的政策支持，争取得到双方合作大学更大程度的支持。作为国内最具代表性的合作办学机构，悉尼工商学院已成为全国第一家通过国家教育权威办学质量认证机构认证的中外合作院校。自 2010 年起，连续 5 年被新浪网、新华网等第三方媒体评为年度十大最具影响力中外合作院校。

三、项目合作模式——学前教育专业本科教育

（一）项目简介

常州工学院作为一所地方性全日制普通高校，已与美国、澳大利亚、英国、丹麦、加拿大等境外 20 多所高校建立了长期友好合作关系，在学术交流、科研合作、学分互认、合作办学等领域开展教育合作。拥有软件工程、土木工程、学前教育等三个中外合作办学专业，常年通过中外合作办学、学分互认、校际交流、海外实习等项目选送学生出国交流和留学。常州工学院与丹麦 VIA 大学学院（VIA University College）于 2004 年建立交流与合作关系，2008 年签署“3+1”模式学前教育专业学分互认协议开始项目合作，2011 年申报中外合作办学项目，2012 年 6 月获得教育部正式批准。每年招生 100 人左右，纳入国家普通高等学校教育招生计划，参加全国普通高等学校统一入学考试，并符合相关招生录取规定和要求。该项目具有鲜明的双语特色和实践特色，旨在培养能适应学前教育事业改革与发展需要、具有国际视野和较高理论素养、能用双语进行教育教学的本科层次学前教育师资人才。2015 年，该项目通过了教育部中外合作办学项目评估。本专业学制四年，学生第四年赴丹

① 上海大学悉尼工商学院官网。

麦 VIA 大学学院学习，毕业时成绩合格者可授予常州工学院本科毕业证书、教育学学士学位以及丹麦 VIA 大学学院社会教育学学士学位。因特殊情况不出国的学生可留下继续学习，毕业时成绩合格者可授予常州工学院本科毕业证书、教育学学士学位以及丹麦 VIA 大学学院的课程结业证书。[①]

丹麦是一个非常重视学前教育的国家，把发展学前教育作为国家人力资源开发的重要战略，积极实施具有普惠性的学前教育国家行动。丹麦 VIA 大学学院始建于 1910 年，并于 2008 年由 ALPHA 高等教育中心、MID-WEST 高等教育中心、VITA 高等教育中心、JUTLAND 大学学院、VITUS BERING 大学学院和 TEKO 设计学院合并成立，并最终确定校名为丹麦 VIA 大学学院。这是丹麦一所公立应用型大学，是丹麦最大的大学学院之一。

作为培养实用型和复合型教育人才的丹麦 VIA 大学学院，学前教育专业一直为其强项。与丹麦 VIA 大学学院合作办学，是常州工学院借鉴国外有益的办学和管理经验，进行新型的学前教育本科专业办学模式的大胆探索，努力培养德、智、体、美全面发展，具有扎实的学前教育理论和基础知识，熟练的语言能力、沟通能力、科研能力以及育儿能力，能适应学前教育事业改革与发展需要，具有国际视野和较高艺术素养，能用中英双语进行教学，满足中国长三角地区蓬勃发展的学前教育事业对双语学前教育本科人才需求的学前教育师资。

该合作项目采用“3+1”模式进行，即学生先在常州工学院学习三年，第四学年在丹麦 VIA 大学学院学习，并且采用全英语授课，开设丹麦教育和文化概况、音乐和戏剧、教育综合理论等专业课程，同时还要进行教育实习和毕业论文的撰写与答辩，旨在让学生学习丹麦先进的教育理论，培养学生对基本理论知识的综合运用能力。“该项目的引进课程占总课程门数的 33.3%；引进课时数占总课时数的 35.6%；由丹方教师授课门数占总课程门数的 36.5%，由丹方教师授课的课时数占总课时数的 35.5%。”[②]

---

① 关于本项目的资料来源主要是文献资料、实地考察和网上资料。网上资料主要见常州工学院官网国际教育交流处网页。

② 付延风：《试论中丹合作办学中的教学管理》，《齐齐哈尔师范高等专科学校学报》2012 年第 5 期。

（二）教育教学

其一，加强师资队伍建设，引进优质教育资源。教师的水平直接决定着教育的水平，有高水平的教师队伍，才可能有高水平的教育质量。在日常工作中，学校非常重视教师队伍的建设。常州工学院学前教育专业有一支结构合理的教师队伍，这是搞好合作办学的基础。为了更好地开展合作办学，学校采取“引进来”和“派出去”的办法，双管齐下，提高教师队伍的整体水平。其具体措施主要有五点：一是引进国外师资。在项目建设期间，学校先后引进外籍教师 10 人。二是多次选派校内人员到国外进行学习交流。为了借鉴国外的先进经验、了解国际通行的规则，学校每年选派 2 名骨干教师到丹麦 VIA 大学学院学习交流，使中方教师对丹麦高校先进的教育理念和方式方法等有一个系统而全面的认识。三是选派一批骨干教师到兄弟院校参观和学习。此法旨在学习兄弟院校开展合作办学的先进经验。四是组织理论学习，提升教师的教育理论素养。学校通过组织教师参加学前教育专业的课程进修、学术会议、教学观摩等，使他们开阔视野，把握学前教育的发展趋势。学校还鼓励学前教育专业的教师攻读博士学位，并为他们参加在职进修提供便利条件。五是实施挂职锻炼。针对学前教育专业的特殊性，学校还特别注意强化针对教师的实践培训，要求专业教师每学期至少抽出两周时间深入幼教一线，参与实际工作。这些措施，极大地提高了教师队伍的整体水平，有助于教学计划的制订和实施、课程资源的整合、教学观念的更新以及教学方式的变革。

其二，整合课程体系，实施双语教学，改革教学方法。常州工学院与丹麦 VIA 大学学院的合作办学过程中，学前教育专业的教学计划和教学大纲，必须完成双方规定的教学任务，并按照丹麦 VIA 大学学院的要求开展双语教学、全外文考试。同时，考虑到该专业大部分毕业生会在国内就业，而丹麦 VIA 大学学院规定开设的一些课程并不完全适合中国的国情，学校在认真研究本校学前教育专业特色和优势的基础上，在合作办学的课程体系中增加了实践能力培养类课程。这样一来，合作办学的课程设置，就做到了既能够满足双方的要求，又能够兼顾学生的就业。整合之后，课程设置更加合理。

中丹合作办学中的双语教学甚至是全英文教学，是指在该校引进的学前教育专业课教学中改变单纯汉语为载体的教学方法，将英语运用于教学全过程之中，全面提高学生的英语应用能力和学前教育专业素质，使教学更有利于人才培养目标的实现。双语教学，作为中丹合作办学的基本要求，其教学效果成为影响中丹合作办学成效的关键因素。丹麦 VIA 大学学院所要求的双语教学（甚至全英文教学与考试），对于一所地方本科院校的学生来说，无疑具有较大的难度。

为了帮助学生尽快适应新的学习方式，学校积极推进教学手段、教学方法的改革。首先，学校全面整合了教学内容，在教学中广泛应用多媒体技术，为课堂教学和学生自学提供支持。学校为主要课程配备了多媒体双语课件和双语电子教案，在核心课程与相应的网络课程之间建立起链接，为教师备课、学生自学提供网络平台。其次，改革了教学方法。课程教学大纲要求突出学生的主体地位，增强学生学习的自主性。学校据此改革了教学方法，引入了翻转课堂教学模式、微课程教学模式、对分课堂教学模式，使学生能够以学习主体的身份参与课堂学习。这些改革措施体现了学校对学生主体地位的尊重，改善了课堂教学的效果，成功地激发了学生的积极性、主动性和创造性。再次，学校还引进丹麦 VIA 大学学院的小组教学及项目推动式教学方法。小组教学采取小班授课，学生被分成 3 ~ 5 人的小组，通过模拟真实工作环境中的项目课题来串联相关专业知识。学生在小组中负责不同的任务，在提高自身能力的同时，也培养了团队意识和合作与沟通能力。每个学期拥有不同的项目课题，随着学习的不断深入，项目课题的难度也在逐步增加。这种学习方式提高了学生发现、分析和解决问题的能力，使理论与实践紧密结合。最后，强化了教学技能的训练。丹麦 VIA 大学学院的课程教学大纲不太重视技能训练，因此，学校参考本校学前教育专业的课程设置，增加了教学技能训练类课程，开设了教师口语、三笔字、现代教育技术、乐理试唱、钢琴、美术、舞蹈、蒙台梭利理论与实践、奥尔夫音乐教育、说课训练等课程。特别是强化实践教学，院系主要借助专业导引、教育见习、试说试教、教育实习、毕业论文撰写等形式来开展教育实践活动，通过将课堂教学与实践活动相结合来增强学生的实际操作能力，在强化学生专业能力的同时提升学生的就业能力。从近年来的就业反馈来看，此举不但能够使毕业生在就业时更具竞争力，而且也能够使其在入职后迅速由“新手”成长为“专家”。为了使合作办学的毕业生更好地适应社会的需求，学校还将本校学前教育专业实践教学的一些其他做法也应用到了合作办学项目的实践中。

其三，教学管理。由学校人才培养工作委员会总体设计、协调，校、院、系逐级负责，系办专业的人才培养组织管理体系，全面系统地负责学前教育专业人才培养工作。教学管理以教务处为主导，师范学院为主体，学前教育专业系为基本单元，以教学指导委员会、教授委员会、教师委员会作科学决策、咨询支撑，国际交流学院协助管理为辅，丹麦 VIA 大学学院定期来校评估。

（三）经验总结

常州工学院与丹麦 VIA 大学学院合作举办学前教育专业本科教育项目，自其启动至今，虽然时间还不是很长，但近几年发展平稳，取得了一定的成绩，也积累了一些合作办学经验。

其一，在教学管理上，坚持合作共赢原则，兼容并蓄，最大限度地发挥中丹双方院校各自的优势，在合作办学过程中实施最佳组合，以取得最好的办学效益。同时坚持持续改进原则。合作办学是一种新的人才培养模式，为提高人才培养质量，中方要不断实施同教育和管理目标相一致的循环活动，持续改进管理过程，以满足中丹双方的动态需求和期望。

其二，在课程合作上，常州工学院既立足于引进优质教育资源，又立足于自身实际情况和发展需要对课程进行了有机整合。专业方面大量引进丹麦 VIA 大学学院成熟而富有特色的学前教育课程，由该校选派优秀教师来校教授部分英语和专业课程，并且通过参加贯穿幼儿教师培养全过程的教育实践活动，使学生具有良好的教育教学能力，能运用中英双语从事学前教育工作。学生毕业后的工作选择主要面向欧洲、东南亚以及国内经济发达地区的双语幼儿园、学前教育机构以及社会服务机构。

其三，在项目的创办和运行中，双方领导都非常重视，体现了互信、互谅、互让的合作精神，并注意加强双方的沟通联系和相互了解，这也是该项目得以顺利实施的基本保证之一。在合作过程中，双方也通过开办研讨班等形式为双方人员提供互相学习、面对面沟通和交流机会，共同协商解决问题。

其四，大胆创新人才培养模式，是地方高校发展的必由之路。中外合作办学是高等教育的一种新型人才培养模式。在近几年的人才培养过程中，学校引进了丹麦学前教育专业先进的课程体系和教学方法，其中引进的专业核心课程中有多门课程获得学校双语课程立项项目。在近几年的合作办学过程中，该校教师科学合理地构建双语课程，取得了良好的教育效果。合作办学班级学生的英语四级过关率明显高于平行班级，英语应用能力也得到明显的提高。学生掌握了广博的国内外学前教育领域前沿知识，具有较强的创新能力、分析问题与解决问题的能力；同时学生具有良好的社会交往能力、学习能力和改革意识。从 2009 级合作办学班级学生出国留学学习情况来看，外语交流能力和学前教育专业素养同时兼备的学生，在丹麦留学期间学习成绩优秀。2013 年毕业回国的学生也比其他同学具有更加明显的就业优势。[①]

（四）存在的主要问题

首先，管理体制不合理制约了院系参与中外合作办学的积极性。常州工学院的中外合作办学项目由常州工学院教育与人文学院、国际教育与交流学院共同负责承办。但是，国际教育与交流学院只有管理人员，并不掌握师资和其他教学资源。常州工学院学前教育专业中外合作办学的师资和其他教学资源全由教育与人文学院来提供。这样的管理体制很容易导致一些管理上的问题出现。

其次，师资队伍建设不到位。其一，针对中方教师的培训不到位。中方教师主要来自学前教育相关专业，在选派人员时，院系并没有充分考虑项目的特殊性，仅仅安排了普通教师来承担教学任务。这些教师虽然专业水平较高，也有一定的英语基础，但在有效使用原版教材、开展双语教学、与外方教师进行沟通等方面普遍存在短板。其二，外方教师队伍不稳定。一般来讲，外方教师在合作办学中承担的教学任务应当占全部教学任务的三分之一以上，但在实际操作中，学校会为了降低成本而降低要求。在我国各高校的合作办学项目中，外方教师教学时数打折扣的情况普遍存在，本案的情况也是如此。另外，一部分外方教师缺乏相关资质，导致了办学的规范性受到影响。

最后，资金投入不充足。由于该项目主要依附于常州工学院内进行，双

① 毕政：《中丹合作办学背景下双语课程建设研究》，《理论观察》2013 年第 11 期。

方在教育教学中的经费投入都比较有限，项目的运行主要依靠常州工学院现有教育资源和经费。项目教学工作的开展全部利用常州工学院的教室和教学设备，常州工学院对项目的经费投入有限。这一方面限制了项目的进一步发展，同时也对常州工学院非项目学生的利益造成了一定的影响。

第三节　境外高校中外合作办学案例透视

境外高校中外合作办学是我国高等教育国际化发展到一定水平后的新生事物，是我国高等教育“走出去”的重要形式，也是我国高等教育对外开放、提升国际化水平的重要途径之一。境外高校中外合作办学标志着中国高等教育实现了从“引进来”到“走出去”的战略转型。虽然境外高校中外合作办学总体上还处于起步和探索阶段，面临一系列问题，但也欣喜地看到一些高校在境外高校中外合作办学方面取得了较好的成绩，一批优秀的境外高校中外合作办学机构和项目脱颖而出。本节选取的美国内布拉斯加－林肯大学孔子学院及老挝苏州大学就是比较成功的案例。期望通过这两个案例，能为我们进行境外高校中外合作办学提供一个新的思考方向。

一、孔子学院模式：美国内布拉斯加－林肯大学孔子学院[①]

（一）组织形式

孔子学院总部设在北京，是全球孔子学院的最高管理机构，境外的孔子学院都是其分支机构。内布拉斯加－林肯大学孔子学院（以下简称“林肯孔子学院”）作为孔子学院总部的分支机构，主要采用中外高校合作办学的模式开办，具体由西安交通大学与美国内布拉斯加－林肯大学于2007年合作创

① 本部分资料主要有五个来源：一是笔者于2013年在该校任访问学者时搜集的一些资料。二是国内合作高校的网站。三是孔子学院所在国外高校的英文网站。四是国家汉办网站。五是相关媒体报道。

办，属于这两所大学体系的一部分，致力于在内布拉斯加州普及汉语和传播中国文化。

西安交通大学是教育部直属重点大学，为我国最早兴办的高等学府之一，是“七五”“八五”重点建设单位，是首批进入国家211和985工程建设学校。2017年入选国家“双一流”建设A类建设高校，8个学科入选一流建设学科。学校不断适应国内外高等教育改革发展的新形势，逐步搭建起适应国际潮流的高等人才培养基本构架，建立起现代化的科学决策体系、执行体系和监督体系，使学校的管理模式和国际接轨，奠定了建设世界知名高水平大学的坚实基础。

内布拉斯加－林肯大学（University of Nebraska-Lincoln），简称UNL，成立于1869年，是沃伦·巴菲特的母校，是美国中西部久负盛名的公立综合性大学，其农业科学与自然资源学院长期居于世界领先地位，化工、精算等专业亦在全美处于领先地位。内布拉斯加－林肯大学是内布拉斯加州最顶尖的大学，在各个学科和领域均享有盛誉，产生了4位诺贝尔奖获得者。该校排名常年位居美国公立大学前50名，是美国中西部地区最早设置博士学位的大学之一，全美第一个心理学实验室亦由该校建立。在美国，该校有“公立常春藤”之美誉。

筹建阶段，西安交通大学成立筹备小组（后又改成孔子学院后援团）负责协调国内各部门，协助内布拉斯加－林肯大学工作。西安交通大学的国际教育学院对孔子学院进行直接管理。林肯孔子学院是一个相对独立的组织形式，有独立的场所和基本的办学设施，实施相对独立的教学组织和管理，独立招生、独立选聘教师、独立进行财务核算，具有独立的法人资格。

（二）管理模式方面

林肯孔子学院遵守美国的法律和法规，接受美国教育行政部门的监督和检查，实行理事会制度下的院长负责制，理事会由2名美方理事和2名中方理事组成，内布拉斯加－林肯大学校长亲自担任孔子学院理事会主席。学院具体管理岗位主要有院长、副院长、语言教师职业发展经理和项目助理等。院长由两校酌情派人担任，副院长有2人，中外各1人，中方出任主持教学活动的副院长，外方副院长主要负责学院的日常事务及对外活动。理事会的建立保障了学院发展的相对独立自主性，减少了其他因素对学院办学的干涉，有利于学院的教育教学改革与创新。林肯孔子学院实行制度化的管理模式，它与西安交通大学共同制定了《内布拉斯加－林肯大学孔子学院运营指南》等规章制度，并且学院的管理分工明确，各司其职。办学经费由中外双方按 1：1 比例共同承担。中方的经费主要来源于孔子学院总部以及承办高校的支持。

（三）课程与教学方面

林肯孔子学院主要采用孔子学院总部提供的课程与教学模式，并遵照总部统一的教学、考试、培训质量认证体系和标准开展教学和检测，主要开展汉语教学，培训汉语教师，组织汉语资格考试，提供信息咨询和开展文化交流活动，属于非学历教育。林肯孔子学院汉语课程设置实行汉语入门、初级、中级、提高四级制，同时兼顾汉语学习、商务汉语等多种形式，实行分期教学。语言学习班级主要包括成人班、中学班和幼儿班，实行学年、暑期学校、家庭指导三种教学形式。教学班级不只是设在学院内部，学院还在当地中小学附设一些教学班，也称孔子课堂。教学点覆盖了内布拉斯加州的 5 个城市的 4 所大学、12 所中学以及 1 所老年大学和 1 所幼儿园。教学班每周要开设 2 节文化课，通过具体活动感知中国文化。

（四）师资与生源方面

西安交通大学建立了严格的外派教师选拔机制和培训机制，通过课程、研讨会、游学和授课等提高教师的汉语教学水平。外派教师必须在正式上岗前利用暑假前往美国内布拉斯加－林肯大学接受为期 5 ～ 7 天的培训，培训内容主要包括熟悉校园环境、掌握网络教学资源的使用方法、了解相关教学管理制度等。2013 年，林肯孔子学院共有工作人员 12 人，其中 3 人为内布拉斯加－林肯大学在编教师，有 4 人是西安交通大学派出的在编教师，其他几人是由双方从其他单位聘请的华人教师。这些华人教师都有博士学位，有着中外求学经历，有着较好的跨文化教学及交往能力，他们一般都从事跨文化教育交流方面的工作。生源来自各个阶层，数量每年保持 300 人左右，每个级别的班级人数一般有 20 ～ 30 人。高级班人数较少，一般 10 ～ 15 人。随着教学点的增加及网络课程的开发使用，生源在不断扩大，截至 2016 年，林肯孔子学院的学生人数已达到 1 万人之多。

（五）办学成效

其一，办学规模不断扩大，办学质量不断提升。学生人数从最初的 300 多人，发展到现在的上万人，办学质量得到美国民众的高度认可。

其二，促进了中美文化交流，增进了两地人民的相互了解和友谊。内布拉斯加州州务卿约翰·基尔在接受人民网记者采访时说："常言道，一些执着于奉献的人会改变世界。孔子学院的建立有着深远的意义和影响。假以时日，这一积极影响和成果将会日益显现出来。中美人民之间的友谊纽带将因此更加坚固；两国人民的相互理解，增强合作与互利共赢将使整个世界更加和平，很多人的梦想将得以实现。孔子学院所播下的种子，一定会结出硕果。"事实上，孔子学院的工作促进了内布拉斯加州与陕西省建立友好省州关系。他认为，孔子学院首先带来了中国与美国之间的文化和教育交流，通过这种交流，我们看到了两国人民之间诸多共同之处。这种交流将对美国学生产生深远的影响。内布拉斯加州州长戴夫·海涅曼也表示，孔子学院所带来的益处意义深远。在促进成功交流和建立国际关系方面，孔子学院是宝贵资源。在他作为州长期间，美国和中国都从增长的全球商业和双边贸易中获益良多。内布拉斯加－林肯大学校长哈维·帕尔曼也认为，孔子学院拉近了中美两国人民之间的距离，进而促进了美国与中国的经贸合作关系，这确实是一个互利共赢的成功故事。[①]

总之，孔子学院既通过办讲座等"请进来"的方式介绍中国文化，又通过支持当地文化活动"走出去"，积极与当地政府、教育机构和社区形成密切的相互融合关系。以前有些学生不能在地图上正确指出中国的位置，现在他们对了解中国充满兴趣。成立至今，孔子学院已成为当地汉语教学的重要机构，教学对象包括幼儿园、小学、中学、大学和社会人士等各个层次。此外，林肯孔子学院以自身为基点，推动了西安交通大学和内布拉斯加－林肯大学在科研、学生交流方面的合作，也推动了陕西省与内布拉斯加州友好州省关系的建立。林肯孔子学院已成为陕西省与内布拉斯加州、西安市与林肯市、

① 温宪：《一个互利共赢的成功故事》，《人民日报》2014 年 5 月 19 日，第 21 版。

西安交通大学与内布拉斯加－林肯大学在教育、文化、经济等各领域交流与合作的重要平台。

2012年林肯孔子学院荣获国家汉办颁发的“全球先进孔子学院”荣誉称号，2015年受颁“示范孔子学院”，内布拉斯加－林肯大学前校长哈维·普尔曼（Harvey Perlman）获得2013年度“孔子学院先进个人”称号，内布拉斯加州政府还将2015年2月2日命名为该州的“黄平安日”，来表彰中方院长黄平安为中美文化交流所作出的贡献。

（六）分析与思考

其一，就办学成效来说，较好地达到了学院创办的目的。

其二，就合作办学模式来说，林肯孔子学院属于校际合作办学模式。这种模式除了有利于学院的声望和教学便利，还有利于其借助主体学校的资源，如场地、师资、设备，减少投入的资金，特别是能提供专业化的教师和志愿者，提供正规的培训方式。由于两校办学水平相当，有较好的文化教育交流与合作的环境。因此，合作办学进展相对来说还比较顺利。但在具体的办学实践中，由于双方所在国文化的差异、教育教学理念的差异，一些文化交流项目并不能完全体现我国的对外文化政策，在一些重大决策中，由于缺少统一的标准和规则，双方容易出现分歧，双方的互主体性关系受到影响。

其三，就学院的功能特性来说，该学院主要属于教学型教育机构。从学院的长远发展来看，也为了更加突出孔子学院功能的综合性，学院应进一步加强其研究功能及外交功能，成立文化研究中心，加强中国文化传播的理论与实践研究，资助国外人士进行中国文化的研究，使教学与科研有机结合。在语言教学中，要加强中华优秀传统文化的传播力度，让学院成为当地民众了解中华文化的重要窗口和平台，进一步凸显其文化外交功能。

其四，由于双方合作高校都处于本国经济欠发达地区，获得社会资金支持较少，仅靠孔子学院总部和高校自身的资金维持，在经费保障上受到一定的影响。

二、其他合作模式：老挝苏州大学[1]

（一）创办经过

老挝苏州大学（Soochow University in Laos）成立于2011年，是老挝政府批准设立的第一所外资大学，也是中国政府批准设立的第一所境外中外合作大学，由中国苏州大学投资创办，在老挝注册并由苏州大学控股的独立法人高校，校址位于老挝首都万象市，已于2012年开始招收本科生。

苏州大学坐落于素有“人间天堂”之称的历史文化名城苏州，是国家“211工程”重点建设高校、“2011计划”首批入选高校，是教育部与江苏省人民政府共建的“双一流”高校、国防科技工业局和江苏省人民政府共建高校，是江苏省属重点综合性大学。

2007年10月、12月苏州大学派员两次前往老挝开展调研，在充分调研的基础上，经过双方政府的协商，苏州大学决定在老挝创办一所在东盟地区具有一流水平的综合性大学。2008年4月1日，汪解先正式领下办学任务，前往老挝“大展拳脚”地开始创办老挝苏州大学。

由于中老两国的国情、法律及政策的不同，在老挝办大学并非一帆风顺。创办人汪解先回忆道：“但老挝上至时任总理，下至各级政府办事员，都为老挝苏州大学的诞生开了最大的‘绿灯’。”老挝的外国投资法规定外国教育机构最大程度只能办大专学校，为了突破法律框架，当地相关政府部门还特地努力向国家政治局申请特例批准。汪解先表示，老挝苏州大学不仅是中华人民共和国教育部批准设立的第一所境外大学，至今仍然是老挝政府批准设立的第一所且唯一的外资大学。解决了大学的合法性问题，建造大学所需的土地申请也面临政策上的阻碍。老挝苏州大学是当地民营性质的大学，一般不能租用国有土地，时任老挝总理波松·布帕万给了很大的支持。波松总理认为老挝苏州大学对于提升老挝国民文化和科技水平有重要意义，因此给予了最大的照顾。[2]很快，教育用地就批了下来，租金也非常优惠。水到渠自成，

---

① 本部分资料主要来源于双方合作高校的网站、媒体报道、相关学术文献等。
② 崔阳阳：《老挝苏大培养的学生口碑好》，《苏州日报》，2017年11月20日。

老挝苏州大学在两国政府的高度重视下，克服重重困难，于 2011 年 7 月在老挝首都万象市成立。

（二）办学宗旨

老挝苏州大学秉承苏州大学“养天地正气，法古今完人”的校训精神；坚守“学术至上，学以致用，培养模范公民”的办学理念；传承和弘扬“自由开放，包容并蓄，追求卓越”的优良校风和“博学笃行，止于至善”的优良学风；努力培养具有国际化视野，通晓老、中、英三种语言，专业知识扎实的精英领袖并兼具“自由之精神、卓越之能力、独立之人格、社会之责任”的拔尖创新人才。同时，老挝苏州大学还承担大学的科研和社会服务职能，服务区域经济和社会发展，促进老挝及中南半岛各国与中国的经济、文化和科技合作交流，努力将学校建设成为区域内高水平创新人才培养、高新技术研究、高层次决策咨询的重要基地，引领区域经济、社会和文化的发展。

（三）人才培养

老挝苏州大学坚持以人才培养为根本，将人才培养作为学校的中心工作，明确“育人为本、教学为重”的教育理念，以通才教育为基础，以分类教学为引导，加强基础、拓宽口径、强化应用、重视实践，不断提高人才培养质量。

根据中华人民共和国教育部批复精神及学校专业建设规划，老挝苏州大学借鉴世界一流大学及中国高校的办学标准和模式，充分利用国际优质教育资源，举办全日制本科和研究生（硕士和博士）教育，其中本科教育学制四年，研究生教育学制三年，同时开展中文及其他各类高级技能培训，学校面向老挝及中南半岛区域招收各类学生。根据老挝的国情和实际办学情况，老挝苏州大学和中国苏州大学紧密合作，采用“1+3”“2+2”等联合培养的模式选拔、培养老挝苏州大学学生。“1+3”“2+2”模式即分别指学生在老挝学习 1 年或 2 年的中文及老挝国家的必修课程，后面 3 年或 2 年到苏州大学留学。完成学业并成绩合格的学生可同时获得老、中两国毕业文凭。

老挝苏州大学根据老挝经济社会发展需要，按需设置、稳步推进，逐步开设相关专业。2012—2015 年，开设经济、语言、计算机、管理、法律、旅游等专业；到 2020 年，逐步增加机械设备、轨道交通、通讯电子、医学类等专业。同时开展语言及其他技能培训。

老挝苏州大学的发展规划是：经过 10 ~ 20 年建设，发展成为一所在校生规模为 5000 余名，具有本科生、研究生学历教育，拥有汉语言培训及其他技能培训体系，开设具有与老挝经济、社会发展相适应的专业，建设有临床医院，具有学科、区域和国际化特色的在老挝国内及东南亚处于领先水平的一流综合性大学。

（四）办学成效

办学成效首先体现在为老挝培养了一批优秀人才。创设人汪解先表示，经过多年的努力，老挝苏州大学的人才培养在当地已形成口碑。多年来，来自老挝的在校生始终稳定在 100 人左右。“来中国留学回老挝的学生，不仅就业机会大大增加，工资待遇也会比普通人提升 50% 左右。”汪解先说。“老挝苏州大学培养的学生在工作中体现出来的素质与能力，已经得到当地企业及人民的认可。”①

该校现已成为“一带一路”倡议的重要驿站和文化名片。在汪解先看来，老挝苏州大学不仅为老挝培养了一批优秀人才，更是架起了中老两国经济、科技、文化交流的友谊桥梁。据透露，老挝社会科学院和苏州大学政治与公共管理学院已就相关合作达成共识，就课题研究、员工培养等项目展开多方面合作；老挝也有意引进苏州大学的蚕桑技术，促进国内蚕桑产业的发展。为了进一步加强合作，苏州大学正式成立“‘一带一路’发展研究院（老挝研究中心）”，波松·布帕万担任名誉主任。该研究院将与老挝苏州大学一起，共同为促进中国与大湄公河次区域国家之间政策沟通、设施联通、贸易畅通、资金融通、民心相通和构建区域利益与命运共同体作出更大的贡献。

① 崔阳阳：《老挝苏大培养的学生口碑好》，《苏州日报》，2017 年 11 月 20 日。

第五章

知往鉴来：中外合作办学的总体评析

从 1876 年第一所中外合作办学开始到 2016 年，中外合作办学始终作为我国高等教育国际化的一种重要形式，在推动我国高等教育现代化的历史进程中起着重要而特殊的作用。中外合作办学取得的成就及其存在的历史局限，都为未来的中外合作办学发展提供了有价值的参考与启迪。

第一节　中外合作办学的影响因素和基本特征

教育这一文化现象的精神实质可从两方面来理解：一是教育永远要发挥其自身的主体性、超越性，通过它所培养出来的新人、所创造出来的新的文化来推动社会的前进和人类的进步；二是教育的发生和发展不能脱离一定的社会关系，时代背景为教育的发生预制了它的视野和框架。[1]

唯物辩证法认为，事物变化都是内因与外因共同作用的结果。中外合作办学自不例外。中外合作办学的影响因素有很多，政治制度、政治文化等政治环境，社会经济状况、人口、自然环境等社会经济环境，以及国际经济环境、国际文化环境、国际政治环境等。不过必须看到，中外合作办学尽管受很多外部因素的制约，但最根本的动力还是来自国家发展战略的需要、高等教育自身发展的需要以及公民自身发展的需要。在这些内外因素的作用下，我国中外合作办学呈现出相应的时代特点。

一、影响中外合作办学的主要因素

（一）外部因素

1. 政治、经济环境

“一定的文化是政治和经济的反映，又给予伟大的影响和作用于一定社会的政治和经济。”[2] 政治、经济环境是影响中外合作办学的核心因素和关键因素。政治与经济环境因素主要包括国际关系因素、意识形态因素、经济因素等方面的内容。

国际关系因素。中外合作办学的高潮与低潮恰好与多变的国际关系的高

① 王啸：《全球化时代的公民教育》，福建教育出版社，2006，第 40—41 页。
② 毛泽东：《毛泽东选集》（第 2 卷），人民出版社，1991，第 663—664 页。

低点相吻合。例如20世纪50—60年代，中国与美国等资本主义国家的教育合作中断，而和社会主义国家内部积极开展国际教育交流与合作，这主要是由当时的政治环境（美苏冷战）导致的。而中苏关系的恶化、美国在冷战中势力日渐衰减的态势，则是直接导致20世纪70年代中美合作办学得以恢复的重要因素。冷战结束以后，随着两国政治依赖关系的不断加强，两国间的教育交流也日益频繁。比如美国拨专款用于鼓励东欧及亚洲学生到美国去学习，这些变化显然受政治因素的影响与制约。

意识形态因素。历史地看，对像欧美发达国家来说，促进国际教育活动的直接动因，主要不在于促进人类知识的增加或者分享，也不在于直接获取经济利益，甚至不是为了获得国外的人力资源，而是旨在通过国际教育交流活动扩大它们在发展中国家的政治和意识形态影响。美国的对外教育交流，实际上是其全球化发展战略在教育上的反映，是国家对外政策的体现。同时，国际教育交流越来越成为欧美发达国家实施对外政策目标的一种重要工具。美国前总统克林顿更是站在一个前所未有的战略高度来看待国际教育交流问题，他指出：

> 为了保持在全球经济中竞争成功和世界领导地位，美国需要确保其公民广泛地了解世界，精通外语，通晓他国文化。美国的领导地位还依赖于与那些在将来领导其国家的政治、文化和经济发展的人物建立联系。一个连贯协调的国际教育战略将有助于我们迎接双重挑战，使我们的公民对世界大环境有所准备和继续吸引与教育外国未来的领袖们。[①]

美国政府通过设置奖学金或项目基金的方式，直接支持对外教育交流，如“教育与文化教育交流计划”“富布赖特项目”等。美国与中国进行合作办学也与该国基本的政治外交政策联系在一起，它把对我国的教育输出作为保持它在我国影响力的重要手段。

经济因素。这里主要是指国际经济关系、各国经济的发展状况以及国家制定的涉及经济对外文教政策。首先是经济发展状况。经济发展状况对中外

① 彭未名主编：《国际教育交流与管理》，华南理工大学出版社，2007，第99页。

合作办学有决定性的影响作用。任何政策归根结底是由经济状况所决定的，特别是由经济基础和经济利益所决定的。一国的经济状况决定其政策的基本构架、规模、程度和方向，决定某种政策的必要性、可能性和实施效果。当国家稳定、经济高速发展的时候，当国家的综合经济实力较强的时候，对外教育合作与交流的发展就呈现出良好态势。如随着我国经济的持续快速增长，出国留学的热潮也蒸蒸日上。其次是经济关系。亚洲留学生在美国留学生中比例最大，则与二战后美国同亚洲几十年的经济政策不无关系。如 20 世纪 70 年代以后，美国同中国的贸易明显增长，也促进了中国留美学生的增长。最后是经济利益。对某些发达国家的高等学校来说，与我国合作办学虽然怀有多重动机，但其最直接的动机还是获取经济利益，增加学校自身的收入。20 世纪 90 年代之后，西方发达国家政府对高等教育的拨款锐减，致使其许多院校出现办学危机，为了自身的生存，除了招收全额自费留学生，到发展中国家开拓市场，实施合作办学来增加学校的收入是一种最明智的选择。另外，在中外合作办学过程中创立的无形资产也是一笔不小的财富，不少国家把开拓国外教育市场作为一种战略来实施。

2. 文化教育环境

就中外合作办学而言，影响中外合作办学政策制定的文化教育因素主要有三个方面。

一是文化传统。文化传统常以一种“遗传基因”的作用方式融入现实，形成一股强大的力量去影响人们，赋予人们特定的思维方式、价值观念，使人们不自觉地带着这种文化传统去制定中外合作办学政策。有相同或相近的文化传统的国度之间较容易展开合作办学，国际教育合作较为频繁。如欧美之间的教育合作、中日之间的教育合作。另外，文化传统中的保守性或开放性也影响到中外合作办学政策的制定。中外合作办学不纯粹是一个教育问题，它与一个国家社会文化的开放程度密切相关。如我国近代化初期，文化传统中的保守意识就成为影响我国对外合作办学政策的一个重要因素。从第一所外语教育学校的建立，到政府派出第一批留学生，以中途撤回而告终，我国对外合作办学远远不能跟上国际化的节拍。后来虽然出现了一些中外合作办学活动，但其中的被动性也是明显的。

二是文化位势。各国文化位势的不平等是国际教育交流与合作产生的重要基础。由于文化位势的原因，文化流动的方向往往呈正向流动，即高势向低势流，强势向弱势流，有势向无势流。

三是教育环境。任何一国制定教育交流与合作政策，通常都是为解决一定的教育问题，并借助政策来规范、引导国家的教育交流合作行为，来指导教育事业的国际合作与交流的发展。因此，中外合作办学政策的制定也与教育环境息息相关，包括教育传统、教育理念、教育制度与教育发展的现有状况等。如20世纪80年代以来，随着对外开放的逐渐展开，我国教育国际化发展的需求及我国逐渐形成的互动性国际教育观，就直接推动了中外合作办学的快速发展。教育制度为中外合作办学提供法律与政策依据，提供必要的权力、资源支持。中国学者靳希斌认为，制度变迁和制度创新是国际教育服务贸易竞争的重要领域。中外合作办学的蓬勃发展，并非一朝一夕就能实现，而是经历了我国高等教育制度变迁和制度创新的全过程。高等教育制度的改革是中外合作办学发展的重要条件。

3. 国际环境

国际环境对中外合作办学的影响比其他环境因素影响更为直接，如全球化的影响。全球化是当今和未来世界最主要的发展潮流和趋势，是影响现在和今后世界经济、政治、社会和文化最大的力量。

中外合作办学是全球化历史的有机组成部分。全球化系统的形成是影响中外合作办学最直接的因素：全球化促进了中外合作办学的快速发展；全球化为中外合作办学提供了物质基础；全球化需要大量的有国际交往能力和懂国际准则的具有国际视野的人才，全球化引发了人才培养标准的国际化，进而推动了中外合作办学的发展。中外合作办学定要依托全球化体系的发展，因为教育合作的天生使命是为合作而生发、为合作而推展。

（二）内部因素

内因是事物发展的根本原因。任何事物的运动变化及相互关系的运动变化，都源自事物的内因。中外合作办学尽管受很多外部因素的制约，但最根本的动力还是来自我国国家发展战略的需要、我国高等教育自身发展的需要以及中国公民自身发展的需要，这是推动中外合作办学发展的内在动力。

对外开放是我国的基本国策。从我国国家战略发展的需要来看，对外开放不仅是建设中国特色社会主义的重要内容，而且直接关系到我国社会主义现代化建设事业的成败。我国在对外开放进程中，不断取得重大成就，也有力地推动了中外合作办学的全面恢复与快速发展。特别是国家主席习近平更加坚定不移地明确了走对外开放的中国发展之路。他指出：

我们必须坚持对外开放的基本国策，奉行互利共赢的开放战略，深化人文交流，完善对外开放区域布局、对外贸易布局、投资布局，形成对外开放新体制……[①]

从我国高等教育自身发展的需求来看，仅一个半世纪的中外合作办学历史表明，发展中外合作办学的最终目的是促进我国高等教育自身的现代化。其具体表现在如下几个方面：其一，引进优质的教育资源。其二，弥补高等教育经费不足。其三，我国高等教育国际化的需要。其四，国际化、标准化的人才需要。

从中国公民自身发展的需求来看，一方面，随着经济全球化进程的不断深化，人们的跨国文化交往需求不断提高；另一方面，随着生活水平的不断提升，人们对优质高等教育的需求也不断增加。但是，我国部分高校仍面临硬件设施相对落后、教学改革推进缓慢、改革内在动力相对不足等问题。而中外合作办学则为受教育者增加了接受优质教育的机会，因此，引起了受教育者的关注。

二、中外合作办学发展的基本特征

（一）价值取向上的工具性

近代，“西艺”“西文”学堂的开设，就表达出国人“救亡图存”“自强求富”的政治价值取向，通过学习西方的科技文化，力图实现救亡图存、民族独立。

中国加入WTO之后，教育服务贸易对世界各WTO成员开放。事实证明，中外合作办学的目的尽管呈多元性，但市场性和产业性是教育服务方式和管

① 习近平：《在党的十八届五中全会第二次全体会议上的讲话（节选）》，《求是》2016年第1期。

理的典型特点。而且中外合作办学的主体不再局限于教育机构和组织，一些外国投资公司、大型企业和跨国界组织也对投资和经营中外合作办学项目越来越表示出浓厚的兴趣，从招生、融资办学到确立教学目标、参与办学管理等环节，都运用了产业性运作的理念和模式。注重品牌、提高服务质量、教育股份制、连锁经营、教育投资集团、利润、效益等这些因素，使人深切领会到教育与经济的紧密联系以及教育的产业性运作方式。中外合作办学的经济功利性价值日益凸显。

（二）办学思维方式的包容性

中外合作办学作为中外不同文化交融的前沿，不可避免地实践着各种不同文化的交汇、碰撞与融合。中外合作办学的包容性以外来文化与我国民族文化的融合为显著特点。除了文化的融合，中外合作办学过程中还出现了教育理念、管理方式、教学方法等方面的相互渗透和融合。在合作过程中，会发生由于文化不同、价值观的差异而导致教学和管理上的矛盾。但大部分中外合作办学机构本着求同存异的原则相互包容。“有容乃大”，正是这种坚持民族性与世界性有机统一的文化包容态度，使得近代以来的中外合作办学得以生存与发展，也保证了办学质量。例如近代的德文医学堂、德华大学、河南焦作工学院等中外合作办学机构，均采用“中学为体，西学为用”的办学指导思想和中西结合的教学内容等。尤其是德华大学，教学方面严格实行“科技 + 孔子”，即教学内容主要采用德国的教材，教学形式则保持中国化，形成了中西合璧的教学体系。当今北京大学中国经济研究中心主持的北大国际MBA 树立了“承北大传统、具中国特色、与国际接轨、创世界一流”的 20 字方针，宁波诺丁汉大学的博雅教育与思想政治教育的有机结合等，都体现出中外合作办学的中西包容性特点。

（三）办学方式的多样性

1. 合作地域的多样性

近代，中外合作办学的数量虽然不如现在规模大，但其合作地域已初步体现出多样性，从中方合作地域看，分布在上海、北京、山东、河南、广东等地。外方合作地域主要分布在美国、英国、德国、法国、比利时等国家。

中华人民共和国成立后，特别是改革开放后，随着中外合作办学的快速发展，其合作地域的多样性更加明显。从中方合作地域看，中外合作办学已遍布中国大部分省份或区域（详见表 5–1 和表 5–2）。从合作外方来看，合作国家也遍布亚洲、欧洲、美洲、大洋洲等 140 多个国家和地区，仅 2011—2015 年间，就有来自 26 个国家的高校作为外方合作者参与了本科及以上中外合作办学项目（详见表 5–3）。

表 5–1　全国本科及以上中外合作办学项目省份分布情况一览表

省份	数量（个）	构成（%）	省份	数量（个）	构成（%）
黑龙江	176	16.2	福建	17	1.6
上海	108	10.0	四川	16	1.5
江苏	97	8.9	陕西	15	1.4
北京	95	8.8	安徽	14	1.3
河南	83	7.7	广西	14	1.3
山东	71	6.5	云南	10	0.9
浙江	60	5.5	内蒙古	10	0.9
湖北	59	5.4	海南	2	0.2
吉林	42	3.9	贵州	3	0.3
辽宁	37	3.4	山西	2	0.2
天津	35	3.2	甘肃	1	0.1
广东	26	2.4	新疆	1	0.1
江西	25	2.3	宁夏	0	0.0
河北	23	2.1	青海	0	0.0
湖南	22	2.0	西藏	0	0.0
重庆	20	1.9	—	—	—
合计	1084				100.0

资料来源：林金辉主编：《中外合作办学发展报告》（2010—2015），厦门大学出版社，2016，第 7 页。数据截至 2015 年 12 月底。

表 5–2　全国本科及以上中外合作办学项目区域分布一览表

区域	项目数（个）	构成（%）
东部地区	534	49.3%
中部地区	205	18.9%
西部地区	90	8.3%
东北地区	255	23.5%

资料来源：林金辉主编：《中外合作办学发展报告》(2010—2015)，厦门大学出版社，2016，第 15—16 页。数据截至 2015 年 12 月底。

表 5–3　2011—2015 年新批本科及以上中外合作办学项目外方合作高校所在国家和地区分布一览表

国家	项目数（个）	国家	项目数（个）
美国	141	丹麦	4
英国	129	瑞典	4
澳大利亚	60	波兰	4
俄罗斯	41	印度	3
韩国	37	奥地利	3
爱尔兰	26	白俄罗斯	2
德国	25	葡萄牙	2
加拿大	24	乌克兰	2
法国	20	西班牙	2
新西兰	13	芬兰	2
日本	8	比利时	1
荷兰	7	瑞士	1
意大利	6	新加坡	2

资料来源：林金辉主编：《中外合作办学发展报告》(2010—2015)，厦门大学出版社，2016，第 22 页。数据截至 2015 年 12 月底。

2. 合作主体的多样性

近代，因办学主体的不同，中外合作办学呈现多种类型和多样化的格局。

其类型主要有中外民间人士联合创办、中外政府联合创办、中外高校联合创办、中方政府与外国在华企业联合创办、中方政府与外国社会团体联合创办等。中外民间人士联合创办的中外合作办学机构，最鲜明的有上海格致书院、同济德文医学堂、中法大学等。这些学校主要由中外各界人士共同捐资创建，兼具中外商人、学者以及传教士等主体身份特色。我方的办学主体往往是那些具有民族大义的志士仁人，为了救国家于水火，为了“师夷长技以制夷”而捐资兴学。德华大学属于我国第一所中外政府联合创办的高校。巴黎大学中国学院、莫斯科中山大学、上海中法工学院也属于此种类型。焦作路矿学堂，作为一所中外合办的私立高等教育机构，属于中方政府与外国在华企业联合创办类型。湘雅医学院是中方政府与外国社会团体联合创办的典型教育机构。注册立案后的教会大学原则上也应算作此类合作办学形式。成立于 1928 年的哈佛－燕京学社是教会大学与国外高校合作办学探索的直接结果，是燕京大学与哈佛大学基于双方共同需要而建立的，既是学术合作研究机构，又是人才联合培养机构。

当今中外合作办学合作主体既有中外名校，亦有一般高校；有全国重点大学，亦有地方院校；有普通高校，也有职业院校；还有各级政府、企业、公司及民间基金组织、学术组织也参与中外合作办学。如宁波诺丁汉大学集多参与主体于一身，其合作主体既有两国高校（浙江万里学院与英国诺丁汉大学），也有两国政府参与，还有万里企业集团这一参与主体。

3. 机构设置模式的多样性

根据是否具有独立法人资格，中外合作办学机构或项目可分为独立设置模式和非独立设置模式两大类。其一，独立设置模式。独立设置模式的中外合作办学机构由中外双方共同投资，形成合作学校，具有独立、自由的法人财产，具备法定办学条件，能够独立承担办学责任，并获得国家教育行政部门批准的中外合作办学机构。但独立设置只是相对的，是相对于申报合作办学的中方大学的分离关系而言的，根据《中外合作办学条例》，中国不允许国外高等教育机构单独在中国境内开设教育机构。独立设置模式的中外合作办学机构具有如下特点：办学经费由中外双方共同承担，或以民办机制筹措解决；具有独立法人资格；独立进行财务核算；独立承担民事责任；具有独立校园和基本教学设施，实施相对独立的教学组织和管理；独立招生，独立颁发学历证书。近代的同济德文医学堂、北京中法大学、德华大学等基本属于独立设置模式的中外合作办学机构。当前，独立设置模式的高等教育中外合作办学机构日渐增多，起步比较早的有宁波诺丁汉大学、西交利物浦大学、长江商学院等。其二，非独立设置模式。此种类中外合作办学主要是指没有取得法人资格的中外合作办学项目和中外合作办学二级学院。这种模式的中外合作办学是当前中外合作办学的主体。《中外合作办学条例实施办法》已把中外合作办学中采用"双校园"模式的教育教学活动，纳入中外合作办学项目实施管理。中外合作办学二级学院是相对于中方合作高校的一级大学而言，是指在母体学校领导下，由母体学校作为法人代表与国外高等教育机构共同实施的合作教育教学活动。中外合作办学二级学院本身不具有独立法人资格，是设置在中方母体学校内的中外合作办学机构。在一定程度上，中外合作办学二级学院可以看作中外合作办学项目和独立机构之间的过渡形式。如近代的巴黎中国学院、当代的上海大学悉尼工商学院和吉林大学－莱姆顿学院等。

4. 合作层次及合作专业领域的多样性

合作办学层次多样化，是人才培养模式应用性及灵活性的具体体现。近代中外合作办学在这一方面体现就很明显。纵观近代各类中外合作办学机构或项目，已有研究生、本科、专科、职业中专、非学历教育培训等不同办学层次。研究生层次主要如哈佛－燕京学社、里昂中法大学。近代教会大学一般都属于本科办学层次。像德华大学、同济德文医学堂开办之初都是专科层次。上海中法工学院属于职业中专层次。如今，高等教育合作办学层次已覆盖从非学历教育到学历教育的各种层次，有非学历培训、专科学历教育、本科学历教育、硕士及博士学历教育，其中以本科和专科学历教育为主，硕士、博士学历教育项目相对偏少。中外合作办学涉及的专业领域广泛，如工学类、管理学类、经济学类、理学类、艺术类、医学类、文学类、教育学类、法学类、农学类等领域都有中外合作办学专业。就其数量而言，分布在工学类领域最多，其次是管理学类，再次是经济学类。

5. 经费筹措或投入方式的多样性

近代以来，中外合办教育机构办学经费的一个显著特色是来源多元化。

投入模式中，中外合作办学的双方投入主要包括资金投入、知识产权投入、实物投入（含土地等实物资源）以及其他教育资源的投入等。

在中国近代各类大学中，中外合办的高等教育机构经费来源是较为广泛的。如德华大学，开办经费由中国学部筹 4 万马克，德国政府筹 60 万马克，常年经费中国政府筹 4 万马克。有的中外合办高等教育机构的经费投入中外各占一半，如上海中法工学院，常年经费约为 13 万元，学校经费也由中法两国政府各承担一半。有的中外合作办学机构的经费主要来自中方政府，如湘雅医学院，中国方面负担学校的一切开支，经费由湖南省政府拨出，美国雅礼会则负责来华教学教授的选送等教务方面的事宜。同济德文医学堂既有中外社会各界人士、企业、基金的捐款，也有两国政府的资助。庚子赔款是近代许多中外合作办学机构创办的诱导因素及经费的部分来源，如北京中法大学、里昂中法大学、巴黎中国学院、中比大学、上海中法工学院等。海外基金方面，20 世纪 20 年代，洛克菲勒基金会与霍尔基金会两大财团对中外合作办学资助最大。哈佛 – 燕京学社经费主要来自霍尔基金，使该校际合作有了较充足的合作资金。

现代，全国中外合作办学主要表现为外方以非资金方式投入为主、以资金方式投入为辅。国外高校的投入主要以课程设置、教材（以及其他图书资料）、教学软件、教师、相关毕业或结业证书为主。中方在投入方式上以现有的土地使用权、校舍、教学设备、教师等现有资源为主要形式。在以资金投入为主的中外合作办学机构和项目中，主要包括股份制运作（学校内部股份制以及其他混合型股份制）以及内部资金管理方式的资金运作模式。

（四）学科专业、课程教学的应用性

1. 从学科与专业角度看

近代以来的中外合作办学，其设置的学科与专业主要是为了顺应社会经济发展的需求，体现了很强的社会适应性。从学科来看，近代的中外合作办学主要涉及医学、工学、理学等学科，专业主要涉及工商管理、交通、采矿、护理、临床等。

随着时代的日益信息化、全球化，国际贸易日益频繁、信息技术日益普及，中外合作办学的学科与专业设置也相应地与时俱进，工学类、管理类、经济学类、理学类、艺术类等学科门类成为热门，工商管理、国际经济与贸易、会计、国际商务、市场营销、计算机科学与技术、信息管理与信息系统、财务管理、机械设计制造及自动化、护理学等专业都成为中外合作办学机构回应社会需求所集中设置的专业。

2. 从课程设置方面看

近代中国，科学技术极为落后，急需向西方学习，引进西方的先进科学技术，在此情况下，中外合作办学机构非常重视数、理、化、医类课程和外语课程。之所以重视外语教学，是因在当时的历史条件下，没有外语基础，学习西学就无法进行，教师来自外国，课程教材也是取自外国，因此，重视外语教学是当时中外合作办学机构急需采取的措施。外语教学包含两层含义：一是开设外语课程，二是将外语作为教学语言。同济德文医学堂所采用的教材均为德国医科、工科原版教材，德语为第一外语。德文科自二年级起，一律用德语进行教学。基督教教会大学从 19 世纪末开始，普遍开设外语课程，并且将英语作为教学语言。圣约翰大学的学生入学英文考试，使用与美国纽约州州立大学入学考试同样的试卷。包括中国历史课在内的全部课程，基本上用英语教授。学校几乎所有的章程、通告、往来公函、会议记录等，均使用英文书写与表述。

当代中外合作办学，其主要目标是培养高素质、多样化、个性化的国际化人才，课程设置必须适应多元复杂的国际市场对人才的需求，因此，“平台 + 模块 + 课群”的立体化、应用性、国际性课程体系成为当代中外合作办学课程的主要形式。通过这样的体系，实现按专业设置平台、按目标设置模块、按需求设置课群，用以全面提高学生综合素质。当代中外合作办学还特别注重“双校园”的实践环节，也是为了让学生更快更好地适应国际化环境，是课程应世急用的表现。

3. 从教法的应用性来看

近代以来的中外合作办学，特别重视理论联系实际，强调社会实践，注重培养学生的科学研究以及社会服务能力。如德华大学教师多采用演讲式上课，讲课时尽量利用教具，包括实物、标本、挂图等。这种注重理论与实际相结合的教学方式深受学生欢迎，也颇有成效。政法科可以到法院当陪审员实习；农林科在实验农场实践；工科除校内有实验工厂外，学生还可去四方机厂、船厂实习；医科则在福柏医院实习。再如，1928 年燕京大学社会学系在美国洛克菲勒基金会的资助下，在学校附近的清河镇开设了一个农村实验站。这个实验站以认识和建设中国农村为目的，训练学生进行社会调查的能力。实验站设经济、卫生、服务、研究四个股，先后开展组织农村信用合作社、消费合作社和小本借贷，加强农业生产技术指导，创办乡镇工厂和医院，开展妇幼保健、儿童福利、职业训练、公共卫生、文化教育、公共娱乐、体育锻炼等活动。从 1934 年起，该系还增设了农村社会学、农村教育、农村合作、现代欧洲农业经济、农村改良运动之比较等课程，并不断派送学生到各教会、青年会和国民政府创办的“乡村建设”基地去实习和调查研究，先后出版了《燕京社会学研究》《清河社会学实践》等有价值的学术著作。

当代中外合作办学的教学模式，大多推行全英文教学，实施以学生为中心的项目式探究性学习，强调教学紧密结合实践，强调校企合作，提供“双校园”跨文化体验等，都是教学应用性的高度体现，如宁波诺丁汉大学实施的小班教学、项目式教学，西交利物浦大学推行的“三个研究”“三个生态”的教学模式等，都体现出教学对培养应用型人才的积极顺应。

（五）办学机构设置的跨境性

近代，中外合作办学机构有的办在国内、有的办在国外。在国外合办的高等教育机构主要有莫斯科中山大学、巴黎中国学院、哈佛－燕京学社哈佛培养基地以及中比大学、中法大学海外部等。中法大学海外部包括法国里昂中法大学、法国巴黎留学事务所和华侨教育事务所，其中以里昂中法大学最为著名。中外合作办学机构的境外开设，在当时中国国内政局动荡、师资匮乏、教育经费严重不足的情况下，不失为中国近代高等教育中的一项重要创举，也是中外合作办学萌芽时期的一大特点。中国近代，在境外开设中外合办高等教育机构，其办学地都具有以下特征：第一，办学所在地政府对合作办学的大力支持；第二，办学所在地的经济较繁华、文化较繁荣、文明开放程度较高；第三，办学所在地高等教育发达，拥有实力雄厚的高等教育资源。

随着全球化时代的到来，实施境外合作办学已成为各国高等教育发展的必然趋势。进入 21 世纪后，我国高等学校开始“走出去”，境外合作办学有了较大的发展，其形式、规模、层次、合作国别都较近代有了更多的变化，无论是数量还是质量都有明显提高。境外合作办学增强了我国在世界教育体系中的话语权，提高了我国教育在国际上的知名度和影响力，推动了我国教育的国际化进程，加深了境外教育机构对我国教育的了解，同时加深了我们对境外教育机构和教育资源信息的了解，促进了更多境外优质教育资源到中国内地合作办学。这样做更加有利于打通我国与其他国家和地区在学历、学位、学分互认及其质量认证制度上的连接，争取与发达国家（地区）在学历、学位、学分的相互承认上有更大的突破，从而促进中外合作办学向纵深发展。

（六）办学理念的时代性

中外合作办学的时代性主要体现在两个方面。一方面是指中外合作办学总是与当时的中外交往关系相辅相成。中外合作办学是中外关系的重要组成部分。纵观中外合作办学百余年的发展历程，我们不难发现，中外合作办学是中外关系的晴雨表，是中外关系的推进器和维稳器。[①] 如就中美合作办学来分析。近代，美国凭借其雄厚的经济实力建立了霸权地位，侵略中国成为其对外扩张的重要目标，其中包括文化扩张。而处于弱势地位的中国为了救亡图存，亟须学习以美国为代表的西方先进科学技术，中美合作办学就是在这种不平等关系上产生的。中华人民共和国成立后，美国对中国实行外交孤立政策，中美没有建交，也就不存在官方的教育合作。到 1952 年，美国在华教育机构被接收完毕，中美合作办学也一度中断。1971 年，美国总统尼克松的特使基辛格秘密访华后，中美民间教育交流得以以美国派教育代表团来华访问的形式开始恢复。1972 年，中美在上海共同发表《中美联合公报》，其中包括教育交流的内容。此后，中美民间教育交流正式起步。1978 年 10 月，中美签署教育交流谅解备忘录，中国首批留美学生亦于同年 12 月抵达华盛顿。不久，中美合作办学也开始发展起来，南京大学－约翰斯·霍普金斯大学中美文化研究中心成为我国改革开放后第一个中外合作办学机构。中美合作办学的高潮与低潮恰好与多变的两国关系的高低点相吻合。显然，中美合作办学是中美关系的推进器和维稳器，它在打开中美关系大门、推动中美建交和

---

① 顾宁：《评冷战的文化遗产：中美教育交流（1949—1990）》，《史学月刊》2005 年第 12 期。

深化中美互信合作中作用显著。冷战结束后，由于受意识形态的影响，美国对华政策左右摇摆，而东欧剧变也使得美国政府对教育国际交流的热情下降，中美教育交流却奇迹般地在冷战后不断发展，成为中美关系中非常稳定的一种交往关系。这种关系无疑对维护中美关系的正常发展起到了重要作用，增进了彼此相互理解、信任和依存。中美合作办学还是发展双边政治关系的一个重要内容。从尼克松访华开始，发展中美教育交流与合作，始终是中美高层互访中的一项非常重要的内容。1979 年 1 月，邓小平访美，与美国总统卡特签订了《中华人民共和国政府和美利坚合众国政府科学技术合作协定》。该协定成为中美合作办学的一个重要依据。1985 年 7 月，中国国家主席李先念访美，两国在该协定的框架内签署了《中华人民共和国政府和美利坚合众国政府教育交流合作议定书》。2006 年 4 月，胡锦涛主席访美期间，中国教育部部长周济代表中国政府与美国政府续签了该协定。显然，中美教育合作是在中美高层直接领导下进行的，具有鲜明的政治意义。2009 年美国总统奥巴马（Obama）第一次访华时，也谈到了中美应大规模互派留学生的计划。2015 年 3 月，习近平主席会见哈佛大学校长福斯特（Faust），对中美两国高校增进交流、深化合作、更好地服务于中美关系的发展提出殷切希望。本轮磋商期间，在休斯敦莱斯大学举办中美大学校长论坛，时任国务院副总理刘延东应邀出席并发表主旨演讲。中美双方高水平大学校长利用本次论坛的契机，深入探讨如何进一步推动中美学生交流和开展联合科研。中美双方承诺推进两国大学智库交流与合作。同时，教育部启动“百千万”学生交流项目，计划在 5 年里邀请 100 名美国青年精英访华游学；邀请 1000 名美国优秀大学生来华学习，支持 1000 名博士赴美重点高校留学；每年公派 1 万人赴美学习研修。①9 月 22 日，习近平主席开启大洋彼岸之旅。在习近平主席访美期间，中美决定未来 3 年资助中美两国共 5 万名留学生到对方国家学习。②2016 年 9 月 10 日，旨在“培养世界领袖”的清华大学苏世民学者中美合作项目在迎来首批国际学生之际，习近平主席在贺信中指出：“教育传承过去，造就现在，

① 《深化中美教育交流与合作为构建中美新型大国关系作出新贡献》，人民网。
② 《美国学者关注中美教育合作：中文是美国发展速度最快的外语》，中国青年网。

开创未来，是推动人类文明进步的重要力量。……中美教育交流为促进两国人民相互了解和友谊、推动中美关系发展发挥了积极作用。中美双方应该挖掘潜力，提高水平，使教育领域合作成为中美人文交流的先行者。”[①]总之，通过教育途径强化两国关系，在中美双方已形成共识，基于共同利益的追求，中美合作办学在中美关系中的战略基础不断扩大。中外合作办学的时代性的另一方面，是指中外合作办学的目的始终是要培养与时代需求相适应的国际化知识人才。随着社会的发展，人们为了能够胜任各种国际性工作，对知识和技能的追求迅速增长，对教育国际化的需求迅猛增长，所以发展高等教育以满足广大人民的需求成了各个时代我国高等教育的重大使命。近代的中外合作办学在我国教育相对落后的背景下，及时地满足了时人对西学的需求。当今时代的中外合作办学，是在全球化背景下大力培养国际化知识人才，满足人们在全球化时代生存与发展的多样需求。

（七）办学水平的不均衡性

1. 专业分布的不均衡性

近代，中外合作办学的专业主要分布在算学、物理、化学、矿学、医学等一些救世急用的专业。如当时的焦作工学院主要开办矿学专业。中华人民共和国成立后，中外合作办学的专业虽然呈现多元化趋势，但其不均衡性一直存在。综合上海、江苏、浙江等地中外合作办学的专业分布状况来看，截至 2016 年年底，在学科专业布局方面，本科及以上中外合作办学项目中，工学约占 37%，管理学约占 26%，两者合计约占 63%，而法学、历史学均在 2% 以下。[②]工学及管理学专业扎堆现象严重，应进一步科学谋划学科专业布局。

2. 时段发展的不均衡性

中外合作办学在不同的时代，其合作国家和地区、发展的速度、所涉及的专业与学科领域、办学层次、办学方式等都存在着明显的差异，这是时段上的不均衡。本书将 1876—2016 这 140 年的发展史分为三个大的发展阶段。显然这三个阶段的中外合作办学的发展水平是不均衡的。每个阶段都取得了

---

① 《开学典礼，习近平的一封特别信》，中国青年网。
② 《中外合作办学如何提质增效》，人民网。

不同层次的成绩，也存在着因时而异的问题。第一阶段是中外合作办学的初步发展阶段，合作的外方国家少，主要只集中在美、法、德等国，办学数量不多，政府管理缺位，教育主权受到严重挑战。第二阶段是片面、缓慢发展阶段，中外合作办学呈现向苏联“一边倒”现象，中外合作办学形式单一，政府统一管理。第三阶段是综合、快速、内涵式发展阶段，中外合作办学开始有规范、有规模地发展。特别是进入 21 世纪以后，内涵式发展成为中外合作办学的主要追求。

3. 影响程度的不均衡

虽然中外合作办学是双向的文化交流活动，但是由于合作双方发展速度、重点和环境的不同，这种交流对合作双方的影响也不同。相对而言，由于西方发达国家处于世界科学技术的中心，有着强大的影响力，往往会在这种合作中占主导地位。首先，从人员的国际交流来说，中外合作办学主要招收的是中国学生，他们在中外合作办学机构接受本科教育期间，一般有 1—2 年前往外方合作国家就读，毕业后有一部分人会选择到国外深造。这些学生主要流向美国、英国、澳大利亚、法国和俄罗斯。人员的这种单向流动，自然给我方带来了严重的人才流失与资金流失问题。其次，从文化的影响来说，合作的外方国家借助先进的科学技术，拥有众多的文化输出渠道，其社会价值观、思维和行为模式、生活方式甚至包括政治观点等，都会随着知识和技术的输出而传播到我国。这就使我们在一定程度上面临着外来文化扩张的风险。

第二节　中外合作办学的历史成就与相应局限

中外合作办学是高等教育国际化在我国的重要实践形式，是我国整个教育对外开放事业的重要组成部分。纵观 140 多年来的中外合作办学，其为中国的政治、经济、文化及教育等方面的发展作出了积极贡献，取得了许多喜人的成就，成为推动中国走向世界的重要力量。特别是改革开放以来，在经济全球化、高等教育国际化及我国高等教育大众化发展的共同推动下，中外合作办学发展较快，成为除公办教育和民办教育之外我国高等教育的第三种发展形式，对我国经济、社会和高等教育自身的发展起到了积极推动作用。但是就中外合作办学总体发展来看，由于受各时期历史条件的限制，其存在的历史局限也不容忽视。如何正确认识这些历史成就和相应局限，直接影响着中外合作办学的发展走向和命运，甚至影响到高等教育事业的发展全局。

一、中外合作办学的历史成就

（一）引进了外国优质教育资源，推进了我国高等教育的现代化

1. 资金的引入

中外合作办学改变了传统的由政府投资的一元体制，拓展了筹资渠道，实现了政府、社会、企业等多方共同投资的模式。

近代，尽管外方与中方合作办学主要是出于自身在华利益的考虑，但外方为兴办这些合作机构投入了大量的人力、物力和财力。如创办于 1909 年的焦作路矿学堂是我国建立最早的近代矿业高等学府，最初办学经费由英国福公司负担。教会大学的资金主要来自差会、基金会和校长个人筹款等渠道。美国国内各种类型基金会的募捐维持了教会大学的发展，如美国的洛克菲勒基金会[①]和霍尔基金会。中法教育合作的重要成果之一是里昂中法大学的建立。1931 年，中法大学获得的法国捐款占全校总收入的 76.4%。莫斯科中山大学从 1925 年建立到 1930 年停办期间，苏联总共投入了 9 915 569 卢布，在当时来说，这种投入是相当高的，在校中国学生的住宿、伙食等津贴均远高于苏联当时的平均生活水平。[②]

当代，中外合作办学经费主要来自国内外合作方高校、企业投资和学生学费等途径。这样自然拓宽了我国高等教育的筹资渠道，在不增加政府投入

① 罗义贤：《司徒雷登创建燕京大学之肇始》，《贵州教育学院学报》（社会科学）2005 年第 6 期。
② 黄修荣主编：《联共（布）、共产国际与中国苏维埃运动（1927—1931）》（第 8 卷），中共中央党史研究室第一研究部译，中央文献出版社，2020，第 292 页。

的情况下实现了高等教育规模扩充的目的，不仅为国家节约了办学经费，并且在一定程度上改善了办学条件。诸多中外合作办学项目从国外引进了一定数量的教育资金和设备，同时也吸引了国内部分企业、财团以不同方式投资教育事业。如中华人民共和国成立后第一家中外合作大学——宁波诺丁汉大学，该校由浙江万里集团和英国诺丁汉大学合作举办，学校基础建设经费由浙江万里集团负责筹措，而学校运行经费则由英国诺丁汉大学负责。同时，英国诺丁汉大学也将其校网络图书馆资源向宁波诺丁汉大学开放，与宁波诺丁汉大学实行资源共享。

2. 办学理念、体制的引入

其一，中外合作办学较早地在高等教育领域引入了素质教育理念。20 世纪 90 年代，随着素质教育在基础教育领域受到极大的重视和强调，高等教育的素质教育问题也引起了人们的更多关注。但高等教育领域的素质教育针对的实际问题与基础教育领域的素质教育针对的问题是有区别的。基础教育领域的素质教育主要针对应试教育和片面追求升学率而言，而高等教育领域的素质教育则是试图通过实施素质教育，来改变高等教育人才培养模式，提高大学生的科学人文素养、社会实践能力与创新能力，促进大学生的个性发展，其所针对的主要是高等教育过分专业化和实用化而忽视通识教育，过分注重科学教育而忽视人文教育，过分注重知识的传授而忽视学生的实践能力、创新能力与个性的发展。1993 年的《中国教育改革和发展纲要》对这一思想作了强调，1994 年制定并实施的《高等教育面向 21 世纪教学内容和课程体系改革计划》作了进一步强调，把加强大学生的人文素质教育作为重要改革内容。1999 年《中共中央国务院关于深化教育改革，全面推进素质教育的决定》特别强调了高等教育领域内的素质教育的内涵："高等教育要重视培养大学生的创新能力、实践能力和创业精神，普遍提高大学生的人文素养和科学素质。"[①] 至此，高等教育的素质教育理念已全面形成并以法规的形式确定为高等教育发展的指导性思想。中外合作办学经验，在我国高等教育的素质教育理念形

① 《中共中央国务院关于深化教育改革，全面推进素质教育的决定》，中华人民共和国教育部网站。

成中起到了很大的影响作用。中外合作办学机构或项目在人才培养理念上向欧美高校学习，重视通识教育及学生的实践动手能力的培养，这在近代以来每个中外合作办学机构或项目里都得到了很好的体现。如近代效法欧美教育理念办学的教会大学，其通识教育思想就是我国高等教育领域素质教育思想的一个重要影响源，它主张在大学实施广博、宽厚的综合知识教育，以拓展学生的学术视野和知识领域，培养全面、综合素质人才。这一模式与单纯注重专业知识训练的专才教育有根本不同。再如，北京中法大学以法国大学制度为蓝本，在教育教学上，德育、智育、体育方面都有独特之处。在德育上，注重养成互助精神；在智育上，以法文为必修科目；在体育上，特别注重劳作训练。这些中外合作办学范例较好地体现了我国当今高等教育领域正在强调的素质教育的理念。在当今的中外合作办学机构或项目中，课程的中西结合、通识与专业的结合也得到进一步落实。如宁波诺丁汉大学，一方面强调博雅课程的学习，另一方面也注意专业课程的学习，突出对学生的创新精神和实践能力的培养。

其二，引入高等教育四大职能理念。中外合作办学机构或项目是大学的四项职能理念的具体实践者。20世纪后期，随着经济全球化的进展、信息技术的普及与知识经济时代的到来，国际文化交流在大学中的作用日益明显。1996年国际21世纪教育委员会向联合国教科文组织提交了《教育——财富蕴藏其中》的报告。在论及高等教育时，该报告指出大学被赋予四种社会职能，第四职能就是指国际合作。至此，大学的教学、科研、社会服务、国际合作这四项职能已成为人们的共识。在我国，大学的四项职能理念是顺应时代潮流而逐步确立的，由于中外合作办学的缘故，自然渗透了国外经验对四项职能理念的形成。

其三，引入教育市场理念。在经济市场化、全球化时代，中外合作办学还引入了“教育服务意识”“营销意识”“教育品牌意识”等一系列新的教育市场理念，在合作办学中实实在在地体会着市场意识的重要性。通过中外合作办学，可以从办学理念、课程设置、教学大纲、教材建设、师资培训、教学方法、后勤保障、质量控制等多方面学习先进的办学经验，经过消化、吸收，最终可以提高我国的办学水平和管理能力，进而创造出有中国特色的办学理念、管理体制和方法。不少学校正是从中树立了为学生服务的意识，按市场需求设立专业、开设课程，选定教师、教材、教法等，以优质产品去建立市场信誉并寻求高额回报，从而改变了“以教定学”、以教师为中心、以理论知识为重点的传统做法，在教材、教法、学法、教学手段以及人才培养模式、学校管理模式等方面，进行了一系列的改革和创新。

3. 学科专业、教材教法的引入

中外合作办学一直在遵循这一办学规律：中外合作办学必须适应和服务于国家改革发展大局，必须适应和服务于学生的发展和成长。在学科专业的设置上，中外合作办学首先考虑的就是社会经济发展的需求。《中外合作办学条例实施办法》明确提出，国家鼓励中国教育机构与学术水平和教学质量得到普遍认可的外国教育机构合作办学；鼓励在国内新兴和急需的学科专业领域开展合作办学。

近代以来的各个中外合作办学机构或项目确实引入了一批时兴学科或是我国急需的专业学科，在很大程度上推动了高校的学科专业建设，丰富了我国专业、课程门类，加强了我国部分薄弱学科专业，缓解了某些专业和领域的教育需求，填补了国内高校一些专业甚至学科上的空缺，为我国培养了一批急需的专业人才，同时还帮助我国改造了原有的一些相关的陈旧专业，使之转化成既与国际接轨又符合市场需要的新型专业。如近代的数、理、化、工、医等学科类专业，当今的物流专业、领导力专业、体育管理专业、花卉设计加工专业等。近代的德华大学在煤炭科学、工程技术、新闻、农林学等学科建设上发挥了积极作用，使人们对这些学科有了更科学的认识。当今的广州大学与意大利合作开展的维修工程技术教育，填补了中国大陆维修工程技术系统教育与人才培养的空白。再如英国瑞丁大学的食品工程专业是英国排名较前的优势学科专业，该校食品工程专业与河南工业大学的合作办学，让后者引进该校食品工程专业的课程，借鉴其教学和管理经验，极大地推动了河南省食品工程专业学科建设。

中外合作办学机构和项目课程的特色之一，就是使用国外原版教材，采用双语或全外语教学，引进国外先进的教学理念和方法。中外合作办学机构为了适应市场的需求，所开设的课程包含了大量国际化的内容，有些课程本身就是国际化的课程，比如经济管理专业中的国际市场营销、国际经济合作、国际金融市场、国际项目管理及融资、全球价值链组织、国际税收等课程，由是推动了我国高等教育课程的国际化。在教学方法上，除了传统的讲解答疑式教学法，还引进西方科学的教学方法，如公共讲座制、小班制、讨论式、探究式等新的教学形式，采用参观、实验等直观教学法，以科学实验及演示为重要教学手段等。过去中医教育的典型方式是父子传承或师徒相授，这种家庭式或手工作坊式的教育模式，一方面使医学教育缺乏必要的规划、管理和规范，另一方面严重影响了医学的社会地位和科学化进程，德华大学、同济德文医学堂、湘雅医学院在一定程度上改变了人们对医学教育的偏见，促进了西医科学在中国的传播。毕业于美国康奈尔大学农学院的农艺教师芮思娄到金陵大学农科任教，在金陵大学农科专业推行美国康奈尔大学农学院的教学、科研、推广三结合的“三一体制”①，使得金陵大学农学院毕业生在进入社会工作中，有效地实现了理论与实际并重、知识与能力的统一。再如焦作工学院与中国以往传统的学校迥然不同，注重对化学、物理等自然科学知识的教学，主要从西方引进教材，以西方的科学技术培养学生。在海外开设的中外合办高等教育机构，如里昂中法大学、中比大学更是完全采纳外方的教育方式，自己不设系科，不聘教授，充分利用当地大学提供的现成的教学资源。

中华人民共和国成立后，中外合作办学在引进学科专业、课程、教材教法方面发挥着更为积极的作用，相较于近代，取得了更大的进展。在中华人民共和国成立初期，我国全方位地学习苏联，大量采用苏联的教材教法。如今的各种模式的中外合作办学，在引进国外学科专业、课程、教材教法方面更为主动和慎重，如上海的中外合作办学机构或项目中，使用国外教材达50%以上的机构约有60%。又如吉林大学－莱姆顿学院各专业均执行国外合作大学的教学计划、教学大纲，使用国外英文教材。在教学过程中，充分借鉴和学习国外先进教学理念和教学模式，注重培养学生的英语表达能力以及查阅资料、综合分析、解决问题和团队协作能力。许多中外合作办学机构或

① 胡茂胜、曹幸穗:《金陵大学农学院与中国高等农业教育近代化》,《农业考古》2010年第1期。

项目引进了MBA教育模式，极大地促进了我国工商管理教育，让国内大学深切体会到一种完全不同于我国惯常的教育模式，很快国内几所试点MBA的大学纷纷到中外合作的MBA项目中取经，在结合国情的基础上，构建了富有中国特色的MBA办学模式。

4. 师资的引入

在近代中外合办的高等教育机构中，外方为学校聘请了大批的优秀外籍教师，外籍教师占有很大比例，构成了教师队伍的主力，从而保障了学校的师资力量。如德华大学在人文科学、自然科学和社会科学方面，尤其是在自然科学领域都达到了能与当时德国本土的研究水平相当的程度，其原因就在于学校云集了一批高水平的德籍教师：1910—1911年，《数学杂志》的创办人之一，当时复合函数研究的学术权威、数学家克诺普（Knopp）在校任职；1914年，量子物理学家普朗克（Planck）的门生胡普卡（Hupka）在校任职；农林学系主任瓦格纳（Wagner）是较早进行地球物理学环境条件对经济作物传播影响研究的学者。中外合办的高等教育机构还邀请国际知名学者来校进行短期访问和讲学。中法大学积极邀请法国学者来华讲座，1926—1936年，先后邀请了十余名法国著名学者来校演讲，如巴黎大学的教授、考古学家富歇（Foucher），电学家白兰（Belin）等都来华做过演讲。

中华人民共和国成立之初，我国教育十分落后，党和国家提出学习苏联教育经验，在我国形成了一场声势浩大的中苏合作办学运动。在这场运动中，我国聘请了大量的苏联专家来中国支教。1949—1960年，我国先后聘请了800余名苏联顾问和专家在中国高等教育部、高等学校、中等技术学校工作。他们中大多数担负着指导学校的教学和培养师资的任务，有的还担任校长顾问和专家组组长。当时我国全面学习苏联教育经验是同教育改革结合进行的，在此过程中，苏联专家直接帮助我国进行教育改革，对中华人民共和国成立初期的教育发展产生了深远的影响。

改革开放后，随着中外合作办学的不断发展，国家对中外合作办学质量监管日益重视，其中对中外合作办学机构或项目的师资引进问题进行了量化规定，确保外籍师资的合理比例。2006年颁布的《教育部关于当前中外合作办学若干问题的意见》对涉及师资队伍和教学组织进行了规定，这一规定，确保了每一个中外合作办学机构或项目对师资引进的高度重视。经过这几年的评估反馈，当前大部分中外合作办学机构或项目均能按要求引进国外优质师资。如今的宁波诺丁汉大学、吉林大学－莱姆顿学院等，其师资有一半是来自外方合作院校乃至国际知名高校。不同国籍的专家、学者聚集在一起，与中方教师共同开展备课、教研活动，中外教师的跨文化理解力均得到提高，有效避免了知识、师资结构的偏颇。

近代以来的中外合作办学是我国高等教育与国外教育交流的桥梁，为深化我国高等教育体制、实现教育革新提供了实践平台，对我国高等教育产生了深远影响。通过引进国外的教师、课程、教材、资金、设备等，并在借鉴国外高等教育人才培养模式、教育教学形式、学校管理体制等方面进行有益的尝试，在一定程度上丰富了我国高等教育的课程内容，开辟了高等教育新的发展形式，对我国高等教育的发展产生了积极的作用。

（二）推进了科技进步，扩大了中外经济、文化交流，增强了中外友好关系，加速了中国社会的现代化

1. 推进了科技进步

科学技术是社会发展的直接驱动力，而科学技术的进步来源于教育，特别是高等教育。高校既是培养高层次人才的摇篮，又是汇集高科技研究的中心。高校的科研是发展新兴学科的基础和进行学科建设的重要手段，也是高校直接为国家经济发展和社会进步服务的主渠道，不同程度地承担着国家科技攻关和成果转化的任务。高校是进行科学教育、培养科技人才、促进科技进步的重要阵地和直接推动力。

近代以来的中外合作办学，在推动中国近代科学教育的同时，为中国的科学技术进步作出了不可忽视的贡献，成为引进西方科学技术的重要渠道。通过合作办学，培养了高层次人才，创造了高水平科研成果，推进了国际科技交流与合作，促进了我国科技发展与成果转化，提高了我国高校科研实力，从而也增强了我国教育的国际竞争力。

近代以来，我国志士仁人为了救国图强，通过积极开展中外合作办学来引进西方的先进科学技术是他们当时义不容辞的选择。中外合作办学实施的科学教育成为当时科技传播和进步的主要手段。合作院校中的外籍教师很多都是西方科技教育工作者和科学家，他们把西方成熟的现代大学注重学术自由和科学研究的理念引入到中国高等教育中。20 世纪初，伴随着以科学研究作为重要职能的现代大学在中国的萌芽，中外合作办学在科学教育和科学研究方面的特征愈加明显，20 世纪 20 年代以后几乎所有的中外合作办学机构都把自然科学和神学以外的社会科学作为主要发展领域。

近代以来中外合作院校大都是按照西方特别是英国、德国、美国的大学模式移植到中国，而英国、德国、美国等国是近代以来通过大学科学教育推动社会科学飞速发展最突出的国家。中外合作办学的院校，将西方大学成熟的自然科学和社会科学学科移植到了中国，开创了早期中国比较完整的西方科学教育。最初的中外合作院校，如教会大学都是直接编译国外科学论著用于教学。比如广州的博济医院（现中山大学孙逸仙纪念医院）嘉约翰（John Glasgow Kerr）医师 1900 年前就翻译了《药学》《解剖学》，1903 年创立共合医道学堂（山东大学齐鲁医学院前身）的聂会东（James Boyd Neal）编译出版了《眼科学》《皮肤病学》《生理》《化学》《中国疾病》等专著作为教材。聂会东甚至成立了教科书编译委员会，专门为大学翻译和修订教科书，其编译的教材包括解剖学、外科、组织学、胚胎学、产科学、病理学、生理学、整形学、皮肤病学、性病学、普通诊断学、内科医学和妇科医学等学科。几乎所有中文学校的医学院都采用了这些教科书。在当时中国近代科学处于极其落后甚至空白的情况下，教会大学翻译、应用西方著作作为教科书是唯一的选择，之后随着发展才逐步中国化。这些作为科学著作的教科书的引进几乎填补了中国在这些科学领域的空白，对于中国科学技术的教育、传播和发展起了开山启林的作用。一个数据可以说明近代合作办学对科学技术发展的贡献：我国 1948 年开始实行院士制，第一批院士共 81 人，其中在中外合作办学机构任过教或就读过的人数占了 22%。当然，中外合作办学对于中国近代以来科学技术进步的推动不仅仅体现在院士、科学家在各自领域的贡献，还有许多中外合作办学机构的教师和毕业生为中国的农业科学、医学科学等领域也作出了独特的贡献。如金陵大学的卜凯（Buck）教授 1930 年撰著的《中国农家经济》被很多院校选为教科书，他的《中国土地利用》对于中国的土地利用进行了深入研究，提出了独特的见解，被认为是一部里程碑式的论著。

中华人民共和国成立后，我国通过中苏合作办学引进了大批苏联专家。1949—1959 年，苏联专家帮助我国建设科学实验室 807 个；培养研究生 14 132 人，其中多数人后来成为我国高等院校的科研骨干；由苏联专家指导的高等院校科研项目 344 个。[①] 这些专家为我国高校培养了一批高层次专业人才，加强了重点学科和重点实验室的建设，为科学技术的进步作出了积极的贡献。改革开放后，中外合作办学机构或项目在引进高端人才和科学技术方面进一步发挥前沿阵地的作用。在“七五”期间，外国专家在中外合作办学机构或项目中参与硕士、博士研究生培养 6 万余人。“八五”期间，在学科和实验室建设方面，在外国专家的帮助下加强了重点学科建设 1565 个，新建学科 751 个，一些重点学科已接近或达到国际先进水平，一批新学科的建设填补了我国的空白。加强重点实验室建设 787 个，建立新的实验室 451 个。中外专家合作完成高校科研项目 9008 项。[②] 中外专家还合作开发了一批新技术产品。如华中科技大学先后与加拿大、美国、德国、俄罗斯等国的十几所高校进行合作办学，加强激光技术合作研究，成立了激光技术国家重点实验室。长期以来双方一直保持紧密合作，建立了一批科研和培训基地，培养了大批研究生，在推动学科和实验室建设方面的作用不可低估。这些成就的取得充分说明了中外合作办学在促进科技发展方面所起的重要作用。

纵观一百多年的中外合作办学发展史，中外合作办学在促进科技发展方面起着非常重要的作用，使许多高等院校成为科教兴国的强大生力军。

2. 推进了经济的互动与发展

一般而言，在中外合作办学过程中，合作双方都是受益的主体。中外合作办学之所以能够延续不断，其中一个重要原因就是双方均存在利益驱动，双方均能从中获益。例如美国之所以不断改变教育政策和移民政策，以吸引更多的留学人员去读书、研究，并不是做不求回报的公益事业，而是因为这

---

① 刘英杰主编：《中国教育大事典（1949—1990）》，浙江出版社，1993，第 1675 页。

② 陈昌贵、谢练高：《走向国际化：中外教育交流与合作研究》，广东教育出版社，2010，第 263—264 页。

后面藏着巨大的收益。美国作为世界上留学生最多的国家，外国留学生在学费、生活费及相关开销上的费用为其带来了数百亿美元的收入。这对美国国内经济的发展无疑是一个很大的推动，而我国留美学生人数之多在其中所做的贡献就更大。还有许多留美学子已经成为美国新兴产业的创始人，为美国的经济发展作出了杰出的贡献。

与之相应，中外合作办学也促进了我国自身经济的发展。首先，中外合作办学可以引入外来资金，弥补我国办学资金的不足，促进学校教育的发展。其次，中外合作办学因拥有相对更多的优质教育资源，可以让国民进行教育投入，拉动经济内需。最后，中外合作办学可通过引进或培养高科技人才来促进经济的发展和互动。如中外合作办学机构或项目的科研成果转化为生产技术，助推了社会经济的发展。另外，中外合作办学一般都提供出国留学机会，这些国际化人才无论回国与否，均能通过攻克重大科技项目、开公司转化科技成果、推进决策研究等方式，或直接或间接地创造经济效益，促进经济发展。正如新加坡前总理李光耀先生所言：

> 中国拥有一批懂得充分利用全球化和新经济的人才。目前在国外的中国留学生对未来的发展有重要意义……这些年轻人在美国或欧盟国家工作时间越长，知识就越深、联络网就会越广，这些都是建立新工业不可或缺的重要支柱。[①]

在经济全球化的时代，中外经济关系日益密切，中外跨国公司的发展势不可当。跨国公司的经营与管理需要大量的跨文化人才，这些跨文化人才有助于正在兴起的全球化企业，因为全球化企业的发展必须对不同文化习俗和变化的市场走向具有高度的敏感性和适应性。曾经的中外合作大学的毕业生，如今不仅活跃在中国科技创新、科研教育的前沿，也在那些塑造经济全球化的重要力量——国际著名投行、会计师和律师事务所走上高管岗位。在纳斯达克上市的中国企业中，中外合作大学的毕业生扮演了重要角色。可以想象，中外跨国经济、互动经济的发展，离不开这些跨文化人才。这些跨文化人才使得中外经济的相互依赖性明显增强。

---

① 《李光耀：中国将“脱颖而出”》，人民网。

3. 推进了文化交流，增强了中外友好关系

（1）中外合作办学促进了中外文化交流。中外合作办学不仅引进了发达国家先进的科学技术，而且在文化传播特别是东西文化交流中起着重要作用。尽管科学技术的发展推动了文化传媒的进一步多样化，但大力开展中外合作办学仍不失为一种很好的文化开放途径。因为作为文化传媒的交流主体，中外合作办学是一种“活媒体”，较之电信信息等媒体具有更多的主体性、能动性与创造性，在文化传播上同时具有文化输入和文化输出的双向性，并能通过主体的甄别、判断、选择等过程，对文化具有更好的比较、选择、融合和创新作用。因此，中外合作办学始终是中外文化传播的重要途径，为中外文化教育交流和教育合作架起一座桥梁。其主要表现在如下几方面。

一是在教学中植入了多国文化。中外合作办学机构中的一些专业、课程大多使用原版教材，原版教材的使用不仅使学生接触到最新的学科知识，而且也接触到教材中所承载的各国文化。

二是中外合作办学促进了中外文化载体——教师的交流与合作。许多专业新、外语好的青年教师脱颖而出，部分专业基础好的教师通过去外方学习，外语及专业水平都得到迅速提高。有中外合作办学项目的学校，就会有外方的专业教师来校任教，无论在教学内容还是在教学方法等方面，都可以为无法出国深造的青年教师提供一个向外方专业教师学习的良好机会。中外合作办学机构中的教师、学生，不论是中方人士还是外方人士，他们在工作、教学、学习中不仅接受了新观念、新知识，同时也感受到了不同文化的碰撞，在碰撞中增加了相互的了解，促进了中西文化的交流。

三是中外合作办学促进了中国文化的对外传播，让世界更加了解中国。从长远看，中外合作办学具有某种标志性的意义，表明我国大学在“走出去”上取得了关键性的突破，开始赢得国际办学地位。在近代中外文化交流中，外国文化经常以一种强势姿态出现在国人面前，其交流表现出一种明显的不对称性。为了让中国文化走向世界，也为了让世界更了解中国，一些有识之士开始在海外积极筹办大学。海外中国大学的创办，有助于增进西方国家对中国的了解，促进中西学术文化的交流和沟通。1919 年，巴黎中国学院成立，后来发展成为集教学、研究、出版于一体的机构，在一定程度上起到了纠正

当时中国国内新文化运动所表现出来的一些明显的过激倾向。当时中国知识界有一部分人认为，要摒弃中国固有文化，代之以西方思潮为主流的新文化、新思想。其实东西方文明各有利弊，应相互补充与交流，取长补短。当中国知识界看到西方诸国也开始在中国文明中寻找养料，中国文化也能走向世界的时候，这一举措无疑能给他们以启迪。

2001 年，上海交通大学与新加坡南洋理工大学签署办学协议，将新加坡教学点移至南洋理工大学，并于次年成立“上海交通大学新加坡研究生院”。这是我国第一所在海外设立的研究生院，该研究生院的设立扩大了我国大学教育的国际影响，使我国大学在国际上直接和国外大学参与高等教育的全球化竞争。特别是作为中外交流的重要窗口——孔子学院在各有关国家的开设，是我国高等教育国际化的重要进步。它有力地推进了中外大学间的全面合作，让双方实现优势互补，从而达到互利共赢。随着中外合作办学的国外发展，特别是孔子学院的普及化发展，更多的国家了解了中国文化，加深了对中国文化的了解与信任程度，提升了中国在国际上的文化影响力。孔子学院不只具有教育意义，它所承载的文化意义也将对世界发挥重要影响。正如曾任我国驻美大使的周文重所说：

> 孔子学院作为中美合作建立的非营利性教育机构，其组织形式、办学方法、师资来源非常适应当地的环境和软硬件条件，表现出了很强的生命力。这是增进美国人民对中国语言文化的了解，加强中美教育文化交流合作的有效举措，是谋求与不同文化交流的良好渠道。[①]

（2）中外合作办学在增强中外友好关系方面也取得了较大贡献。其一，促进了两国的政治互信。从改善中外关系到改善我国的国际环境，中外合作办学发挥了重要作用。中外合作办学是一个不可忽视的影响中外关系的因素。正是越来越多的中外合作办学，在中外关系的沟沟坎坎中建起一面多渠道、高强度的跨国关系网。历史地看，中外合作办学一直是合作两国关系的晴雨表，是合作两国关系的润滑剂。我们有理由相信，这种官方或非官方、半官方的

① 周文重：《出使美国（2005—2010）》，世界知识出版社，2011，第 79 页。

双边合作关系，将能化解两国关系中的不少矛盾与冲突，促进建设性双边关系的进一步发展。如美国总统或高级政要来访中国时，一般都要去拜访南京大学－约翰斯·霍普金斯大学中美文化研究中心，给青年学子作演讲，鼓励青年学子潜心学术研究。英国首相或其他政要也多次到宁波诺丁汉大学参观、访问。相应地，中国主要领导人出国访问时，常常也会选择与我方有合作办学的高校作为访问、考察对象。显然，中外合作办学是连接两国关系的一个重要纽带。其二，促进了两国人民的互信。一方面中外合作办学促进了中国人民对合作国家的了解与信任，另一方面也促进了合作国家的人民对中国的了解与信任。特别是近几年来孔子学院在国外的迅速发展，掀起了外国人民了解中国文化及学习汉语的热潮，这大大有利于增进外国人民对中国文化的了解、尊重、欣赏，甚至认同。

中外合作办学在架起中外人民沟通桥梁方面的贡献，具体可从南京大学－约翰斯·霍普金斯大学合作成立的中美文化研究中心得到证实：

在这个中心工作、学习、生活在一起的有中方管理人员与美方管理人员，中方教授与美方教授，中国学生与国际学生。几十年来的实践表明："中心正逐渐成为促使中美两国人民相互了解、平等交流、增进理解与信任、共同谋求两国长久利益的一种新模式。这种模式体现了跨文化的教育合作，对于有效地增进不同国家及不同文化实体间人民的长期的相互了解和信任，减少误解和冲突，维护世界的和平和发展，具有普遍和广泛的意义。"①

（三）**培养了大批专业化、国际化杰出人才，推进了知识人才的现代化**

伴随着跨国文化、经济、贸易发展而出现和形成的普遍的世界性交往，是现代社会发展的重要途径。当今世界的一个主要趋势就是人类文化的一体化和民族文化的多元化，这是同一过程的两个方面。跨国合作办学不仅是各个国家、各个地区日益密切的相互依赖所必需的，而且也是个人自由全面发展所必需的。

纵观一百多年的中外合作办学发展史，其办学宗旨是致力于培养高素质

① 肖地生、陈永祥：《一个独特的中外合作办学模式——南京大学－约翰斯·霍普金斯大学中美文化研究中心》，《复旦教育论坛》2004年第3期。

的国际型、复合型人才，即适应国际交往的全面发展人才。中外合作办学缓解了我国加入全球化体系后高等教育改革中迫切的国际化人才培养需求压力。中外合作办学课程与专业设置的明显特点是它的“国际性”和“应用性”，其专业与课程主要是针对国际社会中急需的或正在兴起的新行业来设计的。

近代的中国，科学技术落后，人才缺乏，近代高等教育中外合作办学为我国近现代化建设各领域培养了一批急需的优秀人才。诸如：焦作工学院培养了首批当时社会急需的煤炭科学和工程技术人才。据统计，甲午中日战争前，全国矿业人才仅有数十人（留学），1895—1910 年，留学矿业人才也不到 70 人。国内仅有北洋大学堂、京师大学堂、山西大学堂等设有矿务工程，到 1911 年止，也仅有 14 人完成学业并获得毕业文凭。[①] 中外合作办学萌芽时期，中外合办的专门矿务学堂的开设，不仅为我国培养了第一批矿业工程专门人才，而且为我国的矿业教育乃至整个工科教育奠定了重要基础。湘雅医学院致力于医学教育，为湖南乃至全国培养了大批西医人才。燕京大学新闻学院，培养了第一批优秀新闻人才，到 20 世纪 40 年代，全国各大报社几乎都有燕京大学的毕业生，第二次世界大战期间，中国新闻社派往世界各国的记者几乎全是燕京大学新闻系的毕业生。哈佛 - 燕京学社启用中美双方互派学者的交流计划，燕京大学选送研究生到哈佛攻读博士，以提高自己的学术水平和学校声望，培养了以后在考古社会学等方面享有国际声誉的专家和学者，如齐思和、翁独健、黄延毓、郑德坤、林耀华、周一良、陈观胜、蒙思明、王伊同等，还有西方著名汉学家舒斯特（Shuster）、西克门（Sickman）、费正清等。金陵大学农学院与康奈尔大学的合作计划，最大的贡献不在于培育出多少改良品种，而在于培训出一批中国自己的作物育种人才，这些人才成为以后中国农业技术创新的骨干。到 1931 年金陵大学农学院与康奈尔大学的合作正式结束时，大约有 125 名以前毫无经验的人员均能独立从事作物改良试验。[②]

在当今的全球化时代，培养国际化人才更成为世界各国教育的热点。特

---

① 朱有瓛主编：《中国近代学制史料》（第 2 辑上册），华东师范大学出版社，1987，第 273 页。
② 银丽丽：《近代高等教育中外合作办学历史探析》，《湖南涉外经济学院学报》2013 年第 1 期。

别是我国加入 WTO 后，急需跨国界、跨地域、跨民族、跨经济、跨文化、跨学科的涉外型、复合型的国际化人才。中外合作办学由于其培养计划的先进性、办学机制的灵活性以及对市场的贴近性，成为直接培养国际化人才的一条捷径。国际劳动力市场需要的是复合型人才，是有国际交往能力和懂国际准则的人才。这类人才在封闭的教育环境中很难培养出来。在开放我国部分教育市场的同时，通过中外合作办学，可以培养出一批与国际紧密联系的实用型人才，从而不出国门也能收到出国留学的效果。南京大学—约翰斯·霍普金斯大学中美文化研究中心在 30 多年的合作办学中，利用其特殊资源优势培养了大批跨学科、复合型的涉外人才。中欧国际工商学院，是一个规模大、层次高的中外合作办学机构，其开设的 EMBA 课程是我国的第一个 EMBA 项目，针对中外企业的高级管理层培养人才。许多学生还未毕业，就已经被用人单位定了下来。此外，有些合作办学项目甚至填补了我国一些专业人才的空白，如黑龙江大学与英国利兹大学共建了我国第一个色彩化学系，这些合作办学为我国培养了一大批社会急需的相关专业人才。宁波诺丁汉大学毕业生遍布全球，毕业生有的选择去世界各地的名校深造，比如英国剑桥大学和牛津大学，美国斯坦福大学、哥伦比亚大学以及澳大利亚的墨尔本大学和悉尼大学等；有的选择直接进入世界 500 强或中国财富 500 强企业就业或自主创业。

二、中外合作办学的相应局限

（一）中外合作办学认识上的局限

1. 对中外合作办学的价值取向存在偏差

近一个半世纪的中外合作办学始终体现出工具性价值取向，但作为教育活动的中外合作办学，片面追求其工具性价值取向无疑违背了教育自身发展规律。教育的本体价值是育人，满足受教育者身心健康发展的需要。中外合作办学的过程中，无论是从发展规模、速度，还是从办学管理机制、专业学科设置、课程教学条件等方面，都更多地表现为对社会政治、经济等其他非教育系统发展需要的一种满足，其政治、经济等工具性价值取向凸显。

2. 对中外合作办学的地位和作用的认识还未到位

我国政府在 2003 年颁布《中外合作办学条例》之前，《中华人民共和国中外合作办学暂行规定》称中外合作办学为“我国教育事业的重要补充”，《中外合作办学条例》第一章第三条规定“中外合作办学属于公益性事业，是中国教育事业的组成部分”。[①] 尽管如此，在实践中，一些管理部门或高校仍然把中外合作办学看成无足轻重、可有可无的一部分，有则锦上添花，无则亦无关紧要，并没有认识到它对我国教育和教学改革的推动和促进作用。所以，在中外合作办学中的积极主动性还不够，缺少开拓创新。

3. 对教育主权的认识存在一定的片面性

发展中外合作办学不能回避教育主权问题的讨论。维护国家教育主权始终是中外合作办学必须遵循的根本原则。科学地认识与维护国家教育主权是保障中外合作办学健康发展的根本保障。科学理性的教育主权观应是发展性教育主权观，即是绝对性与相对性有机结合的主权观，是历史唯物主义的发展和辩证的主权观。教育主权的绝对性是指教育最核心、最高位的主权，包括教育立法权、司法权等。这方面的规定国家具有绝对权威，不受外来势力的干涉。教育主权的相对性是指教育最核心、最根本主权之外的可分解、可适度放手的一些外围权力或下属权力，如运行权、信息共享权等。这部分权力具有相对意义，可以有条件地转让这些权力，以建立国家之间相互合作的基础。我们不能僵化恪守相对性主权而畏手畏脚、瞻前顾后、因噎废食，更不能无视、弱化、模糊甚至否定国家主权，缺失对教育教学中的教育监管。

（二）中外合作办学管理机制上的局限

在政策法规方面，我国中外合作办学政策从无到有，正在逐渐完善，当前还存在着一些问题需要逐步解决。其一，办学政策环境与办学政策意向不配套。我国对外合作办学的政策意向良好，政策目的明确，如《中外合作办学条例》规定：“中外合作办学属于公益性事业”，“国家鼓励引进外国优质教育资源的中外合作办学”，“鼓励中国高等教育机构与外国知名的高等教育机构合作办学”，但与之配套的政策环境，如法规、机制、机构

① 《中华人民共和国中外合作办学条例》，中外合作办学监管工作信息平台网。

等还不够健全，包括学历教育资格认定标准，税收、外汇的管理规定，面临纠纷时的法律仲裁程序等。其二，办学政策的制定比办学实践相对滞后，政策的前瞻性、引导性还不够；一些政策的部分条款随着中外合作办学的发展已无法适应新的形势，需要不断完善与修订。如大多条款内容主要是规范中国境内的中外教育合作，即“引进来”，而对于中国的学校到国外办学的相关事项并没有涉及，这不利于中外合作办学的“走出去”。

在行政审批管理方面，需要加强有效的管理和指导。例如由于中外合作办学牵涉的管理部门很多，有时会出现既没有直接上级主管部门又存在着众多上级主管部门的客观困境。另外，我国高等教育实行分层分类管理，而中外合作办学管理则不然，部属高校的行政管理部门是教育部，中外合作办学审批则须报省教育厅批准后，再报送教育部批准，同时由省教育厅及教育部监管，导致了多头管理现象。可见中外合作办学在日常管理、审批程序、政策督导诸方面，需要更加清晰的上下贯通渠道。

很多中外合作办学高校，特别是仅举办中外合作办学项目的高校，对中外合作办学的管理工作人员、教师队伍等，没有根据中外合作办学的特殊性作专门化管理。

教学过程管理水平方面，主要是教学管理队伍和师资队伍的规范问题。一是教学管理队伍方面。教学管理队伍比较松散，规范化的、体现合作办学特征的教学管理体系还没有完全建立起来。二是师资队伍方面。较多合作办学机构或项目没有稳定的专职教师队伍，优秀外方教师比例偏少。《中外合作办学条例》第二十七条明确提出：“外方合作办学者应当从本教育机构中选派一定数量的教师到中外合作办学机构任教。”国家外国专家局《引进国外智力工作“十五”规划》中就提出要求，作为专家引进的外籍教师应取得硕士以上并有 3 年以上的教育工作经历。一些外方学校并没有严格按要求派遣其本校优秀教师来参与中外合作办学的教学，致使外方教师队伍质量不够理想。一些外方教师已是退休人员，年龄偏大，教育教学能力也不足，不符合我国引进优质教育资源的办学初衷；一些外方教师只能承担单纯的语言课，对中方文化及学生特点了解甚少，加上又通常是短期来华的工作性质，环境适应不足，导致不能很好地与我方师生沟通。另外，外方教师的专业结构上也不是很合理，专业课教师相对较少，语言课教师偏多。

在质量监督管理体制方面，进入21世纪后随着中外合作办学的迅速发展质量监督管理体制才初步发展起来。其典型标志是2007年《教育部关于进一步规范中外合作办学秩序的通知》的颁布。通知鲜明地提出了“两个平台”“两个机制”质量监督管理体系。该体系的出台标志着国家对中外合作办学质量监管的意志加强。但是，目前在质量监管方面依然存在着一些问题。其一，监管体系尚未健全。国家管理体系大多还是宏观上的构想，在具体操作上还有待完善。由于中外合作办学的数量大、范围广，全国范围内的具体的、操作性强的质量监督和评估机制亟须建立。而我国社会中介评估组织的发展也尚处于起步阶段，评估机制不健全，评估组织和程序、评估人员的专业能力与水平等，尚不能满足评估工作的需要，评估结果的权威性与有效性有待验证。其二，监管工作的针对性、有效性不强，存在审批标准重点与工作重点错位的现象。例如，教育部门对办学入口、办学过程缺乏科学的监管制度，尤其是对外方合作院校的资质、教育教学质量、提供课程的标准等实质性内容的科学评估还不够；我方院校未能充分发挥主体的选择性作用，导致无法有效地保证合作办学教育教学能力和服务质量功能的发挥，中外合作办学与引进国外优质教育资源无法画上等号。其三，在办学过程监管方面，存在着重审批、轻管理的现象。主管部门把精力主要投到了中外合作办学各种申请文件的审核上，如招生宣传是否属实、收费是否合理、教学质量是否有保障、外籍教师的资质与数量是否达到要求等，对具体课程实施和教学行为等方面的管理与评价关注不够，使得中外合作办学中出现的一些问题无法得到及时解决。

（三）中外合作办学教育教学中的局限

1. 合作层次水平总体上偏低

与我方合作的外方院校，大多是一些规模较小、名气不大的院校。尽管近些年来我国一些高校也努力与国际名校合作，诸如上海交通大学与美国密西根大学、复旦大学与哈佛大学、华东师范大学与法国巴黎高等师范学校等合作办学，而且收效甚好，但从总体上来说，中外合作办学层次不高、办学质量参差不齐，甚至有打着中外合作办学幌子、名不副实的合作办学项目。

2. 学科门类分布不均衡，专业设置趋同

中外合作办学的现状表明，其学科专业设置过于集中，主要集中在工商管理、国际经济与贸易、会计学、国际商务、市场营销、经济学、计算机科学与技术、信息管理与信息系统、财务管理、机械设计制造与自动化、护理学等多个专业。开设经济类与管理类专业较多，存在重复引进和过度竞争的倾向；一些国家急需、薄弱乃至空白的前沿专业存在着资源引进不足问题；部分院校在增设中外合作办学的专业时，更多地考虑人才市场和经济发展的需求，以获取更大的经济利益，未能结合本校的特色来设置相关专业。

3. 师资队伍有待于进一步完善

中外合作办学的师资队伍由中方教师和外籍教师组成。中外合作办学培养的是国际化、复合型人才，对教师提出了更高的要求，不仅要精通外语，适应双语授课，同时还要有较强的理论水平和一定的专业背景，做过大量的案例研究。这样的师资队伍在短时间内很难建成。专业师资短缺、双语教师紧缺、教师实践能力较弱等，是教师队伍存在的主要问题。根据《教育部关于当前中外合作办学若干问题的意见》的规定，外方讲授专业核心课程门数应占到全部课程门数的三分之一以上，外方讲授专业核心课程学时数应占到全部课程学时数的三分之一以上。但是在一些中外合作办学机构，还不能达到这两个三分之一，关键原因是外方师资不够。另外，对于外方教师的资质来源和证书审查方面管理不严，很多外方学校并没有严格按照要求选派学校的优秀教师来中国参与合作教学。有的外籍教师不是来自合作学校，而是机构从社会上临时聘用的，有的甚至没有教育教学经验。此外，有些外籍教师来华短期工作，在课时安排上采用集中授课的方式，很多外籍教师刚刚适应中国的教学环境就起身回国。选派教师不稳定，频繁更换，使得中外合作办学的教学质量和课程建设受到较大影响。

第三节　中外合作办学的当下对策及未来展望

毛泽东曾说“今天的中国是历史的中国的一个发展”[①]，“不但要懂得中国的今天，还要懂得中国的昨天与前天”[②]。有学者曾说过：“没有过去，不仅今天毫无意义，将来也没有希望。”21世纪的中国教育，反思和创新成为一个主基调，无论是在理论还是实践方面都以这样或那样的方式回顾着自身的历程，中外合作办学当然也不例外。追溯历史，知往鉴来，并不能完全说明或解决当前及未来中外合作办学所面临的困境或尴尬，但“它至少会为我们提供一面镜子，让我们更清楚地认识到我们以前做了什么，还需要再做些什么”[③]。

一、中外合作办学的当下对策

（一）树立中外合作办学的正确理念

1. 树立中外合作办学的历史必然性观念

中外合作办学的历史证明，只要有对外开放，就必然有对外合作办学。我国中外合作办学经历了“被动开放—慎重开放—促进开放—扩大开放—规范管理—再继续扩大开放”的发展路径。在改革中开放，在开放中发展，在发展中深化，中外合作办学的地位得到迅速提升，由初始时的“高等教育的边缘”，发展到“我国高等教育的补充”，以至到目前国内有关教育法规界定的“我国高等教育的重要组成部分”。纵观历史发展的脉络，中外合作办学是经济全球化、对外开放的基本国策以及高等教育国际化推动下的历史必然。

① 毛泽东：《毛泽东选集》（第2卷），人民出版社，1991，第534页。
② 毛泽东：《毛泽东选集》（第3卷），人民出版社，1991，第801页。
③ 郑金洲：《我国教育系科发展史略》，《华东师范大学学报》（教育科学版）1999年第4期。

2. 树立中外合作办学是我国高等教育重要组成部分的理念

中外合作办学有着独特的优势，其国际性、全新的教育理念、办学体制、投融资体制以及管理体制，都会促进高等教育国际化程度及办学水平。《中外合作办学条例》也明确肯定了中外合作办学的作用和地位。由是，中外合作办学成为我国高等教育重要的组成部分，并且在高等教育的发展中扮演越来越重要的角色。它把国际先进的教育资源带到国内，能使众多的教育工作者感受和实践国际先进的教育理念和管理经验；同时又把我国高等教育推向世界，国际大环境开阔了改革和发展的视野，拓宽并更新了我国高等教育发展的参照系，使得在国际上谋求更大的教育资源和市场空间成为我们新的历史使命。

3. 坚持中外合作办学的公益性原则，但允许合理的回报

中外合作办学是公益性事业。《中华人民共和国教育法》第八条规定："教育活动必须符合国家和社会公共利益。"《中外合作办学条例》第三条就明确规定"中外合作办学属于公益性事业"。《教育部关于当前中外合作办学若干问题的意见》第一条明确提出"坚持中外合作办学的公益性原则。教育是以培养人才为根本目标的崇高的社会公益性事业。教育服务不是货物贸易，也不同于一般的服务贸易。……坚决制止以中外合作办学的名义实行乱收费、高收费的行为"。从这些规定可以看出，国家与政府对坚持中外合作办学公益性原则的立场是明确而坚定的。

但中外合作办学是一种与公办教育和民办教育不同的办学形式，允许中外合作办学有合理回报。《中外合作办学条例实施办法》第二十九条规定"中外合作办学者要求取得合理回报的中外合作办学机构应当从年度净收益中，按不低于年度净资产增加额或者净收益的25%的比例提取发展基金，用于中外合作办学机构的建设、维护和教学设备的添置、更新等"。第三十一条又规定："中外合作办学者要求取得合理回报的，应当按照《中华人民共和国民办教育促进法实施条例》的规定执行。"

中外合作办学允许合理回报，使其合法营利，这极大地拓宽了教育经营、教育融资、办学激励等方面进行制度创新的空间。从保护消费者利益的角度看，政府可以通过相关法规对中外合作办学的税费水平进行控制，防止暴利和欺骗现象出现，从而推动中外合作办学的持续、健康发展。

4. 树立中外合作办学的经营理念

所谓经营，就是配置资源、提高效益。随着我国社会主义市场经济的发展和完善，“经营”一词的使用范围日益广泛，从工商企业界不断向外扩展，应用于服务性行业。在市场经济条件下，我们应树立高等教育中外合作办学的经营观念，充分认识中外合作办学经营是一种以中外合作办学市场需求为导向，通过优化配置高等教育资源，提高高等教育效益的经营行为。中外合作办学经营在满足教育投资者需求的同时，还要满足教育消费者的需求。因此，中外合作办学经营者要按教育消费者的需求开发教育服务产品，按教育消费者消费的规律进行中外合作办学运作，提高教育消费者的消费效益。在中外合作办学经营理念的关照下，我们要进一步提高中外合作办学质量，进一步加强高等教育服务贸易。

5. 树立教育主权理念

维护教育主权是发展中外合作办学的基本方针。教育是关系到国家主权和安全的社会事业。教育主权是国家主权的一个不可分割的重要组成部分，是国家自主地处理本国事务以及独立地处理与别国进行教育合作事务的权力，是国家主权在教育方面的具体体现，也是包容于国家主权之内的涉及教育事务的最终决定权。这种决定权是我们始终要极力维护的。所以，在中外合作办学立法、投资、学校审批和教育监察方面，我们要始终维护我方的权力，从根本上维护我国的教育主权。在坚守教育主权的原则下，我们则要大胆开放探索，探索出适合我国发展的中外合作办学之路。

（二）完善宏观调控政策法规，引导中外合作办学合理布局和发展

1. 完善鼓励性方面的政策法规

中外合作办学是一个生态系统，政策法规制度是这一系统中各要素之间进行物质、能量、信息交换的渠道和平台。政策法规对中外合作办学质量起着重要保障作用，其制定与完善是中外合作办学的必然要求。宏观政策对中外合作办学的发展方向、发展规模、发展成效影响最为深远，因此应加大鼓励性政策的制定。

改革开放以来，随着中外合作办学的发展，我国已经制定了一些规范中外合作办学的法律法规，如《关于境外机构和个人来华合作办学问题的通知》

《中外合作办学暂行规定》《中外合作办学条例》《中外合作办学条例实施办法》等，然而，这些法规尚未完全覆盖中外合作办学的所有事务，有些条款随着时代的发展亟待进一步完善和建设。综合各方面的因素，我认为今后更应从多方面来完善中外合作办学的政策法规。

其一，完善中外合作办学资源引入机制政策。从税收、信贷、土地等方面给予一定政策优惠；加强对外汇、招生、出入境管理、教师聘请等各管理口径的统筹协调；落实学历、学位互认和学分互换，为中外合作办学向纵深发展消除国际间的制度性障碍。

其二，制定相应的政策和法规并配以一定的财政支持，加强中外合作办学在地域分布和学科、专业布局上的宏观调控，促进经济欠发达地区的中外合作办学，扶持我国急缺、新兴的学科和专业。在区域方面，应通过制定和实施相应的土地、财政和税收优惠政策，鼓励国外高校到我国西部地区及经济发展相对落后的省市开展合作办学，加强对沿海地区中外合作办学的规范管理。在学科和专业发展方面，应对中外合作办学学科和专业设置进行统筹规划，充分考虑这些学科和专业与我国高校既有专业的关系，突出办学特色，限制和规范学科设置重复、专业雷同的办学项目的发展。

其三，引导我国高校合理定位，实施中外合作办学分类发展战略。我国参与中外合作办学的高校，既有部属重点大学、一般地方性本科院校，也有高职高专和成人高校。不同高校对中外合作办学的发展定位和办学特色应各有不同。但从目前来看，一些高校对合作办学普遍存在定位和目标不明确、合作办学特色缺乏的问题。针对这些问题，政府也应加强相关政策和法规建设，采取分类管理和重点推进等办法，引导各高校合理定位，制定不同的合作办学发展目标，统筹中外合作办学的多层次发展。

其四，完善“走出去”的中外合作办学政策。境外办学有助于将中国的文化传播到世界各地，扩大中国在全世界的影响。目前高校境外办学主要集中在两大领域：一是汉语、中医药等中国有绝对优势的学科，随着国门的开放和高校加强国际合作与交流开始走向世界；二是中国的一流大学开始输出自己的管理、法律等专业教育到华人集聚地区，如新加坡等地。但总的来看，境外办学的数量和规模还非常小，只集中在较小的专业和地域范围内，要扩大境外办学，还需要相应的政策支持。从已发布的有关中外合作办学政策来看，只有已废止的《高等学校境外办学暂行管理办法》这一文件对境外合作办学进行了简单的界说和规定，还没有将境外办学纳入中外合作办学体系之中。根据《中外合作办学条例》的规定，中外合作办学是指外国机构同中国教育机构在中国境内合作举办以中国公民为主要招生对象的教育教学活动。从这一界定不难看出，中外合作办学主要是以“引进来”为主。显然，《中外合作办学条例》对中外合作办学的界定已不能适应我国高等教育的发展新形势，无法满足我国跨国高等教育发展的新要求。因此，完善“走出去”中外合作办学政策是当务之需。具体而言，“走出去”的基本内涵主要包括两个方面：一方面是中国境外办学，即高等学校独立或者与境外具有法人资格并且为所在国家或地区政府认可的教育机构及其他社会组织合作，在境外举办以境外公民为主要招生对象的教育机构或者采用其他形式开展教育教学活动，实施高等学历教育、学位教育或者非学历高等教育；另一方面是通过境内的中外合作办学机构或项目，积极吸引和招收海外留学生来华学习。

目前需要制定、完善的相关政策主要有两方面：一是我国高校境外办学战略规划。这是完善我国高校境外办学政策的首要前提。战略要素在中外合作办学中起着引领和撬动的关键性作用。政府是否从战略的角度考虑境外办学，将会直接影响到境外办学将来的走势。二是高校境外办学管理类政策。目前我国高等教育境外合作办学的监督和管理体制还很不完善，对高校境外合作办学的教师管理问题、财务问题和税收问题、教学质量评估问题等，都还缺乏有效的管理办法。因此，我们应进一步完善高校境外办学管理类政策，建立与境外办学相适应的管理体制和运行机制。具体来说，高校应针对境外合作办学机构和项目的实际情况，制定相应的学生管理制度、课程与教学管理制度、财务管理制度及教师管理制度，寻找合作双方的最佳合作点和合作方式，建立既满足高等教育境外合作办学需要，又与外方合作高校相适应的管理体制和运行机制。[①]

① 林金辉、刘志平：《高等教育中外合作办学“走出去”发展战略探新》，《教育研究》2008年第1期。

2. 完善监管和评估方面的政策法规

完善的监管和评估机制是保障中外合作办学质量的重要条件。针对世界贸易组织《服务贸易总协定》的条款，完善中外合作办学的立法。利用《服务贸易总协定》市场准入的杠杆作用，对进入中国合作办学的国外实体或个人实行数量、金额、质量、地区、办学领域等方面的限制。中外合作办学层次的高低、外国机构资金投入的多少、审批的难易度等，都与法规有没有设定具体的标准有关。因此我们要加强有关中外合作办学的法规、政策的管理和汇编，以便及时对外公布。

在监督系统中，要建立中外合作办学的质量标准。制定中外合作办学质量标准是中外合作办学质量保障体系建设的前提。学生是核心利益相关者，建构合作办学质量保障标准体系，要关注学生的利益诉求，保护其合法权益。比如建立与国际接轨的学术资质和认证指标框架，加强风险防控，实行入口资质环节、过程质量控制环节、出口质量保证环节以及处罚与责任追溯环节系统监管运行机制，保证办学质量。

完善评估方面的政策法规，要加强资质认证，建立国外高校资质信息查询平台；完善质量评估体制，加强合作办学的教育教学质量监管；建立从业资格证书制度，加强外籍教师的资质认证和管理；加强国际合作，完善学位认证制度和学位证书认证平台的建设。在评价系统中，要重视信息反馈和社会评价，在“两个平台”（中外合作办学监管工作信息平台和中外合作办学颁发证书认证工作平台）、“两个机制”（中外合作办学质量评估机制和中外合作办学执法和处罚机制）的基础上，进一步加大信息透明度，引导民众对中外合作办学进行客观、公正的评价，增强社会对中外合作办学的认同，获取社会各界支持。

（三）优化微观管理体制，不断提升中外合作办学的教育教学质量

1. 建构管理体系

高校通过中外合作办学，可以充分学习和借鉴国外先进经验，并结合自身的实际情况，建立中外合作办学的内部管理体系，并建立相应的配套制度，完善管理办法，使合作办学按预定的轨道运行。对一个中外合作办学机构来说，可以设置以下管理机构：教学部、外事部、人事部、财务部、学生服务部、设施保障部、市场部等。还可在具体操作层面，建立诸如教学管理委员会、专业合作工作组、试卷评估委员会、质量监控委员会、奖学金评审委员会等内部组织，由中外合作办学双方的相关人员参与，共同处理合作办学过程中的教学、质量、发展等问题，通过固定会议、邮件往来、电话联系等方式，加强对中外合作办学事务的处理。

2. 建立联合的教学体系

中外合作办学的核心是教学合作，引进的教育资源以课程及相关资料为主要内容。这就要求在教学计划中必然体现中外课程的结合，采取中外结合的教学模式，并使这种教学体系和教学模式适应中国高校现行的教学环境，因此有必要建立一个联合的教学体系成为合作办学的核心。这个联合的教学体系，应该以中方教学计划为基础，尽可能多地融合进外方的课程。根据《教育部关于当前中外合作办学若干问题的意见》的规定，联合教学体系要遵循“四个三分之一”的要求。在教学管理方面，要选择既有教学管理业务能力又有国际交流能力的专职人员，加强与中外高校以及中外教师的沟通，建立质量监控体系，确保良好的教学秩序，使中外双方高校都满意。

3. 建立自我评估体系

中外合作办学的可持续发展要求有一个科学的自我评估体系。当前最紧要的是中外合作办学评估与国际接轨，逐步建立与国际教育评估机构的交流与合作，争取社会中介机构参与教学质量评估，必要时每一年或两年评估一次，不断根据市场的发展调整专业结构，使课程设置和专业教学评估与国际接轨。在建立健全与国际接轨的教育评估和认证制度时，要学会并利用规则争取发展中外合作办学的最大空间。

4. 加强师资和管理队伍建设

教师是高质量教育的根本保障。中外合作办学中的师资队伍由中国教师和外籍教师两部分组成。中国教师应具备过硬的政治和专业素质；外籍教师的数量须占教师总数的 30% 以上，其资历应得到外国教育机构和中国教育机构的认可，并符合国家的有关规定。要加强对外籍教师的教学业绩考核，同时也要妥善安顿好外籍教师在中国的生活，如其子女在中国的上学问题，让外籍教师无后顾之忧，安心工作。要注重对中方教师的培养。中外合作办学的师资培养目标也要适应新的人才培养要求，高等学校部分教师的业务水平和对国外的了解都需要充实和提高。专业教师应加强外语培训，外语教师应利用外语特长结合相应的专业进行学习。

由于中外合作办学涉及面广，工作量大，合作办学机构必须有一支高素质的管理队伍。在管理人员的配备和使用上，以精简高效、唯才是用为原则，坚持学历和能力相结合、学识与创新能力相结合，为顺利开展各项工作提供保障。

5. 加强学生管理工作

中外合作办学高校的学生相对于母体高校的学生有其鲜明的类群特点。他们花费高昂学费的主要目的是接受优质的教学和管理服务，提高自身综合素质，增强竞争力，所以他们更加关注办学机构是否能够提供满意的教育和服务。由于中外合作办学跨境教学等特点，对为学生服务的工作者提出了更高的要求，要求其具有国际法方面的知识储备，了解国外教育体制及学校的规章制度，以帮助学生适应新的教学体制。现实中，许多中外合作办学机构的学生工作者，没有专门学习过管理学或心理学的知识，经验不足，缺乏专业进修学习的机会，有的中外合作办学机构只是聘请一些退休教师从事学生工作，有的甚至没有从事学生工作的专职人员，这就不能满足当前中外合作办学发展的需要。学生的满意度、成长质量，是决定中外合作办学生存与发展的最关键要素。若不重视学生管理工作，必将影响中外合作办学的生存与发展。

其一，建立科学完善的辅导员管理体系。明确辅导员的主要职责：以学生事务管理为基础，以思想政治教育为中心，具体可以细化为思想政治教育与引导、职业生涯规划与就业指导、学风建设与学业指导、素质拓展指导、心理健康教育与指导、党团工作指导、班级建设工作、日常管理工作、宿舍管理工作以及维持安全稳定工作等。中外合作办学类高校要积极有效地进行辅导员岗位培训，将辅导员队伍的岗前培训与在职培训、短期培训与学习进修、定期培训与适时培训、集体培训与个别培训、理论培训与社会实践相结合，建立分层次、分类别、多形式、重实效的辅导员队伍培训体制。通过长时间系统的培训，进一步提高辅导员队伍的整体业务水平和学历层次。同时，中外合作办学机构应该不断加强对辅导员的考核和管理，要细化考核方法，规范考核程序，完善考核制度，考核结果要与晋级、职务聘任、职称评定、奖惩、津贴等挂钩。

其二，形成高效运转的学生干部队伍。高校学生管理工作必须依靠学生干部的力量，中外合作办学模式下的学生管理工作更是如此。辅导员的工作离不开学生干部的支持，因此建设一支高效运转的学生干部队伍，既可实现学生的自我教育、自我管理、自我服务，同时也可以促进学生管理工作的开展。

其三，加强学生党员队伍建设。学生党员群体是青年学生中信仰坚定、思想积极、学习刻苦、品质优秀的一个群体，他们在学生中表现出非常好的模范带头作用。对还未入党的优秀学生进行教育和培养，并把一部分思想积极向上的优秀学生尽快发展成为党员，使尽可能多的学生成为坚定的共产主义信仰者。

其四，提升思想政治教育的针对性和实效性。高校是培养高素质人才的摇篮，中外合作办学机构是培养具有高素质的国际化人才的基地，因此，其学生管理工作最终还是要以思想政治教育为核心，以培养和提高学生综合素质为目的，把学生培养成全面发展的高素质专门人才和拔尖创新人才。但中外合作办学学生具有类群的特点，该特点又使中外合作办学的学生的思想政治教育工作难度加大。这就要求中外合作办学机构要加强思想政治教育，提高思想政治教育的针对性和实效性。其具体措施主要有：深入推进思政课程与课程思政的协同育人；保持理论教育与实践教育的统一性；加强“五心”教育，即把忠心献给祖国，把爱心献给社会，把关心献给他人，把孝心献给父母，把信心留给自己；党课教育培训规范化和制度化；加强学风建设；思想教育与心理健康教育相结合。

其五，建立心理健康教育工作体系和长效机制。首先，要整合心理健康教育的方法体系：坚持心理健康教育与思想教育相结合，坚持教育与预防相结合，坚持解决心理问题与解决实际问题相结合，坚持普及教育与个别咨询相结合，坚持课堂教育与课外活动相结合，坚持学校教育与自我教育相结合。其次，不断完善心理健康教育内容体系。着重学习心理教育，强化心理调适方法教育。最后，在管理中要重视心理健康教育，组建网络工作体系。

其六，创建中西融合的校园文化。中外合作办学院校的校园文化建设除了具有普通大学院校的共性特征，还必须融合中外院校的文化特色，以显示其旺盛的生命力。校园文化建设应注重体现外语特色和外国文化特色，如定期举行外语知识竞赛、异国风俗知识竞赛等活动。还要着力于开展中华优秀传统文化教育，培养学生的综合人文素养。中外合作办学高校应该有组织、有目的、有计划地开展校园文化活动，重视校园文化活动中的素质教育，特别是人文素质教育。

二、中外合作办学的未来展望

中外合作办学的未来发展应是导向人类命运共同体。其主要体现在：

（一）中外合作办学的目的：培养全面和谐发展的国际化人才，助推人类命运共同体的建构

真正交往行为的目的是营造社会领域的“人类命运共同体”，交往是为了人类对自己生命本质的全面占有。即使是国家与国家之间的交往关系，也应该是一种文化关系和人际交往关系，是以“人的世界”为对象的交往实践，而不是建立在“物的世界”基础之上的生产实践。既然是人际交往关系，其便重视人性化的国际交流，强调人的地位，强调生活世界及人类命运共同体，强调综合性的全球文明治理。

交往理论对交往行为的目的从三个层面解释：

> 从相互理解的角度来看，交往行为是用来传播和更新文化知识的；从协调行动的角度来看，交往行为起着社会整体化和创造社会团结互动的功能；最后，从社会化角度来看，交往行为是为了造成个人的独有的特征和本质。[①]

马克思和恩格斯在《德意志意识形态》中提出的一般社会交往理论更是强调社会交往的目的是促进个人的自由全面发展。只有在普遍交往的社会共同体中，个人才能获得自由全面发展的机会，并通过真正的自由、平等的交

---

① 艾四林：《哈贝马斯》，湖南教育出版社，1999，第 79 页。

往达到个人的自由，成为创造社会文化的更大、更新的力量。因此，我们认为，在以“人的世界”为对象的教育合作，其目的就是促进人的自由全面发展及人类命运共同体的建构，强调多极主体在认识、改造相互联系的共同教育客体的基础上进行的物质和精神上的教育合作、交流与沟通，它主要包括物质交往和精神交往，也就是说，主体之间在物质上和精神上的相互联系与相互作用，最终目的是协助建构人类命运共同体，促进国家间文化的相容性、资源的互补性，促进人类命运共同体的发展。

（二）中外合作办学的机制：以理解与主体间性为前提，是“同意”而非“影响”的交往理性

交往理论提出交往发生的机制是理解与主体间性。哈贝马斯从有效性要求、世界关联和行为协调机制等方面分析了人类交往行为，认为交往行为至少要被两个行为主体所理解、所承认：交往行为是一种主体之间通过符号协调的互动，它以语言为媒介，通过对话，达到人与人之间的相互理解和一致。交往行为中，参与者所提出的、互相承认的合理要求使大家的共同行为取得一致成为可能，因此必然是相互理解的。交往行为的机制是“同意”而不是“影响”，“同意”意味着主体之间承认对方的有效性要求。

达到“同意”的三个前提：行为主体的独立自主性；文化的独立性，不依赖外部的强制；交往的透明性。可见，理解与主体间性是交往理论的核心，强调人们通过对话、交往获得共识的价值观，通过理解达到合理的、意见一致的真理，通过社会阶层的成员之间相互理解、和平相处而达到社会和谐的目标。在哈贝马斯那里，社会整合只能建立在理性交流之上。唯有通过交往理性，人们才能达到对文化的共同界定，形成社会团结和个体人格。因此，交往理论提出：

> 在宏观方面，重建“公共领域”，即通过理性交流而不是靠诉诸权力和金钱来制订政策；在微观方面，把工作和社会关系等生活世界领地也建立在理性交流的基础之上，从而不断地增强人际协调和团结，满足形成个性人格的需求。[①]

① 余碧平：《现代性的意义与局限》，上海三联书店，2000，第182页。

交往理论的交往机制观启示我们，中外合作办学要从“影响机制”到“同意机制”，我们首先要做的，就是坚持改革开放，树立以理解与主体间性为基础的教育合作观。文化教育交流与合作，必须提防政治、经济、文化霸权，因为这些霸权正是人类进行对话与理解的大敌，是解构主体间性的。同时，还须提防狭隘的民族主义或民族虚无主义，不要盲目排外，更不能全盘西化。在历史上，狭隘的民族主义往往混淆了西方文明与西方霸权的内涵特点，把西方文明当作西方霸权的有机部分加以排斥，从而丧失民族主义自身的开放性。而民族虚无主义者，则把现代化等同于西方化而搞全盘西化，这是极其错误的。总之，无论是狭隘的民族主义还是民族虚无主义，都认为民族主义与西方文化教育是对立冲突的关系，这在现代化已经呈现出多种模式并存和竞争的多元化格局的全球时代，已失去了充足的现实逻辑。我们应以主体身份积极面向世界、面向未来、面向现代化，努力进行教育创新，为文化的交流互鉴创造更加优越的环境。

（三）中外合作办学模式：以“和而不同”的模式来合作

“和”与“同”相对，是中国哲学中一对富有特色的辨证哲学的基本范畴，最早见于《国语·郑语》：“夫和实生物，同则不继。”“和”，一直被先哲们作为处理人与人、人与自然关系的理想原则，它与“同”相对出现，强调差异性与共同性的辩证统一。其与西方交往理论的异质主体间性有共通之处。

1.“和”的内涵

“和”是我们进行中外合作办学应秉持的精神立场。在中外合作办学中，“和而不同”的模式首先表现为“和”的合作。“和”的模式交流的内涵体现在以下几个方面：

其一，对两国的教育制度、内容、方式等方面差异性的尊重。

其二，立足于促进两国教育关系的和谐发展。

其三，包含了对以往某国在教育合作中的中心地位的解构，而随着“中心—边缘”结构的打破，以某国为核心的合作范式也将被多元并进的范式所取代。还有，“和”的模式有利于多元文化教育的和谐共生、共处。我们更要摆脱对某国的过度依赖，要与不同的国家开展教育交流与合作，因为每个国家都有其优秀的东西值得我们去借鉴。

其四，将更多地体现教育合作中的人文性内容，要摆脱过去一味向外国学习自然科学知识的状况，要把人文社会科学的学习一并重视起来。

其五，必须提升国家软实力。面对全球化进程的日益深入和民族文化自觉的双重趋势，我们要运用软性策略进行教育交流与合作。我们走的是和平发展道路，我们要用中国传统中以柔克刚的智慧，以合作共赢的方式争取更多的理解和同情，拓展自己的发展空间。在这方面应注意以下几个问题：关注民族文化形态和文化间性的关系，思考眼前利益与长远利益的关系，坚持尊重他者、欣赏他者、学习他者、包容他者的原则。

2.“不同”的内涵

“不同”是“和”的精神得以实现的战略手段。这里的“不同”至少包含三个方面的含义：一是认识“不同”。在教育合作的过程中，要充分了解我国教育与外国教育之间存在的差异，包括制度上的、文化上的和精神上的差异。二是接纳“不同”。在教育合作中，一方面要学会宽容不同文化体系下的教育现象，另一方面要学会运用他者的文化方式与他者进行交流。三是学习“不同”。在教育合作中，我们要秉持邓小平同志的“两不怕”精神，大胆吸收外国先进的教育思想和实践经验来推动我们的教育发展。

在目前的中外合作办学中，还有很多不“和”的现象。合作外方大都处于教育输出国的地位，两国教育合作存在着很大的不平衡性。对于这种不和谐的现象，我们首先要客观地对待，不能因噎废食。我们要在这种具有挑战性的合作中不断提高自己的主体地位。其具体策略应该是：第一，不断提高我国在国际上的硬实力与软实力。第二，大力加强教育质量，提高高等教育的国际通用性。第三，立足特色，实现国际化与民族化的有机结合。第四，进一步发展中外合作办学，在发展合作办学中强化国家意志、提高国家安全。中外合作办学已成为中外关系的重要组成部分，在发展中外合作办学中强化国家意志，是保证中外合作办学健康发展并促进我国国家安全的重要经验。第五，努力开创中外合作办学的新局面，其中包括要树立服务意识、资源意识、自主创新意识及优质伙伴意识，集中力量拓展一些特色项目，中外合作办学既要“引进来”又要“走出去”等。

正如海德格尔指出，面对未来的种种挑战，教育看来是使人类朝着和平、自由和社会正义迈进的一张王牌。它是促进更和谐、更可靠的人类发展的主要手段，它在人和社会的可持续发展中起着重要作用。在当今全球化的时代，中外合作办学在实现这一教育目的上的作用日益明显、日益自觉。立足于理性交往基础上的中外合作办学，有助于人类间相互谅解和理解，有助于把知识的进步变成促进人类发展的工具。这样的中外合作办学旨在在不同民族之间建立一种基于共同准则和正义原则的社会生活世界，它追求的是多元基础上的共识或重叠共识。我们期望：它能为人类寻求和创造一个更加美好、更加公正的人类命运共同体作出重大贡献。

主要参考文献

一、汇编类

[1] 陈学恂，田正平 . 中国近代教育史资料汇编：留学教育 [M]. 上海：上海教育出版社，1991.

[2] 国家教委政策法规司 . 中华人民共和国教育法规实用要览：1949—1996[M]. 广州：广东教育出版社，1996.

[3] 国民政府教育部 . 第一次中国教育年鉴 [M]. 上海：开明书店，1934.

[4] 教育部教育年鉴编纂委员会 . 第二次中国教育年鉴 [M]. 上海：商务印书馆，1948.

[5] 何东昌 . 中华人民共和国重要教育文献：1949—1975[M]. 海口：海南出版社，1998.

[6] 教育部研究室 . 中华人民共和国现行高等教育法规汇编 [M]. 北京：人民教育出版社，1999.

[7] 潘懋元，刘海峰 . 中国近代教育史资料汇编：高等教育 [M]. 上海：上海教育出版社，1993.

[8] 张研，孙燕京 . 民国史料丛刊 [M]. 郑州：大象出版社，2009.

[9] 中国第二历史档案馆 . 中华民国史档案资料汇编：教育 [M]. 南京：凤凰出版社，2000.

[10] 中国基督教教育调查会 . 中国基督教教育事业 [M]. 上海：商务印书馆，1922.

二、专著类

（一）教育史、文化教育交流史类

[1] 高时良 . 中国教会学校史 [M]. 长沙：湖南教育出版社，1994.

[2] 何晓夏，史静寰 . 教会学校与中国教育近代化 [M]. 广州：广东教育出版社，1996.

[3] 霍益萍 . 近代中国的高等教育 [M]. 上海：华东师范大学出版社，1999.

[4] 金以林 . 近代中国大学研究 [M]. 北京：中央文献出版社，2000.

[5] 李兴业，王淼 . 中欧教育交流的发展 [M]. 济南：山东教育出版社，2010.

[6] 潘懋元 . 中国高等教育百年 [M]. 广州：广东高等教育出版社，2003.

[7] 司徒雷登 . 在华五十年：司徒雷登回忆录 [M]. 北京：北京出版社，1982.

[8] 宋秋荣 . 近代中国私立大学的产生与发展 [M]. 西安：陕西人民出版社，2006.

[9] 卫道治 . 中外教育交流史 [M]. 长沙：湖南教育出版社，1999.

[10] 于富增，江波，朱小玉 . 教育国际交流与合作史 [M]. 海口：海南出版社，2001.

[11] 余子侠 . 工科先驱　国学大师：南洋大学校长唐文治 [M]. 济南：山东教育出版社，2004.

[12] 余子侠，刘振宇，张纯 . 中俄（苏）教育交流的演变 [M]. 济南：山东教育出版社，2010.

[13] 章开沅 . 文化传播与教会大学 [M]. 武汉：湖北教育出版社，1996.

[14] 张宪文 . 金陵大学史 [M]. 南京：南京大学出版社，2002.

[15] 中法大学校友会 . 永远的情怀：中法大学建校八十周年纪念 [M]. 北京：北京理工大学出版社，2000.

（二）教育原理类

[1] 陈贤忠 . 世界贸易组织与高等教育 [M]. 安徽：安徽大学出版社，

2002.

[2] 程良龙 . 中外合作办学历史 · 政策 · 现状 [M]. 北京：北京交通大学出版社，2015.

[3] 顾建新 . 跨国教育发展理念与策略 [M]. 上海：学林出版社，2008.

[4] 顾明远 . 跨世纪创新人才培养国际比较 [M]. 北京：人民教育出版社，2000.

[5] 顾明远，孟繁华 . 国际教育新理念 [M]. 海口：海南出版社，2001.

[6] 林金辉 . 中外合作办学教育学 [M]. 厦门：厦门大学出版社，2011.

[7] 林金辉，刘志平 . 高等教育中外合作办学研究 [M]. 广州：广东高等教育出版社，2010.

[8] 田玲 . 中国高等教育对外交流现象研究 [M]. 北京：民族出版社，2003.

[9] 田正平 . 国际视野中的高等教育 [M]. 杭州：浙江大学出版社，2002.

[10] 赵彦志 . 中外合作办学治理与发展 [M]. 大连：财经大学出版社，2010.

三、译著类

[1] 阿芒马特拉 . 世界传播与文化霸权：思想与战略的历史 [M]. 陈卫星，译 . 北京：中央编译出版社，2001.

[2] 大卫 · 杰弗里 · 史密斯 . 全球化与后现代教育学 [M]. 郭洋生，译 . 北京：教育科学出版社，2000.

[3] 迈克富兰 . 变革的力量：透视教育改革 [M]. 中央教育科学研究所，加拿大多伦多国际学院，译 . 北京：教育科学出版社，2000.

[4] 伯顿 · 克拉克 . 高等教育新论：多学科的研究 [M]. 王承绪，徐辉，郑继伟，等译 . 杭州：浙江教育出版社，1998.

[5] 玛莎 · 费丽莫 . 国际社会中的国家利益 [M]. 袁正清，译 . 杭州：浙江人民出版社，2001.

[6] 杰西 · 格 · 卢茨 . 中国教会大学史：1850—1950[M]. 曾钜生，译 . 杭州：浙江教育出版社，1987.

四、期刊论文类

[1] 陈昌贵 . 国际合作：高等学校的第四职能 [J]. 高等教育研究，1998（5）：11–14.

[2] 陈学飞 . 高等教育国际化：从历史到理论到策略 [J]. 上海高教研究，1997（11）：57–61.

[3] 董伟锋 . 里昂中法大学创办始末 [J]. 神州学人，2005（7）：26–27.

[4] 董秀华 . 上海中外合作办学现状与未来发展透视 [J]. 教育发展研究，2002（9）：48–53.

[5] 葛夫平 . 关于里昂中法大学的几个问题 [J]. 近代史研究，2000（5）：94–131.

[6] 韩震 . 教育交流与国家软实力的提升 [J]. 教育研究，2008（11）：283.

[7] 孔宪祖 . 从中国入世看上海中外合作办学 [J]. 教育发展研究，2001（3）：43–46.

[8] 李军 . 规范中外合作举办学位与研究生教育的思考 [J]. 中国高等教育，2003（11）：6–8.

[9] 徐广宇 . 试论 WTO 背景下的国家教育主权问题 [J]. 教育研究，2002（8）：43–83.

[10] 余子侠 . 晚清社会转型的教育需求与教会教育的演变 [J]. 华中师范大学学报（哲学社会科学版），1997（5）：21–27.

[11] 余子侠 . 晚清经世致用教育思潮论析 [J]. 学术与探索，1997（6）：107–113.

[12] 周满生，滕珺 . 走向全方位开放的教育国际合作与交流 [J]. 教育研究，2008（11）：11–18.

五、学位论文类

[1] 鲁芳 . 我国高校跨境合作办学监管问题研究 [D]. 厦门：厦门大学，2007.

[2] 王剑波 . 跨国高等教育理论与中国的实践 [D]. 武汉：华东师范大学，2004.

[3] 鲁彦 . 金陵大学农学院对近代中国农业的影响 [D]. 南京: 南京农业大学，2005.

[4] 银丽丽 . 高等教育中外合作办学历史研究 [D]. 厦门：厦门大学，2014.

[5] 尤少忠 . 试论国际教育交流与合作在经济发展中的作用 [D]. 武汉：武汉大学，2003.

[6] 张士伟 . 近代中法高等教育交流史研究 [D]. 保定：河北大学，2010.

六、外文著述类

[1]Cheng Li.Bridging minds across the pacific:U.S.-China educational exchanges,1978–2003[M].Lanham,Maryland:Lexington Books,2005.

[2]Grant Mcburnie,Christopher Ziguras.The regulation of transnational higher education in southeast Asia:case studies of Hong Kong,Malaysia and Australia[J]. Higher Education,2001（42）：85–105.

[3]Mary Hayden,Jeff Thompson,George Walker.International education in practice:dimensions for national and international schools[M].London:Kogan Page Limited,2002.

[4]Philip G. Altbach.Foreign study:patterns and challenges[J].International Higher Education,2003（30）:1–3.

后　记

正如当一条河流的流域越来越宽的时候，人们总会情不自禁地去探索它的源头一样，在全球化趋势日益深化的今天，在国际教育交流与合作更加普遍地影响着国际社会生活方方面面的情况下，我们自然也不能回避或漠视它深厚的历史渊源。在一个需要普遍交流与合作且产生了以普遍交流与合作为主要特征的全球化时代，研究中外合作办学的历史举措及其成效，既是时代赋予我们的责任，也是时代带给我们的学术幸运。

马克思曾说，过去那种地方的和民族的自给自足和闭关自守状态，被各民族的各方面互相往来和各方面的相互依赖所代替了。物质的生产是如此，精神的生产也是如此。各民族的精神产品成了公共的财产。民族的片面性和局限性日益成为不可能……（《马克思恩格斯选集》第1卷）

习近平主席在党的十九大报告中强调，“推动形成全面开放新格局”“中国坚持对外开放的基本国策，坚持打开国门搞建设”“开放带来进步，封闭必然落后。中国开放的大门不会关闭，只会越开越大。……坚持引进来和走出去并重，遵循共商共建共享原则，加强创新能力开放合作，形成陆海内外联动、东西双向互济的开放格局”“中国积极发展全球伙伴关系，扩大同各国的利益交汇点”。习近平主席的报告引领我们迈向一个更加开放且彼此依赖的全球化时代。

党的十八大以来，习近平主席多次在不同场合阐述构建“人类命运共同体”的观点。这是中国共产党人洞悉世界共同发展的大趋势所提出的理论构想，也是为了携手世界各国人民应对全球性挑战而设计的中国方略。在党的十九大报告中，习近平主席再一次强调了“坚持推动构建人类命运共同体”的思想，指出中国必须“始终不渝走和平发展道路、奉行互利共赢的开放战略，坚持正确义利观，树立共同、综合、合作、可持续的新安全观，谋求开放创新、包容互惠的发展前景，促进和而不同、兼收并蓄的文明交流”。在构建“人类命运共同体”的全球性实践中，当代中国充分发挥起负责任大国的担当作用，展现中华民族休戚与共的和谐理念和天下情怀。人类命运共同体思想反映了崛起的中国对世界潮流的新认知，21世纪国际关系模式的新主张，以及对全球治理时代国际秩序的新思考。它既符合中国维护国家利益、和平融入国际秩序的内在需求，又体现了当代中国对世界发展和人类未来的责任。其内在的逻辑理路，是从改变自己、改变地区到改变世界，理论本质是基于全人类利益相关与命运相连的立场，表达出一种旨在促进人类生存与发展的共同体意识。建设人类命运共同体，符合世界各国人民要和平、谋发展、促合作的共同心愿，世界各国应该共同努力，构建一个和平共处、多元共生、包容共进的人类命运共同体。这反映了中国以更加开放的姿态积极参与世界和平发展事业，为建立一个公正合理的国际新秩序，构建一个各民族平等共存、和平共处、合作共赢的国际新社会而努力。

本书以人类命运共同体思想作为中外合作办学价值选择的理论底蕴。中外合作办学是人类文化交流的重要内容，是促进各国教育发展的强大动力，也是实现各国人民和平共处、包容共进、合作共赢的重要途径，在推进人类命运共同体构建的进程中起着重大的积极作用。正如习近平主席指出，“教育决定着人类的今天，也决定着人类的未来”（《致清华大学苏世民学者项目启动的贺信》），人类命运共同体的建立必须依赖“加强中外人文交流，以我为主、兼收并蓄”（党的十九大报告），“希望各国青年用欣赏、互鉴、共享的观点看待世界，推动不同文明交流互鉴、和谐共生，积极为构建人类命运共同体添砖献瓦”（《习近平主席在联合国教科文组织第九届青年论坛开幕式上的贺词》）。有鉴于此，在书稿的写作过程中，尽管史料爬梳十分艰辛，伏案劳作倍多艰苦，但一想到此书能为如何构建人类命运共同体这一主题提供哪怕仅是微不足道的一点思考，便也感到十分的激动，值得十分的努力，由是督促自己耐心细致地梳理出蕴含于中外合作办学中的致思理路。从中我们或可预见美好的未来，增强对于构建人类命运共同体的信心。

基于上述，非常感激自己捧读书籍和敲键述文的每个日子，苦虽难免，但一有所得，内心不胜喜悦，庐舍亦溢满馨香，让古今中外最优秀的思想和文化浸润心田，是何等的幸福！多年来虽常常废寝忘食，但我仍然精神状态良好，因为这项研究是我人生的一个契机，让我心中时时充满激动。然则遗憾的是，现有的研究尚存许多的不足。由于缺乏足够的学力、智慧、眼光和胆识，对近一个半世纪的中外合作办学发展史，难以做出全面、客观而公正的叙述与评价。祈望广大读者从“学术为公”的立场出发，不吝赐教。我会知耻而后勇，效法古圣先贤，追随大师前辈，在中西文化交流的学术道路上更加勤勉奋进。

特别感谢导师余子侠先生，先生为人谦恭厚德，博学笃行，利物不争而胸怀大义，在学术之路上不断开拓创新、勇往精进，对该书的指导与督促更是不遗余力。感慨得三生之幸，方遇人生恩师；蒙九世之荣，才得忝列余门。我始终念念不忘于此，时刻感恩于心。

学海本无涯，漂泊亦无岸。只缘忙于日常工作及学术研究，未能抽出更多的时日在亲人身边恪守儿女孝道，愧对年迈的父母尊亲，感谢兄弟姐妹们的理解和支持，兼吾之责任，以解家中之忧、宽吾之心，使我在繁重劳作中换得些许内心的从容与安宁。

感谢夫君杨敦树先生始终如一、不辞劳苦地陪伴与支持我的学术生涯。唯有执子之手，与子偕老，琴瑟共鸣，以报此缘。

在书稿的写作过程中，参阅了大量的古今中外文献资料，非常感谢这些文字材料给予我的智力支持。该书为2016年浙江省哲学社会科学规划办立项课题的研究成果，课题的立项大大推动了我的写作进程。在最后完稿期间，因得到了国家留学基金委的及时资助而得以赴英国访学，为此书的实证资料的获取提供了更多便利。还要特别提及大象出版社各位编辑为此书的出版付出的辛勤，对他们的劳动表示衷心的谢忱。此外，还有很多帮助过我而在这里没能一一提及的工作单位的领导、同事以及各地档案馆、资料室的工作人员，对于生活中和学术中如此豪华的馈赠，我感恩于心。

路漫漫其修远兮！面对这生命里不能承受的馈赠，我唯恐辜负，唯有努力！是为记。

栗高燕

2019年12月28日